ÉTICA APLICADA

AMBIENTE

ÉTICA APLICADA

AMBIENTE

COORDENAÇÃO

MARIA DO CÉU PATRÃO NEVES
VIRIATO SOROMENHO-MARQUES

70

Título original:
Ética Aplicada: Ambiente

Revisão: Inês Guerreiro

Capa: FBA

Depósito Legal n.º 434191/17

Biblioteca Nacional de Portugal – Catalogação na Publicação

ÉTICA APLICADA

Ética aplicada: ambiente / coord. Maria do Céu Patrão Neves,
Viriato Soromenho-Marques. – (Ética aplicada; 4)
ISBN 978-972-44-2073-8

I – NEVES, Maria do Céu Patrão, 1959-
II –MARQUES, Viriato Soromenho, 1957-

CDU 17

Paginação:
EDIÇÕES ALMEDINA, S.A.

Impressão e acabamento:
PENTAEDRO, LDA.

para
EDIÇÕES 70

1.ª edição: Novembro de 2017

EDIÇÕES 70, uma chancela de Edições Almedina, S.A.
Avenida Engenheiro Arantes e Oliveira, n.º 11 – 3.º C – 1900-221 Lisboa / Portugal
e-mail: geral@edicoes70.pt

www.edicoes70.pt

Índice

II
PROBLEMAS ESPECÍFICOS

A consciência do mundo

Maria do Céu Patrão Neves
Viriato Soromenho-Marques

Num tempo longínquo, no curso remoto do processo de hominização em que o *Homo sapiens sapiens* vai despontando, antecedido por laboriosas linhas evolutivas milenares, ele descobre-se, ganha consciência de si, como parte integrante da natureza. A indissociabilidade é tão profunda, a simbiose é tão estreita, que a distinção entre o homem e os demais elementos da natureza se apresenta difusa... Há um dinamismo vital que perpassa toda a natureza e anima o homem também, que indistintamente se vê como homem e como animal. As mitologias narram as forças da natureza a que o homem se subordina e venera e histórias fantásticas de seres meio-homem meio-animal, do que lhes advém poderes especiais; e religiões ancestrais preservam a sublimidade da comunhão com a natureza e perpetuam a crença na reencarnação sucessiva das almas em corpos de formas diferenciadas. São expressões de uma unidade originária que se foi paulatinamente quebrando em fracturas sucessivas.

A primeira ruptura do sincretismo (mítico) é marcada pelo advento da razão. Seguir-se-á o primado do conhecimento e os diferentes modelos de relação entre o cognoscente e o cognoscível que se vão estruturando ao longo da história da humanidade. Com o surgimento da razão, o homem descobre o *logos* como princípio originário do real (*archê*), ao mesmo tempo que princípio unificador e inteligível da diversidade deste. É o *logos* que opera a passagem do caos (totalidade dos elementos da natureza) ao cosmos (integridade organizada dos elementos da natureza), descobrindo a harmonia universal que regula toda a natureza como o próprio homem, enquanto ser natural que é. É então que a relação entre o homem e a natureza verdadeiramente se inicia – como relação de harmonia –, sucedendo à homogeneidade da indistinção originária.

Entretanto, na época clássica, o homem percepciona-se já também como um microcosmo, como condensando em si a imagem de todo o universo, replicando de forma diminuta a harmonia da lei universal. Neste sentido, a superioridade do homem em relação aos demais seres, pautada pelo exercício da razão, começa já a esboçar-se.

Mas é a aplicação da razão ao conhecimento do exterior circundante ao homem que definitivamente instaura a diferença entre este e a natureza, que cria a distância entre o homem e todo o real, o que a valorização do intelecto sobre os sentidos no processo de conhecimento, do inteligível sobre o sensível, vem agravar. Desde então, a separação entre o homem e a natureza não mais deixou de se aprofundar – o acto de conhecer exige uma tomada de distância entre o sujeito cognoscente e a realidade cognoscível (tal como, por exemplo, nos precisamos de afastar de uma obra de arte que queremos contemplar ou de um objecto do quotidiano que queremos observar) – e a prerrogativa humana de definição da relação com a natureza não mais deixou de se acentuar – o homem torna-se o autor da relação com a natureza, a partir do conhecimento que dela tem e dos valores que para si adopta.

A consciência que o homem tem do mundo decorre mas influencia também a consciência que ele tem de si próprio e é na intersecção destas duas percepções que a relação entre o homem e a natureza se estabelece.

Na medievalidade, as religiões monoteístas – judaísmo, cristianismo e islamismo –, que se revelaram preponderantes da ordem humana a todos os níveis, prolongaram a relação que se vinha estabelecendo entre o homem e a natureza, sem que a divinização da lei cósmica alterasse, mas antes reforçasse, a obrigatoriedade de cumprir a lei natural, agora convertida também em lei de Deus – e, em ambos os casos, sujeita à interpretação que dela faz o homem.

Tem sido frequente fazer remontar a origem do divórcio do homem em relação à natureza ou do início da exploração e depauperação da natureza à expansão do cristianismo ou, mais correctamente, à cultura judaico-cristã ocidental, na esteira do célebre texto de Lynn White, «The Historical Roots of Our Ecologic Crisis», de 1967. Para além da sua tese principal – que consideramos manter-se pertinente – de que a crise ambiental, que então eclodia, decorre mais da visão ocidental do mundo do que dos progressos tecnológicos, que é mais ideológica do que técnica, que deriva fundamentalmente da percepção que o homem tem de si mesmo e a partir da qual estabelece a sua relação com o mundo, White centra a sua crítica na formatação judaico-cristã desta relação – o que nos parece interessante, embora simplista e algo precipitado. O texto bíblico permite também, e recomenda mesmo, outra leitura em que a clássica superioridade racional do homem sobre todo o existente, a que se soma a superioridade espiritual, incumbem-no de responsabilidade pela criação.

A este propósito importa sublinhar que a Encíclica do Papa Francisco *Laudato si'*, também designada «encíclica verde» numa sua manifesta aprovação pelos ambientalistas, não reformula a doutrina da Igreja Católica, mas apenas explicita, no contexto actual de riscos ambientais iminentes e graves, o comportamento preconizado pela Igreja para a relação do homem com a natureza. Aliás – acrescente-se – *Laudato si'*, também não traz propriamente um pensamento novo no domínio da ética ambiental; mas, o estatuto do documento e a autoridade de quem o assina, a par da sistematização a que procede das mais importantes questões ambientais do nosso tempo e do apelo ao comportamento devido consentâneo com a responsabilidade cristã, revestem esta encíclica de um peso moral que ultrapassa largamente a comunidade católica e se perfila como exortação ecuménica.

É na modernidade que o afastamento do homem em relação à natureza, de facto, se desencadeia pelo surgimento do conhecimento ou ciência experimental e por duas das suas implicações que aqui destacamos como as mais relevantes para o nosso contexto temático. Primeiramente, a produção de instrumentos que, desenhados para um melhor conhecimento do mundo, para um conhecimento mais objectivo, eliminando a presença do sujeito, se perfilam como mediadores entre quem conhece e o que se pretende conhecer, assim estabelecendo uma distância intransponível entre ambos. O segundo refere-se à crescente aptidão que o homem vai ganhando para intervir no mundo, para o transformar, para sonhar em o controlar à sua própria medida, o que não decorre apenas do desenvolvimento científico, mas sobretudo da capacidade técnica – denotando, ao mesmo tempo que alimentando, um modo específico de relacionamento do homem com a natureza. A história do relacionamento do Homem com a Natureza tem traçado um progressivo afastamento desta directamente proporcional a um crescente centramento em si, numa autovalorizarão narcísica (e num desdém pelo restante) – atitude comummente designada por «antropocêntrica». Apaga-se a dimensão objectiva do mundo substituindo-a por uma visão subjectiva do homem, à luz dos interesses deste e, sobretudo, como se o mundo dependesse do homem e não inversamente. Só neste contexto, a futura inversão da perspectiva de referência, no ecocentrimo – que retira o homem do centro e aí coloca a vida, o mundo – fará sentido.

Esta linha evolutiva que se projecta na contemporaneidade, acentuando-se, vem então a ser decisivamente desafiada por duas vias de sinal inverso. Uma primeira, positiva, decorre do desenvolvimento das ciências biológicas no século XIX, das teorias evolucionistas, com particular destaque para Charles Darwin e a sua *Origem das Espécies*, de 1859, da influência destes desenvolvimentos no pensamento filosófico que, por inspirações tão diversas como a de Max Scheler ou de Henri Bergson, já no século XX, não deixam de sublinhar a dimensão biológica do ser natural que o homem é, sublinhando a continuidade do fio da vida. É na esteira desta nova cultura científica que ao longo do século passado vão surgindo, com uma cadência cada vez maior, obras que problematizam a relação do homem com a natureza, que questionam a acção do homem sobre a natureza.

Uma segunda linha desafiadora do modelo clássico de relacionamento do homem com a natureza, desta feita de sentido negativo, decorre dos desastres ambientais que marcaram a segunda metade do século XX. Um primeiro que se destaca terá sido o da libertação de efluentes com elevado teor de mercúrio por parte da indústria Chisso, em Minamata, no Japão, na década de 50, e que causou uma doença (neurológica) conhecida como «mal de Minamata» (envenenamento por mercúrio que causa perturbações sensoriais podendo, em casos extremos, provocar a paralisia de órgãos vitais e morte). Mas os desastres mais mediáticos terão sido os derrames de crude causados pelos gigantescos petroleiros que cruzavam os oceanos, entre os quais o célebre Exxon Valdez que, em 1989, colide com um rochedo, libertando no Alasca cerca de 41 milhões de litros de petróleo, contaminando mais de 2 100 Km de linha costeira e 28 000 Km^2 de área oceânica,, com efeitos devastadores imediatos na fauna e na flora das regiões afectadas, para além dos diversos impactos indirectos na vida socioeconómica das populações. A estes motivos de forte apreensão cidadã somam-se os causados pela divulgação de novas realidades tão díspares como a energia nuclear, em particular após o grave acidente de Chernobyl (1986), ou a emergência dos transgénicos.

Paralelemente, o cidadão comum começa, pouco a pouco, a perceber a enorme pressão que o estilo de vida ocidental vinha a impor sobre a integridade da natureza e a qualidade ambiental, numa assustadora catadupa de efeitos como, por exemplo: o «baby boom» do pós-guerra criou necessidades acrescidas de alimentação que determinaram uma agricultura intensiva que provocou a deflorestação de largas regiões, a extinção de espécies e a perda de biodiversidade, mas obrigou também a uma utilização sempre crescente de químicos – entre fertilizantes e pesticidas – que vieram a provocar o empobrecimento dos solos diminuindo a produtividade e a contaminar os lençóis freáticos que, por sua vez, limitaram a acessibilidade das populações à água e geraram problemas de saúde pública, etc., etc.

É na convergência destas duas linhas, conducente à recuperação da consciência da integração do homem na natureza, no despertar de uma consciência ambiental, que se geram os aspectos que reputamos mais marcantes da contemporaneidade em matéria de ética ambiental, a saber: o alargamento do domínio tradicional da ética e o reconhecimento da existência de problemas globais.

A Ética, enquanto disciplina filosófica, inaugurada por Aristóteles na definição do seu objecto – a acção humana –, da sua metodologia – reflexão analítica e crítica – e sistematizada nos seus aspectos axiais – teoria das virtudes –, restringe-se exclusivamente ao plano das relações interpessoais. O desenvolvimento do pensamento ético ocidental não alterou a percepção de que só o modo como o homem age sobre o homem define o homem. Apenas na contemporaneidade, este mesmo homem reconheceu que a sua acção sobre os demais seres – se lhes causa sofrimento ou deles cuida –, a sua acção sobre os ecossistemas – se os perturba ou os protege – também define a sua identidade moral, também o define como pessoa, respeitadora ou displicente do que não lhe pertence, mas de que usufrui. Reconheceu também que a sua acção, cuja densidade moral não se restringe na intencionalidade que a dita mas envolve também as consequências que origina, causa efeitos que não se esgotam no aqui e agora. Assim sendo, a Ética estende-se agora aos efeitos longínquos, no espaço e no tempo, da acção humana sobre todo o real, tornando-se coextensiva ao mundo e às gerações futuras.

Esta é uma das mais revolucionárias conquistas da contemporaneidade no nosso âmbito temático que, desde o século XIX mas sobretudo ao longo do século XX, contou com o contributo de naturalistas e pensadores de diversas áreas para a sua consolidação, tendo definitivamente extravasado de uma elite intelectual para a sociedade civil nas décadas de 60 e 70 em que se constituem os primeiros movimentos ambientalistas e, nesta sequência também, as primeiras iniciativas governamentais visando a protecção ambiental.

Com efeito, o mérito do activismo social no despertar da opinião pública e no pressionar dos actores políticos institucionais para a causa ambiental foi extraordinário, tendo sido potencializado, pelo menos nos países democráticos, por uma comunicação social independente, assistida por recursos técnicos de informação e comunicação cada vez mais desenvolvidos, capaz de levar os acontecimentos a casa de cada cidadão, quase em tempo real. E, não obstante, ousamos acrescentar que estes movimentos de cidadãos, por serem então, com muita frequência, ideologicamente situados (esquerda) e desenvolverem um espírito de militância (radical), recorrendo também a estratégias sensacionalistas (de choque), suscitaram diferentes níveis de rejeição junto do cidadão comum (que por vezes ainda se manifestam).

Neste contexto, regista-se também como um subsequente passo importante no desenvolvimento do movimento ambientalista a crescente exigência de fundamentação científica, acompanhada por um discurso racional e objectivo (libertando-se de visões restritas, homogéneas e pouco dialogantes que caracterizam as militâncias) que permite implementar uma educação ambiental para todos os níveis etários e diferentes estratos sociais.

Este novo relacionamento do homem com a natureza, consciente, responsável e comprometido, não protagoniza necessariamente uma perspectiva ecocêntrica, advogada inicialmente por alguns como a única capaz de contrariar os malefícios ambientais do antropocentrismo. Alcançado o repouso do movimento pendular característico das causas humanas, somos hoje capazes de reconhecer os prejuízos de posições extremadas – *ánthropos* ou *oikos* centradas – e as vantagens de uma posição equilibrada como será a que se reputa por antropocentrismo moderado. Este contraria o antropocentrismo *stricto sensu*, por exemplo, na percepção do homem apenas como ser de razão e de dimensão espiritual em que se funda a sua supremacia, sem advogar um igualitarismo biocêntrico que estabelece uma igualdade entre todo o existente; rejeita uma relação meramente utilitarista da natureza, sem restringir as relações entre o homem e a natureza a interacções de factores bióticos e abióticos, no plano ecológico. Um antropocentrismo moderado deve, por exemplo, reconhecer a inalienável condição e natureza do homem como ser natural sem anular a sua dimensão espiritual ou a reduzir a uma variação de grau, enquanto ser dador de sentido; deve reconhecer o valor intrínseco da natureza, independente de qualquer apreciação humana, sem o fazer equivaler a um valor moral que reserva ao homem, enquanto sujeito de liberdade e de responsabilidade.

A perspectiva ecocêntrica (biocêntrica ou transpessoal), na sua atenção centrada na vida, no mundo, foi decisiva para retirar o homem de um centralismo autista e obrigar ao reequilibrar da relação mas – acrescentamos – sem poder anular a preponderância do homem. Só por um falacioso artificialismo poderíamos supor possível retirarmo-nos do nosso comum ponto de vista antropológico ao olhar o mundo, ao contemplar a natureza… Hoje sabemos que, mesmo na mais objectiva e rigorosa forma de conhecimento, não é possível anular a realidade do sujeito, do homem, o que é também verdade para a nossa visão do mundo. O mundo é para nós a consciência que dele temos. De facto, não podemos «pensar como uma montanha» (Aldo Leopold, 1949), tal como tão pouco nos podemos colocar no lugar do outro, quando queremos respeitar a sua alteridade e não simplesmente substituí-lo; o nosso ponto de vista parte sempre e inexoravelmente de nós…

A par do alargamento do domínio legítimo e obrigatório da ética contemporânea (e das interpretações que pode suscitar) que apontámos como um dos aspectos mais positivamente marcantes do nosso tempo, incidimos agora no segundo também destacado, o do reconhecimento do problema ambiental como sendo global. Hoje é amplamente consensual que as consequências das acções contra o ambiente, negligências ou acidentes ambientais não se confinam ao espaço e tempo em que ocorrem, nem tão pouco os seus prejuízos afectam apenas os seus perpetradores. Não há fronteiras num espaço e tempo contínuos. E se é verdade que esta nova realidade pode gerar intranquilidades e desconfianças em relação ao outro, na consciência de que ninguém controla totalmente a realidade ambiental ou a sua evolução, para além do círculo restrito da sua acção local, e que todas estas acções podem ser desbaratadas nos seus efeitos pelas do vizinho, também é verdade que assim se desenhou um desafio de grandeza ética ímpar. É que um problema global exige uma solução global o que, por sua vez, exige a aproximação dos povos, o diálogo das diferenças, o compromisso dos consensos, a celebração de confianças na génese da instauração de uma nova ordem mundial em que uma forma de unidade, na reunião em torno de um objectivo comum superior aos interesses particulares, é possível, em que o novo relacionamento, pacífico e cooperante, ou seja, ético, entre todos os homens é possível..., surpreendentemente sob o signo do ambiente, da preservação ambiental, da protecção da natureza.

Em suma, hoje sabemos que ninguém, nenhuma comunidade, nação, país ou continente conseguirá isolada e independentemente responder cabalmente aos problemas ambientais que enfrentamos – eis o que se ergue como a maior dificuldade para a sua resolução e se perfila como o maior desafio ético para a humanidade: a sobrevivência do homem na Terra depende da vontade e capacidade de todos trabalharem em conjunto.

E são tantos os problemas que nos convocam à cooperação! Consideremos, por exemplo, o aumento da população mundial e a sua concentração urbana. Estima-se (Relatório das Nações Unidas, *A Projecção da População Mundial: revisão de 2012*) que não só a população mundial continue a aumentar, devendo ascender a 9 mil milhões em 2050, mas que também 66% se concentre em espaços urbanos. A pressão demográfica sobre os recursos aumentará quase exponencialmente, aliás porque, ao número crescente de pessoas se somam também os novos e mais exigentes (em intensidade ecológica) hábitos alimentares em populosas regiões do mundo como a China ou a Índia. Como consequência podemos começar por referir a pressão sobre a sustentabilidade dos ecossistemas da necessidade de aumento da produção de bens alimentares, mas importa igualmente considerar, a montante, a panóplia de recursos naturais (o solo ou a água) e artificiais (a mecanização e suas necessidades energéticas) para uma produção agropecuária intensiva, ou a jusante o que esta origina, como seja a produção de resíduos (sólidos urbanos) e as exigências para a sua adequada gestão, numa longa cadeia de interdependências causa-efeito.

Mas os impactes são muito diversos. Podemos também referir, ainda como exemplo, o aumento da poluição a todos os níveis – atmosférica, hídrica, visual, sonora, do solo também – que dispara com a concentração demográfica. E bastaria tomar em consideração uma destas formas de poluição, como seja a do ar, para continuar a desenrolar a sequência de impactes: a chuva ácida, o efeito estufa, a inversão térmica, a ilha de calor, a destruição da camada de ozono… E o impacte mais relevante será o do acréscimo de problemas de saúde com particular incidência em doenças das vias respiratórias, mas podendo ser muito variadas, estendendo-se desde alergias a doenças do foro psiquiátrico.

Entre esta multitude de problemas ambientais, o mais evidente impacto da pressão demográfica é a desertificação das zonas rurais que, abandonadas, se tornam mais vulneráveis a muitos riscos ambientais naturais (como os incêndios) ou antropogénicos (perda do valor cultural e mesmo lúdico). Sem cair no optimismo de que a tecnologia do futuro será capaz de resolver os problemas do presente, há indubitavelmente recursos já existentes que podem contribuir para uma existência global integrada, nomeadamente uma flexibilização do trabalho que acolha as prerrogativas das potencialidades digitais como o teletrabalho, permitindo descomprimir a cidade e habitar o campo.

Não nos referimos a tantos e tantos outros problemas ambientais que exigem a cooperação entre todos os cidadãos do mundo… Uns bem próximos como a preponderância dos valores económicos sobre os demais, sendo percepcionados como fins em si mesmo e não como meios de desenvolvimento social, por vezes numa lógica tímida de curto prazo, sem horizonte para perceber que a alteração de modelos económicos constitui um investimento no futuro e não um comprometimento do presente. Uns algo mais distantes como a ameaça crescente sobre os direitos humanos dos povos do mundo e das gerações futuras por causas ambientais que tanto podem assumir uma feição mais regional como seja a importância geopolítica dos cursos de água, como uma feição transversal e global como sejam as alterações climáticas, tendo dado origem a uma nova categoria de refugiados, os climáticos e/ou ambientais.

Em relação a estas matérias como a tantas outras deixaremos os nossos autores reflectirem. É na consciência emergente destes e de tantos outros reais problemas ambientais que efectivamente colocam em risco a sobrevivência humana que, sobretudo nos últimos 50 anos, se vêm multiplicando as iniciativas de protecção ambiental de que o presente volume pretende igualmente dar conta: alertar para os riscos e orientar para as soluções.

Este volume de Ética Aplicada dedicado ao *Ambiente* abre-se com o texto de Maria José Varandas «Para uma Ética Ambiental: percursos fundamentais», contextualizador não só da perspectiva de apreciação da problemática ambiental privilegiada neste volume, mas também das principais teorizações por que se tem pautado o seu desenvolvimento: a «Ética da Responsabilidade Ambiental de Hans Jonas, de orientação antropocêntrica, cujo escopo é o de procurar garantir o futuro da humanidade, mediante a preservação da qualidade bio-ecológica planetária para as gerações vindouras»; uma «Ética da terra de Aldo Leopold, de orientação não-antropocêntrica, focando-se no valor intrínseco da natureza, integra o ser humano na ampla comunidade biótica [... e], postula como imperativo ético da acção o dever de respeitar a integridade, o equilíbrio e a beleza desse Todo do qual faz parte»; e a *Ecologia Profunda* de Arne Naess, denunciando que «a categoria que relaciona o humano e o planeta não é a de pertença comunitária [...], mas a identificação do ser do Homem e do ser da Terra. A afirmação da identidade cósmica profunda inspira e informa um código de práticas convivenciais através do qual progressivamente se atingirá a plena unidade entre o Homem e o Cosmos».

Segue-se a abordagem de quatro grandes «temas fundamentais» atendendo à sua abrangência e transversalidade e, principalmente, enquanto basilares para toda e qualquer acção de protecção ambiental. O primeiro incide sobre «Ética e ordenamento do território» que João Ferrão, denunciando o deficit de interesse pelo tema fora dos países anglo-saxónicos, desenvolve: sublinhando a especificidade do ordenamento do território como política pública («corpo de conhecimentos e conjunto de práticas profissionais»), não obstante continuar a reproduzir debates de outros domínios; reconstituindo «o modo dinâmico como a relação ética - ordenamento do território tem evoluído nas últimas décadas» e ilustrando como experiências de planeamento têm contribuído para a responsabilidade moral no âmbito em apreço; e destacando a importância de «interesse público» face a demais legítimos interesses.

O segundo tema privilegia a «Ética das políticas de cooperação para o desenvolvimento». Korinna Horta parte da afirmação de que a maioria dos que mais sofrem com a degradação ambiental se encontra no hemisfério Sul, sendo já vítima de desigualdades económicas. Os investimentos em cooperação são, pois, um imperativo moral, sendo aqui analisados os atribuídos «em troca de reformas estruturais», os «que canalizam fundos directamente aos governos», os concedidos a título de empréstimo a projectos específicos. E, todavia, têm-se revelado «inadequados para dar resposta à crise social e ambiental no Sul Global», esperando-se agora que o novo modelo que a Agenda 2030 constitui possa vir a contribuir para uma efectiva redução da pobreza, protecção do ambiente e combate às alterações climáticas.

A «Ética das políticas de ambiente e conservação da natureza» constitui o terceiro tema desta secção, analisado por Jorge Paiva a partir da caracterização de diversos tipos de atentados contra a natureza, nomeadamente: a redução da biodiversidade decorrente da acção humana (extinção antrópica), particularmente através da destruição das florestas, que constituem os «maiores produtores mundiais de biomassa, com grande capacidade despoluidora» e a proliferação da poluição, amplamente ilustrada e apreciada nos seus impactos ambientais e na saúde pública. Acresce a este cenário, o fracasso das Cimeiras Internacionais sobre o Ambiente que o autor percorre quase exaustivamente. Entretanto, e perante esta realidade, o autor não deixa de exortar a uma boa e ampla programação de Educação Ambiental nas escolas.

Viriato Soromenho-Marques desenvolve o último tema desta secção, «Ética da política e diplomacia ambientais: natureza, implicações e fundamentos». Neste texto procura desenhar-se um amplo quadro temático e histórico do que hoje se designa como política pública de ambiente e diplomacia ambiental. Numa gestão crítica de uma informação abundante, o autor propõe a existência de uma teoria cíclica para a compreensão dos avanços e recuos do já mais de meio século de moderna política ambiental, mostrando igualmente que o princípio ético unificador, tanto da política pública como da diplomacia, é o crucial princípio da justiça entre gerações. Nessa medida, os grandes desafios ambientais, cuja decisão está em processo e profundamente carregada de incerteza, inserem-se profundamente na tradição do pensamento filosófico ocidental contemporâneo, de Kant, Jefferson e Burke, a John Rawls.

Segue-se uma secção que contempla alguns dos mais relevantes «problemas específicos» que hoje se colocam ao desiderato comum de sustentabilidade ambiental, selecionados tendo em atenção a evidência da sua enorme diversidade bem como a gravidade de que se revestem. Introduzidos pela expressão comum «implicações éticas» formulam, afinal, as responsabilidades humanas nas muito diversas áreas de actividade que exigem uma urgente mudança de paradigma de acção individual e colectiva.

Filipe Duarte Santos analisa as «Implicações éticas das alterações climáticas antropogénicas» fundamentando-as em três diferentes tipos de assimetrias: na «distribuição geográfica das populações humanas mais responsáveis pelas alterações climáticas e as populações humanas mais afectadas por essas alterações», «na capacidade de adaptação às alterações climáticas e na capacidade de resolução do problema climático»; e na afectação mais das gerações futuras do que as actuais responsáveis pela gravidade do problema. Procede, depois, à apreciação das causas do aquecimento global e das modalidades de mitigação dos seus efeitos, centrando-se seguidamente nos princípios éticos a implementar no sentido de ultrapassar os impactos intergeracionais.

As «Implicações éticas das políticas energéticas» são desenvolvidas por Júlia Seixas através da «evolução do sistema energético mundial», vincando a diferença entre a realidade pré-revolução industrial – em que as «necessidades energéticas eram modestas» – e pós-revolução industrial – em que o consumo tende a multiplicar-se exponencialmente – e ainda a realidade actual caracterizada pela mudança dos sistemas de energia de que, todavia, as populações interessadas parecem ficar arredadas. A autora afirma que «os desafios da energia e do clima são éticos em primeiro lugar», devendo atender, na sua planificação futura, ao direito à energia e justiça no seu acesso, a par do bem-estar das populações.

Seguem-se as «Implicações éticas das políticas agrícolas: para uma intensificação sustentável» em que José Lima Santos começa por sublinhar a «tripla dimensão – ética, política e tecnológica» – do processo de alimentar uma população mundial em crescimento e com padrões de consumo cada vez mais exigentes, garantindo a todas as pessoas o acesso a uma alimentação saudável. O desafio radica no aumento da produção sem o aumento da área agrícola, no aumento da intensificação (produção agrícola por hectare) sem o aumento e mesmo com a diminuição dos prejuízos que lhe estão tradicionalmente associados, tendo em vista a conservação da biodiversidade e a continuidade dos «serviços de ecossistemas» (processos ecológicos de que depende a sustentabilidade da vida).

Maria Margarida Silva centra-se numa das questões mais controversas no domínio agrícola em «Implicações éticas dos organismos geneticamente modificados», começando por apontar o surgimento fortuito dos OGM e as circunstâncias do seu rápido desenvolvimento. Centra-se depois num amplo espectro de realidades que, defendidas pelos adeptos dos OGM, interpelam a observância de valores amplamente consensuais entre os cidadãos comuns. É neste contexto que a autora aborda a questão dos reivindicados direitos de propriedade de plantas transgénicas, a consequente progressiva redução de variedades de sementes convencionais, a crescente dependência da agricultura e dos interesses dos cidadãos de interesses empresariais privados, o patenteamento de bens comuns, como a alimentação, e uma panóplia de problemas associados.

Luís Ribeiro incide sobre as «Implicações éticas das políticas hídricas» fundamentando a importância da água para toda a vida na Terra, sendo simultaneamente insubstituível para todos – é «o cerne de toda a rede de vida planetária» –, apesar de difícil acesso para muitos e desperdiçada quotidianamente por mais ainda. As considerações de ordem ética na gestão de recursos hídricos ganham, por isso, relevância acrescida. Neste âmbito «a aplicação de conceitos éticos tem uma relevância prática directa na gestão dos recursos hídricos», nomeadamente: dignidade humana, participação, solidariedade, igualdade humana, bem comum, governança, transparência, inclusão, empoderamento (ou autonomização).

As «Implicações éticas das políticas do mar» são sistematizadas por Tiago Pitta e Cunha e Emanuel Gonçalves que consideram ser a ética ambiental particularmente relevante no domínio do mar uma vez que este está ainda mais ameaçado do que os ecossistemas terrestres. E, todavia – acrescentam – as preocupações éticas têm permanecido quase incipientes em relação ao mar não só pela percepção errada de que é indestrutível, como também por estar mais afastado do nosso quotidiano do que os habitats terrestres. Assim «a visão prevalecente continua a ser a da exploração utilitarista do mar, fragmentada nos seus diversos usos pelo Homem», tornando-se urgente um novo relacionamento entre os humanos e o mar, estruturado numa «ética azul».

A importância ambiental dos sistemas de transportes é hoje reconhecida e João Vieira desenvolve-a em as «Implicações éticas das políticas de transportes», destacando problemas associados como a poluição atmosférica, o ruído, o impacto nas alterações climáticas através da produção de gases com efeito estufa, entre outros. Afirmando o direito à mobilidade, importa estabelecer políticas de transporte a nível local como nacional e internacional que tenham em conta a regulação da eficiência energética dos veículos e que contribuam para uma transição para um sistema de transporte mais sustentável, «aproveitando as oportunidades das novas tecnologias [...] mas sem impactar demasiado os grupos sociais com maior fragilidade.»

Sucedem-se dois temas que têm indevidamente recebido menos atenção do que os anteriores por parte do grande público. Um primeiro é o das «Implicações éticas da justiça ambiental» que, subjacente às problemáticas anteriores, Francisco Ferreira analisa em si mesmo começando por apresentar diferentes definições da expressão e traçar sucintamente a sua história, sublinhando que tem «ampliado o seu âmbito, quebrando a visão exclusivamente antropocêntrica para uma visão mais integradora da realidade e da interacção das populações com o ambiente.» Incide depois nas muitas situações específicas de justiça climática que nos interpelam, sendo as actualmente mais pertinentes no domínio ambiental, e invocando os princípios éticos já estabelecidos no direito internacional e que precisam de ser globalmente aceites e implementados.

Um outro tema eventualmente menos divulgado é o das «Implicações éticas das políticas de saúde ambiental» que José Manuel Calheiros analisa «na vertente ética de formulação e aplicação de políticas públicas em saúde ambiental, procurando ilustrar esta análise com exemplos que vão da esfera global à local, nos quais a interacção saúde/ambiente tem um papel relevante ou mesmo crítico.» Concretamente em Portugal, o autor refere-se às políticas públicas da água e saneamento básico, para os resíduos urbanos, relativas à energia, à contaminação do ar, às mudanças climáticas, a agentes infeciosos nos seus impactos na saúde pública e na evolução que têm registado, sendo que as perspectivas europeias futuras são preocupantes.

Os dois últimos temas desta secção incidem sobre a responsabilidade individual e colectiva do cidadão comum, alertando para o que cada um de nós, na sua pequenez face à grandiosidade da tarefa, pode fazer, contribuindo significativamente para um esforço que tem de ser global.

Sofia Guedes Vaz reflecte sobre as «Implicações éticas dos comportamentos do cidadão consumidor» evidenciado como os nossos comportamentos e as nossas opções enquanto consumidores podem influenciar os mercados e as próprias cadeias de produção, uma vez que «a produção e o consumo estão intimamente ligados». Ora, vivendo em sociedades caracterizadas por um consumo desligado das necessidades e que as extravasa, mas reconhecendo também não ser possível deixar de consumir, urge estruturar e robustecer uma ética do consumidor assente «numa reflexão individual sobre a responsabilidade que cada um de nós tem pelos impactes no mundo decorrentes das nossas escolhas pessoais», assim restaurando a racionalidade e a autonomia das escolhas.

Luísa Schmidt incide sobre as «Implicações éticas da cidadania ambiental» começando por traçar o quadro da actual degradação ambiental a todos os níveis – ar, água e terra – e evidenciando a necessidade de mudança das sociedades e dos seus modelos económicos, das pessoas e dos seus hábitos de consumo. A este desafio procuram responder três diferentes narrativas principais: a dos limites (pessimista), a prometaica (optimista) e a da sustentabilidade (razoável) – centrando-se a autora nesta última, mas defendendo a complementaridade das três. Neste plano preconiza-se o activar de uma «consciência pública cultura cívico-ambiental, e liderança e decisão políticas» – como os factores necessários para uma ética da cidadania global.

Ética Aplicada: Ambiente pretende contribuir para um melhor conhecimento dos actuais problemas e riscos ambientais e suas causas, bem como para um maior envolvimento dos cidadãos na procura de novas vias de actuação que garantam a sustentabilidade ambiental no planeta e a justiça social no mundo.

Hoje, o cidadão comum, entre nós, dispõe já de um conhecimento básico acerca da importância da integridade ambiental e das acções devidas para a preservar, isto é, de uma ética ambiental desenvolvida no curso de uma educação ambiental que tem contado com o concurso de activistas cívicos, da comunicação social e de órgãos estatais. O que urge fazer avoluma-se ainda como hercúleo; mas o número dos que estão comprometidos com a causa ambiental tem-se avolumado também... A consciência do mundo em que vivemos, que nos acolheu e que deverá servir de berço às futuras gerações é hoje cada vez mais intensa.

E esta nossa consciência do mundo não é apenas uma estratificação fossilizada de conhecimentos e experiências acumuladas ao longo de séculos, de milénios, mas, sobretudo, uma realidade dinâmica, um impulso propulsor para um mundo melhor.

A consciência que hoje formamos do mundo reflecte o apreço pela natureza, pela sua biodiversidade e respectivos ecossistemas e reflecte o ideal de uma dignidade e igualdade para todos os povos e todos homens, reconhecendo-se que é como agimos em relação a estas realidades que nos definimos como pessoas. A nossa consciência do mundo é também reflexo da consciência de quem somos e de quem queremos ser.

Para uma ética ambiental: percursos fundamentais

Maria José Varandas

Sociedade de Ética Ambiental, Centro de Filosofia da Universidade de Lisboa

Numa passagem de *Émile, ou de l'éducation*, Jean-Jacques Rousseau declara: «Homem, não procures mais o autor do mal. És tu mesmo esse autor» (Rousseau, 1889, Livro IV)[1]. Esta sentença parece hoje mais certeira do que nunca quando lemos nos jornais, ou vemos pela televisão, relatos terríveis de catástrofes ambientais provocadas, directa ou indirectamente, pelo homem – rios poluídos, extinção acelerada da biodiversidade, desflorestação, etc. –, num crescendo imparável que tende para a ruptura generalizada dos equilíbrios planetários, com implicações imprevisíveis mas certamente catastróficas para a humanidade e para toda a vida em geral.

---

[1] Rousseau, Jean Jacques, *Émile or Concerning Education*, trad. de Eleanor Worthington, Boston: D. C. Heath & Company, 1889 (consulta *online* no endereço: http://brittlebooks.library.illinois.edu/brittlebooks_open/Books2009-08/rousje0001emile/rousje0001emile.pdf).

Em pleno século XXI, os efeitos do aquecimento global já não podem continuar a ser reduzidos, por um oportunismo reinante, a visões apocalípticas de um punhado de cientistas excêntricos do século passado. Não! Eles estão *realmente* a acontecer e apontam o dedo à sua principal causa: a actividade humana enredada na vertigem de um progresso em tudo excessivo, em artefactos, em lixo, em exploração de recursos naturais, em emissão de gases. A concepção de um ideal de progresso que, desde a modernidade, se assumiu como via de dominação da natureza e, por isso, entendeu a liberdade fora do seu enquadramento ético – ou seja, como atributo racional humano capaz de se dar limites e de agir no respeito por regras auto-impostas – gerou um poder tecnológico assente no princípio de uma liberdade ilimitada que se arrisca a correr irresponsavelmente para o desastre.

Para além da oportuna actualidade das palavras de Rousseau, é nossa intenção assinalar que os alertas para o perigo da marcha de um progresso feito contra a natureza vêm de longe, numa linha de pensamento que, de modo regular e consistente, tem procurado reconduzir o humano à sua morada primeva, enquanto constituinte fundamental da sua própria essência, ser da natureza. Na peugada do filósofo, esse *promeneur solitaire* que não se cansou de alertar para a falsificação de um humano seduzido pela artificialidade do mundo das coisas e das convenções sociais, na indiferença pela ordem natural (genuína fonte do bem), caminharam Henry David Thoreau, Ralph Waldo Emerson e John Muir, desbravando uma via cujo pleno sentido e significado se manifestará em meados do século XX, nos alvores da crise ecológica. Como afirma Thoreau, «Enquanto a civilização melhorou as nossas casas, não aperfeiçoou de igual modo os homens que as habitam» (Thoreau, 1880, p. 38), também ele cônscio de que há dimensões humanas fundamentais que se vão perdendo na corrida voraz a toda a espécie de bens mercantis e comodidades supérfluas. Por isso, o que verdadeiramente está em causa na problemática da crise global contemporânea não é própria e singularmente a crise *do* ambiente, mas, em essência, a desfiguração do próprio humano, alienado num mundo de artefactos e de frenesim tecnológico. De facto, cada vez mais a humanidade se subordina aos ditames de um mercado global e, neste contexto, ora surge reduzida à condição de consumista insaciável num canto privilegiado do planeta ora, excluída desse canto de abundância material, luta de todas as maneiras para entrar também na corrida. É como se a perda de uma sensibilidade em sintonia e afim com o mundo natural, fonte de inspiração de sentimentos morais e dos mais elevados valores espirituais, corresse a par com a degradação extensiva e intensiva dos sistemas ecológicos, demonstrando que a realidade humana é inseparável da sua matriz e que a crise ecológica é, fundamentalmente, uma crise de valores. Esta rede de mútuas implicações constitui a matéria reflexiva de um novo pensar sobre o homem e o seu agir, que não só reclama novas categorias interpretativas do real, inspiradas pelas ciências bio-ecológicas – vínculos, conexões, afinidades, continuidade, para o lugar onde antes havia oposições, domínio e descontinuidade –, mas também apela a limites inerentes a uma liberdade que não pode deixar nunca de ser responsabilidade.

Pela etimologia, a palavra «crise» (do grego *krísis*) mostra-nos que nela coalescem dois sentidos complementares: o de ruptura (cisão) e o de superação (*de-cisão*). As éticas ambientais constituem, portanto, decisivos e necessários momentos da crise ecológica, ecoando nelas os alertas de um conjunto de autores que vinham há muito declarando que o problema ambiental é, fundamentalmente, um problema da acção. Emergindo do contexto crítico da contemporaneidade, as éticas ambientais constituem-se como campo reflexivo que procura responder, de diferentes modos, a questões clássicas e fundamentais: «Quem somos?», «O que devemos fazer?»,

«O que podemos esperar?». Desenham assim um novo paradigma que engloba uma antropologia (o homem como ser da natureza), uma ética (inclusiva das realidades humanas e não humanas), uma pedagogia (que enfatiza a aliança entre o conhecimento e a sensibilidade ambientais), uma epistemologia (que rejeita a interpretação dicotómica da realidade que a modernidade consagrou: cultura/natureza; corpo/espírito; sujeito/objecto), e que convoca uma prática político-jurídica consentânea com os seus princípios. São princípios gerais que concorrem para a unidade das éticas ambientais, muito embora não garantam a sua uniformidade. Com efeito, unidas no propósito de lançar as bases de um horizonte de acção desejável e de possibilidades humanas, no sentido de Hans Jonas, como essência digna de um futuro que representa a possibilidade do bem[2], divergem, contudo, em diferentes graus de radicalidade, desde as éticas ambientais antropocentradas às abordagens ecocêntricas.

Nesta apresentação, destacamos três modalidades de ética ambiental consideradas como as mais representativas e de maior alcance prático:

- a *Ética da Responsabilidade Ambiental*, de Hans Jonas, de orientação antropocêntrica, cujo escopo é o de procurar garantir o futuro da humanidade, mediante a preservação da qualidade bio-ecológica planetária para as gerações vindouras. O filósofo assume o valor da responsabilidade como princípio estruturador da relação do humano com a natureza e com a humanidade futura;

---

[2] «É aí [essência do homem] que podemos perceber o que vale a pena no homem: que ele próprio vale a pena e que a nossa essência é digna de futuro – a saber, digna da oportunidade sempre renovada que representa a *possibilidade* do Bem» (JONAS, 1998, pp. 89-90).

- a *Ética da Terra*, de Aldo Leopold, de orientação não antropocêntrica, focando-se no valor intrínseco da natureza, integra o ser humano na ampla comunidade biótica como seu membro e cidadão, e, em consequência, postula como imperativo ético da acção o dever de respeitar a integridade, o equilíbrio e a beleza desse Todo do qual faz parte;
- a *Ecologia Profunda*, de Arne Naess, que, tal como a anterior, assume o não antropocentrismo na composição de um horizonte de harmonia entre o ser humano e o planeta e diverge daquela no entendimento do tipo de relação entre o humano e a realidade bio-ecológica. Nesta abordagem, a categoria que relaciona o humano e o planeta não é a de pertença comunitária, como em Leopold, mas a identificação do ser do Homem e do ser da Terra. A afirmação da identidade cósmica profunda inspira e enforma um código de práticas convivenciais através do qual progressivamente se atingirá a plena unidade entre o Homem e o Cosmos.

No seu conjunto, e para além das diferenças que analisaremos de seguida, cada uma, a seu modo, cumpre uma função salvífica – salvar o Planeta é salvar o Homem –, já que, da menos radical (Jonas) à mais radical (Naess), todas aspiram e traçam um horizonte futuro de Bem para a humanidade nessa sua intrínseca e indissolúvel condição planetária.

1. Hans Jonas: uma ética para o futuro

Hans Jonas (1903-1993), filósofo alemão de origem judia, como outros seus colegas e amigos (nomeadamente Hannah Arendt), viveu os «tempos sombrios» da primeira metade do século XX, em que caiu sobre a vida e a morte o véu opaco de um Mal absoluto: o holocausto, naturalmente, mas também Hiroxima e Nagasáqui e todo o cortejo de destruição da guerra. A sua resposta foi, num primeiro momento, a acção eficaz, tornando-se soldado (1939) e descobrindo por si, no terreno, o poder de aniquilação da parafernália tecnológica militar, culminando com o lançamento da bomba nuclear. A descoberta do «estado apocalíptico das coisas», a valorização da vida na própria vivência da morte, a confrontação com o mal como um problema da acção reconduziram-no às origens, à missão própria do filósofo que é a de pensar sobre as «fundações do nosso ser». Assim, duas décadas e meia depois (1966), lança a obra *O Fenómeno da Vida: rumo a uma biologia filosófica* e, em 1979, o *Princípio Responsabilidade – Ensaio de uma ética para a civilização tecnológica*. Em essência, as duas obras manifestam a unidade do pensamento do filósofo, declinada a dois tempos, que afirma a continuidade entre o ser humano e a natureza e rejeita, em consequência, a visão dualista da realidade, que, tradicionalmente, encarou o homem como um ser à parte da natureza.

Na obra *O Fenómeno da Vida*, Jonas procede a uma hermenêutica do vivente (organismo), examinando os seus processos de desenvolvimento e maturação, conduzido pela convicção de que o biológico da *Vida* é expressão ontológica de um *ter-de-ser* inscrito nas múltiplas configurações orgânicas. A Vida é, assim, categoria ontológica, o dado irreprimível, comum a todo o existente, humano e não humano, que se impõe como necessidade a todos os seres, dos mais elementares aos mais complexos, e os «obriga» a perseguirem incessantemente o mesmo fim (*telos*) – a manutenção da sua integridade física na luta constante com a morte. Neste sentido, a vida dos seres desenrola-se como constante auto-afirmação no quadro de uma permanente polaridade tensional entre ser e não ser, entre si e o mundo, entre a forma e a matéria, entre a liberdade e a necessidade. A intencionalidade existencial não é, por isso, defende Jonas, um atributo específico do ser humano, mas está presente em toda a natureza viva, tal como o pensamento, cuja gradual complexificação até à sua culminância (homem) já vem, de certo modo, preconfigurado em toda a existência orgânica.

O ser humano, produto especial da dialéctica criativa do ser-no-mundo (que evolui teleológica e *naturalmente* do simples para o complexo – ameba, animal, humano), e com um grau de sofisticação das suas competências simbólicas que lhe conferem uma *differentia specifica* (a imaginação), projecta a sua transanimalidade na *acção*. A obra *O Princípio Responsabilidade* expõe o destino ontológico deste ser especial: tornar-se pastor e guardião da natureza. Este, antes da decisão racional, possui a capacidade de solicitude e cuidado, que, originariamente, tem a sua sede na primordial e biológica relação parental. Nos humanos, o exercício consciente da vontade transforma tais sentimentos num dever para com os mais frágeis e vulneráveis em geral e funda o agir responsável. Por isso, em Jonas, a responsabilidade é entendida como fundamento ontológico da acção, na qual se manifesta a teleologia inscrita no fenómeno da vida e a concordância entre ser e valor.

A complementaridade das duas obras traduz, por conseguinte, a coerência originária entre a mente e o organismo, o organismo e o meio físico, e o modo como a emergência da ética tem de ser entendida a partir desse solo (*êthos*) fundamental. Ou seja, a ética funda-se radicalmente na amplitude do ser.

Trata-se de um projeto de reconfiguração da ética tradicional[3] ajustada à realidade de hoje, tempo em que o

---

[3] «A técnica moderna introduziu acções de uma ordem de grandeza de tal modo novas, com objectos de tal modo inéditos, e com consequências tão inéditas, que o enquadramento da ética anterior não os pode conter» (Jonas, 1995, p. 26).

desenvolvimento irrefletido do *regnum hominis* de Bacon lançou uma ameaça inteiramente nova: a total destruição da vida na Terra pelo efeito do poder transformador e irrestrito da tecnociência. A força dessa ameaça revela, com nitidez, o grau de perigo da acção humana, o qual atingiu uma escala sem precedentes na história da vida.

Se, por um lado, o lançamento das bombas atómicas sobre Hiroxima e Nagasáqui expõe a dimensão apocalíptica da técnica, por outro, tal implica a necessidade de configurar a responsabilidade no seu actual enquadramento, em que o homem, por si só, atingiu o poder de exterminar toda a vida terrena e, logo, a própria humanidade, «porque a dimensão do nosso poder determina a medida com que nós podemos afectar a realidade. Assim, com o poder cresce também a responsabilidade» (Jonas, 1998, p. 82). Em consequência, a filosofia deve ser convocada a enfrentar esta situação-limite como um problema real e candente, reconvertendo as tradicionais categorias da ética que perspectivavam o ser humano desligado do mundo natural, definido na imediatez de um aqui e de um agora que o desresponsabiliza dos efeitos da sua acção na vida das gerações futuras. Segundo o autor, o objecto da responsabilidade deve abarcar a vida em toda a sua extensão temporal – passado, presente, futuro – e, nesse contexto, dado o grau desmedido da acção humana, a actualidade impõe uma ética do porvir:

> A Ética do futuro não designa uma ética num futuro – uma Ética vindoura concebida hoje para os nossos descendentes futuros, mas uma Ética de hoje que se preocupa com o futuro e procura protegê-lo, para os nossos descendentes, das consequências da nossa acção presente. A necessidade impôs-se porque a nossa acção de hoje, sob o signo de uma globalização técnica, tomou tais proporções para o futuro, no que isto representa de ameaçador, que a responsabilidade moral impõe tomar em consideração,

> na nossa acção e nas nossas decisões quotidianas, o bem daqueles que serão ulteriormente afectados por elas sem terem sido consultados. (Jonas, 1998, p. 69)

Com efeito, o poder tecnológico alcançado no século XX mostra a vulnerabilidade[4] da natureza e a incerteza de um futuro para a humanidade. E esse poder escatológico, com um incalculável potencial de devastação, constitui, de facto, um problema ético que exige que se reflicta sobre o alcance e sentido da responsabilidade humana[5]. Um sentido que obriga a maximizar as consequências do agir, porquanto elas podem colocar em perigo o destino futuro do homem e de toda a vida na Terra. Tal horizonte apocalíptico insinua-se, hoje, na multiplicação de factores de risco, que vão desde catástrofes tecnológicas, passando por catástrofes naturais, até à perigosa imprevisibilidade dos ensaios em engenharia genética. Em suma, segundo Jonas, a constatação de que a natureza da técnica, hoje, modifica radicalmente a natureza da acção, torna imperativa a reflexão ética espaçotemporalmente abrangente, ou seja, não só entendendo o humano na sua estreita dependência da natureza, mas enquanto ser cuja acção define o futuro.

---

[4] «A vulnerabilidade crítica da natureza pela intervenção técnica do homem – uma vulnerabilidade que nunca tinha sido pressentida antes da sua manifestação através dos estragos produzidos já... demonstra claramente que não só a natureza do agir humano se transformou de facto mas também que um objecto inteiramente novo, a biosfera planetária, se juntou às razões que levam a que nós devamos ser responsáveis em virtude do poder que possuímos sobre ela. A natureza enquanto objecto da responsabilidade humana constitui certamente uma novidade sobre a qual a teoria ética deve reflectir» (Jonas, 1995, p. 27).

[5] «Daí que o último pólo de referência que faz do interesse da conservação da natureza um interesse *moral* é o destino do *homem*, enquanto dependente da natureza, a orientação antropocêntrica da ética clássica é conservada aqui. Mas [...] a diferença é grande» (Jonas, 1995, p. 27).

Como a história demonstra, o devir do progresso tecnocientífico não é inocente, evolui em direcções que, frequentemente, se bifurcam em sentidos opostos de bem e de mal. Tal evidência pressupõe o conhecimento antecipado das consequências ulteriores de qualquer experimentação científico-tecnológica. Sendo assim, há que reflectir, assumindo a sabedoria prudente e cautelosa que opta por abster-se de exercer um acto, quando esse acto potencia consequências imprevisíveis ou nefastas. É nisto que consiste a «heurística do medo» jonasiana[6], uma indagação acerca do potencial negativo de uma prática, a nortear a biotecnociência segundo os valores da precaução e da preservação.

Opondo o princípio da responsabilidade ao princípio da esperança, postulado por todos os que encararam com optimismo a promessa prometeica do total domínio da natureza, Jonas afirma: «O Prometeu definitivamente desagrilhoado [...] clama por uma ética que, através do refreamento voluntário do seu poder, impeça o ser humano de cair em desgraça» (Jonas, 1995, p. 7). Daí que a ética se transfigure mostrando-se como «uma ética da manutenção, da conservação, da protecção e não do progresso e da perfeição» (Jonas, 1995, p. 249).

Apesar da crítica ao ideal iluminista, Jonas não deixa de reconhecer em Kant a formidável tarefa de regulação da *praxis*; por isso, toma essa herança em mãos e dá-lhe uma forma diferente, onde o humano, ser da natureza, surge investido de máxima responsabilidade. Com efeito, o «dom» da específica transanimalidade, que privilegia o Homem em muitos sentidos, não é gratuito, tornando-o antes ilimitadamente responsável pela natureza (enquanto solo ontológico de todo o

[6] «[...] torna-se necessária uma heurística do medo que despiste o perigo» (Jonas, 1995, p. 392).

vivente), pelas gerações futuras, pela humanidade em geral. Hans Jonas enuncia-o assim:

1) «Age de tal modo que os efeitos da tua acção sejam compatíveis com a permanência da autêntica vida humana sobre o planeta»;
2) «Age de tal modo, que os efeitos da tua acção não sejam destrutivos da possibilidade futura da vida humana»;
3) «Não comprometas as condições para a continuação indefinida da humanidade sobre a Terra»[7].

2. Aldo Leopold: a ética da terra

Em 1948, Aldo Leopold (1887-1948), um visionário professor-filósofo-caçador do Wisconsin e confesso admirador dos pioneiros ambientalistas, redige uma obra de fraco sucesso na altura em que foi publicada (1949)[8], mas que, duas a três décadas depois, se tornará um *best-seller*, ganhando a reputação de bíblia dos ecologistas a par do *Walden* de Thoreau. Esse pequeno livro, intitulado *Sand County Almanac*, que começava como um registo descritivo da fauna e da flora da região, concluía com uma secção determinante do significado global da obra, que, nessas trinta páginas finais, se assumiu decisiva-

[7] «Um imperativo adaptado ao novo tipo do agir humano e que se dirige a um novo tipo de sujeitos do agir [...] ele dirige-se sobretudo à política pública, mais do que à conduta privada [...]. O imperativo categórico kantiano dirigia-se ao indivíduo e o seu critério era instantâneo [...] o novo imperativo invoca uma outra coerência: não aquela do acto em concordância consigo próprio, mas a dos seus efeitos últimos em concordância com a sobrevivência da humanidade no futuro» (Jonas, 1995, pp. 36-37).

[8] Trata-se de uma publicação póstuma de 1949. Leopold viria a falecer de ataque cardíaco no combate a um incêndio numa propriedade vizinha, no ano em que escreveu o livro (1948).

mente como uma teoria da acção (*the land ethic*). Cremos que o posterior sucesso de Leopold se deve menos à graciosidade e fluidez da sua prosa, através da qual se vai revelando uma fina sensibilidade à natureza, do que à afirmação inequívoca da dimensão ética como fundamental e necessária na relação do homem com a terra. E esta é, segundo Leopold, a única via possível de libertação do humano «mecanizado». Sublinhamos que não se trata aqui de uma proposta de regresso a um estado natural algures lá atrás, num passado remoto, na demanda arquetípica do paraíso perdido e do bom selvagem, mas, pelo contrário, de um projeto que convoca explicitamente a maioridade moral e, nesse sentido, aponta para um futuro de salvação do próprio humano. Aquilo que os seus predecessores (Thoreau, Emerson, Muir) vinham denunciando Leopold transforma num imperativo da acção correcta, num mandamento ético: «Algo é bom quando preserva a integridade, a estabilidade e a beleza da comunidade biótica, é mau quando procede diversamente»[9] (Leopold, 2008, p. 206); aquilo que em Rousseau e Thoreau se configura como oposição e fuga à artificialidade e convenção sociais (o mundo selvagem) em Leopold é entendido como solo de sentido do humano, um passado que lhe é inerente e que torna inteligível a sua própria humanidade. Respeitar e amar esse solo, esse passado, é respeitar a sua própria integridade e compreender-se, ver-se, a si mesmo num amplo contexto evolutivo como ser temporal, cujo destino é o de cumprir aquilo que verdadeiramente é: cidadão da terra.

O curioso, no percurso conceptual de Leopold, é que a viragem para a ética da terra, uma ética ambiental ecocêntrica

---

[9] A crise ecológica garantiu à máxima leopoldiana uma incisiva pertinência e actualidade, dando a Leopold o estatuto maior na literatura ambiental do século XX, juntamente com Rachel Carson, autora de *Silent Spring* (1963).

que postula o valor intrínseco do Todo[10], se deve a uma epifania, uma revelação conversiva do que antes era e do modo como antes pensava e agia. A «bomba atómica» de Leopold foi a morte de uma loba. Como o próprio relata, nos seus tempos juvenis tinha por passatempo a caça, gosto incutido pelo seu pai desde a infância. Contudo, um dia algo mudou radicalmente:

> Um uivo vindo das profundezas ecoa de orla em orla rochosa, rola montanha abaixo e extingue-se na longínqua escuridão da noite [...]. Só o principiante mais obtuso pode deixar de sentir a presença ou ausência dos lobos, ou de reconhecer que as montanhas têm uma secreta opinião acerca deles. A minha própria convicção neste domínio data do dia em que vi morrer um lobo. Estávamos a almoçar num penhasco acantilado [...]. Vimos o que pensávamos ser uma corça [...]. Quando trepou margem acima [...] compreendemos o nosso erro: era um lobo. Meia dúzia de outros lobos [...] saltaram dos salgueiros, e todos se amontoaram a dar as boas-vindas [...]. Nesses tempos nunca tínhamos ouvido dizer que se pudesse desperdiçar uma oportunidade de matar um lobo. Num segundo, começámos a atirar chumbo sobre a pilha [...]. Quando esvaziámos as espingardas, a velha loba tinha sido abatida [...]. Chegámos junto da velha loba a tempo de observar um altivo fogo verde a morrer nos seus olhos. Compreendi nesse momento, e nunca mais deixei de o saber, que havia algo de novo para mim naqueles olhos – algo que apenas a loba e a montanha conheciam. Nesse tempo eu era jovem e cheio de prontidão no gatilho, pensava, porque menos lobos significavam mais veados, que o desaparecimento total dos lobos seria o paraíso dos caçadores. Mas depois de ter visto aquele fogo verde a extinguir-se senti

---

[10] Daí que seja também designada por ética «holista», do grego *hólos*, que significa «todo».

que nem o lobo nem a montanha concordavam com essa maneira de ver. (Leopold, 2008, pp. 128-130)

Este episódio, incluído na subsecção de *Sand County Almanac* «Thinking like a Mountain», marca a transição de um estádio de egocentrismo especista para outro patamar de inteligibilidade. Com efeito, «pensar como uma montanha» traduz a inflexão para uma via de sentido ecocêntrico no qual as diversas singularidades – lobos, veados, plantas – se perspectivam inter-relacionadas por equilíbrios funcionais e em que o ecossistema, neste caso a montanha, constitui o todo integrador das diferenças ou, mais precisamente, uma unidade cuja integridade passa pela interdependência simbiótica das diversas singularidades (*com-unidade*).

O poderoso *insight* que surpreendeu Leopold no momento do derradeiro lampejo da velha loba, e que «nunca mais deixou de saber», mostrou-lhe o sentido profundo do ser da vida e do humano, um sentido que Leopold encarou como estruturante de uma necessária reconfiguração da acção, congruente com a inversão de papéis que faz do homem um cidadão da terra, em vez de seu conquistador: «uma ética da terra altera a função do *Homo sapiens*, tornando-o, de conquistador da comunidade da terra, em membro pleno dela. Implica respeito pelos outros membros seus companheiros [*fellow-members*] e também respeito pela comunidade enquanto tal» (Leopold, 2008, p. 190).

Compreendendo a fertilidade do conceito de comunidade nos seus múltiplos significados e interpretações, não apenas de ordem ecológica, mas também de ordem social e moral[11], Leopold elegeu-a como metáfora exemplar do seu programa holista, declarando que «A ética da terra amplia simples-

---

[11] «Toda a ética, até ao presente, repousa numa simples premissa – a de que o indivíduo é um membro de uma comunidade de partes interdependentes» (Leopold, 2008, p. 190).

mente as fronteiras da comunidade para dentro delas incluir os solos, as águas, as plantas, os animais ou colectivamente a terra» (Leopold, 2008, p. 190). O alargamento da comunidade moral ao Todo comporta implicitamente uma fundamentação ontológica que desenha um novo paradigma representativo do humano e do mundo. A nosso ver, a plurissignificância da metáfora «comunidade» cumpre na ética da terra uma tripla função, mostrando: o ser do mundo, incluindo aí o ser do homem – relação, afinidade, parentesco; a dinâmica funcional do ser do mundo – devir, diversidade, interconexão; a dimensão estrutural que liga tudo a todos e todos a tudo – simbiose, bioempatia.

De acordo com Leopold, quando o significado de estar no mundo for percebido pela maioria das pessoas como pertença a uma ampla comunidade biótica determinada por relações, interdependências, afinidades e equilíbrios funcionais resultantes de um milenar processo evolutivo, no qual todos os seres (orgânicos e inorgânicos) aparecem implicados, a ética da terra emergirá na consciência colectiva social, naturalmente, como amor e respeito[12].

Assim sendo, o bem decorrerá da assunção dessa natural condição humana, ser-com-todos-os-seres, na compreensão da rede funcional e intensamente interconectada que caracteriza a vida. É justamente nesse sentido que a proposta ética do filósofo-caçador, apontando um estado de maioridade moral de progressivo apuramento do senso moral aliado ao aprofundamento do saber da terra, sentencia, fundamentalmente, uma radical mudança de estatuto do humano e da sua acção. Como ser da natureza, a agência moral humana torna imperativo o

---

[12] «Quando compreendemos que a terra é uma comunidade à qual pertencemos, começamos a usá-la com amor e respeito» (Leopold, 2008, Prólogo).

respeito pelos valores do Todo, ou seja, o equilíbrio, a integridade e a beleza.

Concluímos sublinhando a correlação entre natureza e comunidade moral postulada pela ética da terra, que a caracteriza como uma mundividência englobante da realidade e da vida, em que a experiência da afectividade, inseparável do *ser-em-comum*, se constitui como autêntica referência ontológica, ou seja, como dimensão estrutural do ser do mundo, que no humano se manifesta racionalmente como acção, como ética:

> Somos, de facto, a espécie dominante no planeta; temos nas nossas mãos, de facto, o destino da Terra; e somos efectivamente seres morais num mundo predominantemente amoral. Sem tomar a Bíblia literalmente, uma pessoa pode sentir que, de algum modo, há mais entre o céu e a terra do que a ciência conhece e conta; que a humanidade é, de certo modo, um ser privilegiado de uma forma única, mas também a única criatura responsável entre todas as criaturas. (Callicott, 1994, p. 23)[13]

3. Arne Naess: a ecologia profunda

Logo no prefácio do livro *Ecologia Profunda*, de Bill Devall e George Sessions, dois filósofos norte-americanos divulgadores do movimento ecologia profunda, fundado por Arne Naess, deparamos com a seguinte afirmação: «precisamos de aceitar o convite à dança – a dança de unidade entre os seres humanos, as plantas, os animais e a Terra» (Devall e Sessions, 2004, p. 11).

---

[13] John Baird Callicott e Holmes Rolston, dois filósofos ambientais contemporâneos, destacam-se na vastíssima rede de autores influenciados por Leopold, contribuindo com a sua obra, em defesa da ética da terra, para a divulgação alargada do programa leopoldiano.

Porquê o termo «dança», perguntamos nós? Uma reflexão breve sobre a questão rapidamente atinge os fundamentos da ecologia profunda (*deep ecology*) e compreende que, em essência, se trata de uma celebração jubilosa da unidade entre o humano e a natureza, que não se cinge à acção, à ética, mas que vai mais longe e mais «fundo» (*deep*). Com efeito, originariamente, a dança é um rito de comunicação não verbal, cuja função (mítico-religiosa) é de união com o sagrado. Poderá revestir todas as modalidades possíveis no quadro dessa relação: pedir a chuva, o alimento, a heroicidade e valentia, a fecundidade ou constituir, simplesmente, uma celebração de participação do homem no sagrado, forma rítmica de comunhão com a natureza e com os elementos. Do ponto de vista mítico-religioso, a natureza nunca é exclusivamente «natural», está carregada de sagrado não só enquanto criação, mas como ente através do qual o sagrado se manifesta e revela. Por isso, nela existe alma e espírito divino, um modo de ser vivo, porque *com-sagrado* – é *Terra-Mater*, *Gaia*, a mãe universal.

Esta nossa brevíssima apresentação da ecologia profunda identifica, desde logo, um dos traços mais marcantes da *deep ecology*; as suas raízes mergulham quer na tradição mítico-religiosa quer em formas filosóficas que postulam a unidade do Ser (Espinosa, Heidegger), procurando afirmar-se como uma visão total do homem e do universo: «A ecologia profunda vai além de uma aproximação fragmentada, limitada e superficial aos problemas ambientais e tenta estruturar uma visão do mundo, religiosa e filosófica» (Devall e Sessions, 2004, p. 85).

Foi em 1973 que o filósofo norueguês Arne Naess[14] (1912-2009) redigiu o breve e influente texto «The Shallow and Deep

[14] «Naess, um apaixonado pelo montanhismo, numa escalada aos Himalaias reteve os aspectos reverenciais da cultura Sherpa para com as montanhas e os entes naturais em geral. O sentimento de pertença ao mundo, fundado na emoção que decorre de uma experiência plena de comunhão com a

Long Range Ecology Movements», que marca com clareza a fronteira abismal entre uma forma de ver e de estar no mundo profunda e radical e outra forma superficial e reformista (*shallow*), típica do antropocentrismo ambiental, ao mesmo tempo que configura não apenas uma visão interpretativa da realidade, mas, sobretudo, um programa transformativo da mesma (uma *práxis*) em vista da harmonia planetária – a *deep ecology*. Esta abordagem, que excede as fronteiras da ética[15], mergulha na ontologia e reproduz-se na acção concreta como modo de ser, de viver e de agir, potenciando «um novo equilíbrio e harmonia entre indivíduos, as comunidades e a natureza toda» (Devall e Sessions, 2004, p. 22).

Enquanto representação, a *deep ecology* autoproclama-se ecosofia (ecosofia-T[16]), ou seja, uma sabedoria do mundo e da vida que procura ir muito além do debate ético e axiológico, buscando respostas para a indagação radical que quer compreender «o que é» o ser humano e «onde é». Essa indagação profunda desvenda, traz à luz[17], a intuição básica (revelação) que compreende a imersão de todos os seres, as múltiplas e concretas configurações do Ser, numa realidade cósmica caracterizada pela interacção e interdependência. Tratando-se de uma revelação que, em certo sentido, coincide com as asserções da ecologia, transporta consigo uma forma de consciência, a

---

Natureza terá constituído, provavelmente, o pano de fundo para o cruzamento de influências eclécticas que modelaram a sua sensibilidade e cognição, determinando a orientação da abordagem que defende», Varandas, 2009, p. 78.

[15] «Não estou muito interessado em ética ou moral. Se a ecologia profunda é profunda, isso significa que deve ser relacionada com as nossas crenças fundamentais, não apenas com a moral. A ética decorre do modo como experienciamos o mundo» (Naess, citado por Laura Westra, 1994, p. 102).

[16] T de Tvergastein, montanha escandinava.

[17] No sentido heideggeriano da verdade (*aletheia*) enquanto desvendamento e revelação do Ser.

consciência ecológica, que reflecte a verdade desse mundo, uma comunhão cósmica de todos os seres. O significado fundamental do que é, assim, basicamente intuído (revelado) e se constitui como um axioma estruturador de uma metafísica da realidade (por força dessa revelação/intuição) remete para a noção de igualdade biocêntrica. O princípio estruturador das principais teses da ecologia profunda – o igualitarismo biocêntrico – é assumido como um princípio de primeira ordem que «consiste em pensar que todas as coisas na biosfera têm um direito igual a viver e florescer, e a alcançar as suas próprias formas individuais desabrochadas, o direito à auto-realização» (Devall e Sessions, 2004, p. 88).

A noção de direitos dos seres que aqui se declara não decorre da representação ético-jurídica, antes apela à destinação ontológica de todos os entes sem excepção: a Auto-Realização. Com Bento de Espinosa e Martin Heidegger por fundo, a *deep ecology* proclama a Auto-Realização como expressão da norma última da existência, essa irreprimível vocação para a vida (Ser) de todos os entes, humanos e não humanos, enquanto equivalentes «nós» da teia cósmica, confirmando a ecologia profunda como uma Ontologia, uma reflexão sobre o estatuto do ser humano, dos seres do mundo e o seu fim último. O conceito de Auto-Realização, indissociável do igualitarismo biocêntrico, propõe a gradual e total libertação de um «eu» singular e atomista (*ego*), confinado à estreiteza dos apetites egoístas, hedonistas e egocentrados que a sociedade de consumo exorbita, num processo de progressiva expansão e inclusão até à sua plena dilatação/dissolução no Cosmos (*self*).

Como afirma Sessions, a auto-realização pressupõe a fusão do «eu» individual no «Eu», sendo este «Eu» equivalente à totalidade orgânica. Neste sentido, «não há uma distinção ontológica sólida no plano da existência. O mundo não se divide em sujeitos e objectos independentes, nem há qualquer dualidade entre mundo humano e não humano» (Fox, 1998, p. 229).

O ser humano é entendido como uma extensão do mundo natural, daí que seja errado perspectivar o «eu» como uma individualidade atomística oposta a outras individualidades e contra a natureza. A via da autenticidade radica na identificação com a totalidade biótica, que constitui a inteira e real dimensão do si ou, o que é o mesmo, da máxima realização de si. Em verdade, nesta abordagem, Homem/Natureza formam um *continuum*: sangue, espírito, carne estão intricadamente ligados ao mundo natural, de tal modo que o sistema vascular humano inclui artérias, veias, rios, oceanos.

Tomar consciência desse saber profundo e radical é igualmente assumir uma forma de estar e de viver, projectar-se numa *práxis* conduzida pela ideia de que o ser é do mundo, o ser está no mundo e, logo, a sua acção desponta, naturalmente, consentânea com esse mundo que é. Afirma Naess (1989, p. 38):

> O cuidado flui naturalmente se o «eu» for alargado e aprofundado de modo a que a protecção da Natureza livre seja sentida e concebida como a protecção de nós próprios [...] do mesmo modo que não precisamos de moral para respirar, [também] se o nosso «eu» no sentido lato englobar outros seres, não precisamos de exortação moral para mostrar cuidado [...] nós temos cuidado connosco, sem sentirmos nenhuma pressão moral para o fazermos.

Essa forma de estar e de viver consubstancia-se numa plataforma de convicções e crenças, declinadas em oito pontos redigidos por George Sessions e Arne Naess em 1984:

> 1. O bem-estar e florescimento da Vida humana e não humana sobre a Terra têm valor em si mesmos (sinónimos: valor intrínseco, valor inerente). Esses valores são independentes da utilidade do mundo para fins humanos.

2. A riqueza e diversidade das formas de vida contribuem para a realização desses valores e são também valores em si mesmos.

3. Os seres humanos não têm o direito de reduzir essa riqueza e diversidade, excepto para satisfazer as necessidades vitais.

4. O florescimento da vida e das culturas humanas é compatível com uma diminuição substancial da população humana. O florescimento da vida não humana exige um decréscimo dessa população.

5. A actual interferência humana no mundo não humano é excessiva, e a situação está a piorar rapidamente.

6. Por isso é necessária uma mudança de política. Essa mudança diz respeito a estruturas económicas, tecnológicas e ideológicas básicas. O estado de coisas daí resultante será profundamente diferente do actual.

7. A mudança ideológica é, sobretudo, a do apreço pela qualidade de vida [...] de preferência à corrida a um padrão de vida cada vez mais elevado. Dela resultará uma consciência profunda das diferenças entre o grande e o grandioso.

8. Aqueles que subscreverem os pontos anteriores têm a obrigação directa ou indirecta de tentar pôr em prática as mudanças necessárias (Devall e Sessions, 2004, pp. 90-91).

A plataforma de asserções postuladas pela *deep ecology* implica a obrigação de enveredar por uma via actuante e inteiramente coerente com o plano das crenças. Tal significa não só a adopção de um estilo de vida comprometido com o Mundo e a Natureza, mas o empenhamento numa acção social de resistência ecológica.

No plano individual, a opção será por um estilo de vida anticonsumista, solidário, tolerante, pacifista e frugal, uma vida que «procura a profundidade e riqueza das experiências, em detrimento da sua intensidade [...] tentativas para viver na Natureza, mais do que para visitar lugares belos, evitando o turismo e vivendo ao de leve» (Marques da Silva, 2004, p. 217). Tal como afirma Naess,

> para se participar jubilosamente e com todo o coração no movimento da ecologia profunda, temos que tomar muito a sério a nossa própria vida. As pessoas que mantêm um padrão de vida baixo e que cultivam com êxito uma vida interior profunda e intensa, serão muito mais capazes de manter uma visão ecológica profunda e de agir em nome dela. (Naess *in* Devall e Sessions, 2004, p. 241)

No plano social, o empenhamento e compromisso com a realidade política implicam: a criação/participação em ONG com um raio de acção além-fronteiras, cuja finalidade será a exigência de preservação da biodiversidade; a assunção de uma consciência ecológica que limite a ingerência abusiva dos humanos no meio natural; a perspectivação de formas para diminuir o aumento da população humana; a luta pela preservação de áreas selvagens e pela implementação de modelos tecnológicos alternativos; a insistência na simplificação dos modos urbanos de viver.

Esta acção empenhada e comprometida com a defesa do mundo natural exclui atitudes de confronto, luta armada ou o recurso a actos terroristas de qualquer sorte, pois a resistência ecológica, inspirada na prática de Gandhi e dos monges budistas, rege-se explicitamente pelo princípio da não-violência, afirma Sessions,

> tanto por razões práticas quanto éticas, há que rejeitar a violência como modo de resistência ecológica [...] resistência ecológica significa também defender a diversidade natural por meio da educação, de palestras públicas e do recurso aos tribunais [...]. Resistência é um outro nome para afirmação – afirmação jubilosa da integridade da natureza, da diversidade natural e de um

impacto humano mínimo sobre a paisagem. (Devall e Sessions, 2004, p. 236)

Pelo exposto, há na *deep ecology* um projecto que pode bem ser caracterizado como uma ecotopia[18], já que visa a plenitude, ou seja, a comunhão plena da humanidade e da natureza, num tempo a vir. Essa suprema realização de apropriação/comunhão com o Ser não só é encarada como libertação total, mas também, e por isso mesmo, como fonte permanente de júbilo e de alegria, que se reflectirá no profundo compromisso com a vida e no viver.

Ora, não é isso mesmo que a dança exprime?

> A dança sempre foi parte dos povos primevos. Para nós a dança pode ser uma Dança dos Espíritos em louvor de tudo o que se perdeu: o condor, o bisonte, a sequóia, as bacias fluviais, o lobo, a baleia e o pombo bravo americano. Ou pode ser a dança de uma nova revelação do Ser, uma dança de modéstia e de sabedoria da Terra no ponto de viragem. (Devall e Sessions, 2004, Epílogo)

4. Em prol de uma ética ambiental

O número e a magnitude dos desastres ecológicos, a partir dos anos setenta do século XX, têm exposto com clareza a leviandade e irresponsabilidade da acção humana conduzida pela ganância economicista e pela arrogância tecnológica.

---

[18] *Ecotopia* é um livro de ficção de Ernest CALLENBACH (1975) influenciado pelo programa da *deep ecology* e, obviamente, pela *Utopia* de Thomas Moore. A história passa-se no ano de 1999 e consiste no relato de um jornalista que chega a um pequeno país chamado Ecotopia, onde os habitantes vivem em comunhão com a natureza, agindo de acordo com práticas sustentáveis, dentro dos valores de respeito e cuidado pela vida em geral.

Demonstra-se assim a pertinência da abordagem ética ao tema do ambiente não só porque nela se afirma a responsabilidade e o respeito como valores fundamentais na relação do humano com o Mundo (humano e não humano), mas porque a ética ambiental lança o desafio para um novo patamar de moralidade, mais inclusivo e de maior equidade intergeracional. Porventura serão estas as razões que justificam o alcance prático das abordagens aqui apresentadas e a sua popularidade. Com efeito, a *Ética da Responsabilidade* de Jonas repercutiu-se com sucesso nas políticas mundiais para o ambiente. Hoje, «gerações futuras», «sustentabilidade ambiental» e «princípio da precaução» fazem parte do léxico comum, constituindo os eixos de determinação das políticas públicas da União Europeia para o ambiente. A ética da terra é a modalidade eleita pelos conservacionistas (nomeadamente pela IUCN, *International Union for the Conservation of Nature*), influenciando múltiplas e transdisciplinares abordagens – arquitectura paisagista, educação ambiental, pedagogia, direito ambiental. A ecologia profunda inspira inúmeros movimentos e ONG, entre os quais a Greenpeace e o Earth First, cujo activismo ambiental é sobejamente conhecido e, em muitos casos, reconhecido.

O sucesso da ética ambiental deve-se à sua pertinência ou mesmo necessidade. Sem dúvida que todo o projecto de ética procura um futuro desejável para o humano, porquanto visa sempre a possibilidade de um Bem universal. Mais precisamente, um Bem que não exclua o Outro. Foi assim que, ao longo do tempo e de forma gradual, a comunidade moral progressivamente se alargou, incluindo todos os humanos independentemente da cor, da religião, do género. A actualidade obriga a reflexão ética a sair dos muros intra-humanos e a considerar moralmente os entes não humanos e o planeta. Porém, será bom não esquecer que não é tanto a natureza que depende do homem, mas, sobretudo, o homem que depende da natureza. Por isso, fundamentalmente, o que está em causa é, sob qualquer ângulo e abordagem, o destino da humanidade.

Referências e leituras recomendadas

CALLICOTT, Baird, *Earth's Insights: A Multicultural Survey of Ecological Ethics from the Mediterranean Basin to the Australian Outback*, Berkeley/L. Angeles/Londres, University of California Press, 1994.

DEVALL, Bill, SESSIONS, George, *Ecologia Profunda – Dar prioridade à natureza na nossa vida*, Águas Santas, Ed. Sempre-em-Pé, [1985], 2004.

FOX, Warwick, «The Deep Ecology-Ecofeminism Debate and Its Parallels», in ZIMMERMAN, M., CALLICOTT, B. (dir.), *Environmental Philosophy – From Animal Rights to Radical Ecology*, Nova Jérsia, Prentice Hall, 1998, pp. 227-244.

JONAS, Hans, *Le principe responsabilité*, Paris, Flammarion, [1979], 1995.

—, *Pour une éthique du futur*, Paris/S. Germain, Ed. Payot et Rivages, [1992, 1993], 1998.

LEOPOLD, Aldo, *A Sand County Almanac*, Londres/Oxford/Nova Iorque, Oxford University Press, 1949. Edição portuguesa: *Pensar como uma Montanha*, Águas Santas, Ed. Sempre-em-Pé, 2008.

MARQUES DA SILVA, «Ecologia Profunda – Da ecofilosofia à política ambiental», in BECKERT, C., e VARANDAS, M. J. (dir.), *Éticas e Políticas Ambientais*, Lisboa, Centro de Filosofia da U.L., 2004, pp. 211-225.

NAESS, Arne, *Ecology, Community, and Lifestyle: Outline of an Ecosophy*. Cambridge, Cambridge University Press, 1989.

THOREAU, Henry David, *Walden*, Boston, Houghton, Mifflin and Company, 1880. In Open Library: http://archive.org/details/thoreauswalden00walduoft. Edição portuguesa: *Walden ou a Vida nos Bosques*, Lisboa, Ed. Antígona, 1999.

VARANDAS, Maria José, *Ambiente, Uma Questão de Ética,* Lisboa, Esfera do Caos, 2009.

—, «Ecocentrismo», in BECKERT, Cristina, *et al.* (dir.), *Ética: Teoria e Prática,* Lisboa, CFUL, 2012, pp. 511-526.

WESTRA, Laura, *An Environmental Proposal for Ethics: The Principle of Integrity,* Boston/Londres, Rowman & Littlefield Pub, 1994.

I

TEMAS FUNDAMENTAIS

Ética e ordenamento do território

João Ferrão

Instituto de Ciências Sociais da Universidade de Lisboa

Este texto visa sistematizar a produção teórica recente sobre ética e ordenamento do território com um duplo propósito: contribuir para colocar este debate nas agendas académica e política e aumentar a nossa consciência ética e moral enquanto profissionais e cidadãos no que se refere ao modo como usamos, ocupamos, transformamos e gerimos o território.

Com este objectivo, o texto foi estruturado em três partes. Na primeira salienta-se o que existe de comum e de específico quando se compara o ordenamento do território como política pública, corpo de conhecimentos e actividade profissional com outros domínios. Na segunda parte reconstitui-se o modo dinâmico como a relação ética-ordenamento do território tem evoluído nas últimas décadas, tendo como referência o caso dos países anglo-saxónicos, com destaque para o Reino Unido e os Estados Unidos da América (EUA). Finalmente, a terceira parte centra-se na ideia de interesse público, sublinhando-se as sucessivas reconceptualizações que tem sofrido e as alterações de âmbito e natureza daí decorrentes. O comentário final realça as principais conclusões a retirar da análise efectuada e procura transmitir uma mensagem de esperança e de responsabilização no que se refere a uma maior integração explícita das questões éticas e morais nos debates sobre ordenamento do território.

1. Ordenamento do território como política pública: questões éticas

O ordenamento do território é, simultaneamente, uma política pública, um corpo de conhecimentos e uma actividade profissional. Assim sendo, partilha as questões éticas essenciais com outros campos de política pública, com outros domínios científicos e com práticas de ensino, investigação e acção de outras áreas. Contudo, e ao mesmo tempo, apresenta aspectos específicos. Comecemos, pois, por identificar brevemente o que, do ponto de vista das questões éticas, existe de comum e de particular entre o ordenamento do território e outros domínios das políticas, da teoria e das práticas.

As dimensões éticas das políticas públicas têm merecido a atenção de um leque diverso mas não muito alargado de autores (ver, por exemplo, Shue, 2008; Simons, 2013). O aspecto principal sublinhado por estes e outros autores relaciona-se com o facto de as políticas públicas implicarem escolhas que, por sua vez, se baseiam em julgamentos de valor selectivos, que são necessariamente julgamentos éticos. Ao definir «quem e o que conta» (Shue, 2008), qualquer política pública adquire uma componente normativa que obriga a explicitar os pressupostos éticos em que se baseia e os princípios em que assenta. Mas a formulação de políticas públicas deve ainda ser acompanhada de análises de custos e benefícios e da identificação antecipada de eventuais efeitos colaterais, isto é, explicitar quem ganha e quem perde com a execução de cada política pública, numa óptica de minimização de danos não só imediatos e locais ou nacionais, mas também de âmbito transgeracional (princípio da sustentabilidade intergeracional) e transnacional (princípio da interacção geográfica solidária).

A formulação de qualquer política pública levanta, assim, diversos tipos de dilemas éticos: por um lado, entre prioridades distintas (por exemplo, ambientais, económicas e sociais) e princípios de acção que entram em conflito entre si; por outro, entre interesse público e interesses privados, interesses imediatos e interesses de médio e longo prazo, interesses nacionais e interesses globais. A estes dilemas éticos, há muito identificados, juntam-se outros mais recentes, associados à emergência de novos temas (por exemplo, direitos dos humanos *versus* direitos dos não humanos), de novas teorias sobre ética (Simons, 2013), ou de novas práticas de concepção, execução, monitorização e avaliação de políticas públicas críticas da visão «moderna» técnico-racional ainda hoje dominante (Stern, 2013).

Estes diversos dilemas éticos, cada um por si e sobretudo tomados de forma conjugada, aumentam a complexidade dos julgamentos subjacentes às escolhas efectuadas no âmbito de qualquer política pública, já que qualquer opção é tomada em termos de importância relativa e, portanto, escolhida inevitavelmente em detrimento de outras, implicando formas mais ou menos relevantes de inclusão/exclusão de interesses, necessidades e preferências.

O ordenamento do território partilha todos estes dilemas, mas de modo talvez agravado pela sua missão. É verdade que a finalidade das políticas de ordenamento do território tem evoluído ao longo do tempo e não é exactamente a mesma em todos os países (Ferrão, 2011). Mas a sua missão fundadora, a da regulação do uso, ocupação e transformação do solo, hoje já não exclusiva mas ainda prevalecente, coloca dilemas éticos particularmente complexos sobretudo em duas frentes: a oposição entre a salvaguarda do interesse definido como público e a defesa dos interesses (legítimos) dos privados, o que implica um delicado exercício de ponderação de interesses; e o conflito entre os princípios e prioridades de políticas sectoriais e os objectivos da política de ordenamento do território, o que exige uma ponderação de prioridades que, não raramente, é mais ditada pelo poder de diferentes ministérios e grupos de interesse do que por critérios de equilíbrio de interesses e de razoabilidade.

O primeiro dilema é bem conhecido dos cidadãos, expressando-se por uma pergunta recorrente: Porque não posso construir ou desenvolver uma determinada actividade num terreno que me pertence? De facto, a descoincidência entre o princípio da propriedade e o princípio da edificação, ambos legalmente consagrados, é de difícil compreensão e aceitação por parte de muitos cidadãos. De uma forma mais geral, a ideia de sacrifício individual em nome do interesse público no que se refere ao uso e ocupação do solo provoca perplexidades, suscita resistências, alimenta conflitualidades e quase naturaliza, ao nível social, práticas sistemáticas de ilegalidade. Afinal, por que não posso construir em áreas de reserva ecológica nacional (REN), de reserva agrícola nacional (RAN), de domínio público marítimo ou em faixas de protecção de diverso tipo (em relação a barragens, por exemplo), se o terreno é meu? Por que razão o Plano Director Municipal me impede de construir um edifício com o número de pisos que desejo, o Plano de Ordenamento da Orla Costeira me impossibilita que coloque o apoio de praia no local que considero mais adequado, o Plano de Área Protegida põe em causa o desenvolvimento de actividades agrícolas e piscatórias tradicionais e tantos outros planos me restringem direitos, preferências e iniciativas?

Da mesma forma, a política de ordenamento do território facilmente entra em choque com outras políticas, sobretudo as que prosseguem objectivos económicos ou as que estruturam fortemente o território a partir de uma óptica sectorial (transportes, redes de infra-estruturas e equipamentos públicos, etc.). Deverá a política de ordenamento do território, porque tem uma visão sistémica e não apenas sectorial dos diversos territórios, sobrepor-se aos objectivos de outras políticas, restringindo as suas opções e iniciativas como faz em relação aos particulares? Como ponderar objectivos de competitividade e de coesão territorial, critérios de eficácia e eficiência sectorial (que justificam, por exemplo, o encerramento de equipamentos públicos como escolas, centros de saúde ou tribunais em áreas de baixa densidade demográfica) com critérios de equidade territorial (que defende a igualdade de condições de acesso a serviços de interesse geral independentemente do local onde se vive)? Nestes casos, as opções de ordenamento do território podem criar perplexidades de sentido oposto. Por um lado, como é possível os cidadãos, os operadores e os decisores políticos locais compreenderem que, em nome de um bom ordenamento do território, se possam inviabilizar investimentos que criam emprego e riqueza ou opções de mobilidade preferidas pelas populações locais, mas que põem em causa áreas de valor ambiental, agrícola ou arqueológico? Por outro, como compreender que as políticas de ordenamento do território não tenham força suficiente para evitar decisões que, tomadas de forma autónoma e não concertada, no âmbito de políticas estritamente sectoriais, prejudicam de forma sistemática as mesmas regiões, agravando ciclos de desvitalização social cada vez mais acentuados?

No que diz respeito ao debate teórico sobre questões éticas e ordenamento do território, coexistem igualmente aspectos comuns e particulares quando se compara este domínio com o que ocorre noutras áreas científicas. Recorde-se, antes de mais, que o ordenamento do território corresponde, sobretudo, a uma actividade prática. São raros os países onde existem cursos de graduação específicos sobre esta matéria. De facto, ela é geralmente leccionada como uma subárea (ou mesmo apenas uma unidade curricular) no contexto de licenciaturas de natureza disciplinar (geografia, arquitectura, engenharia, biologia, etc.) ou como uma área de especialização em cursos de mestrado ou doutoramento. Os países anglo-saxónicos, e sobretudo o Reino Unido, são aqueles onde o ordenamento do território (*planning*) possui uma maior autonomia do ponto de vista quer do ensino quer da investigação. A comunidade dos especialistas em ordenamento do território caracteriza-se, pois, por ser pluridisciplinar e essencialmente constituída por profissionais com uma intervenção técnica. Esta situação explica três tendências, que serão analisadas adiante: a debilidade do debate teórico sobre ética em ordenamento do território; a preponderância de problemas concretos associados à prática profissional no (reduzido) debate sobre ética e ordenamento do território; e o facto de os autores e as obras de referência no debate teórico sobre ética e ordenamento do território serem exteriores a este domínio (John Rawls, Jürgen Habermas, Michel Foucault, Amartya Sen, Marta Nussbaum, etc.). Em suma, o debate teórico sobre questões éticas e ordenamento do território tem-se revelado relativamente escasso e algo irregular no tempo, correspondendo sobretudo à aplicação a este domínio específico de teorias oriundas de outras áreas científicas (em particular da filosofia política) e, complementarmente, a um exercício reflexivo suscitado pelos dilemas éticos associados à prática profissional.

Finalmente, e no que se refere às práticas de ensino, investigação e acção, a relação entre aspectos comuns e específicos com outras áreas é igualmente visível, ainda que neste caso com predomínio dos primeiros. A definição de princípios de comportamento ético no ensino e na investigação, bem como nas práticas profissionais e na avaliação de políticas públicas, tem sido alvo de amplos debates, dando origem a iniciativas de diverso tipo. Estes debates permitiram salientar dois tipos principais de diferenciação: uma centrada nos valores e outra nos mecanismos de regulação. No que diz respeito aos valores, a diferenciação ocorre entre, por um lado, aqueles que têm uma natureza genérica, sendo, portanto, transversais a qualquer domínio, e, por outro, os que possuem um carácter mais específico, em função, por exemplo, dos objectos de estudo, do tipo de metodologias utilizado ou dos domínios de intervenção. No que concerne aos mecanismos de regulação, os debates têm assinalado as vantagens e limitações da existência quer de mecanismos de função reguladora internos às instituições (comités de ética, por exemplo), quer de dispositivos de auto-regulação de campos profissionais particulares, desde os de natureza prescritiva e vinculativa (códigos de conduta ética) aos documentos orientadores e meramente indicativos (guias de princípios e procedimentos promotores de boas práticas). No essencial, o debate sobre questões éticas e práticas profissionais na área do ordenamento do território não se afasta de forma substancial do que tem ocorrido, por exemplo, no domínio da avaliação das políticas públicas (Simons, 2013).

2.1. Relação entre ética e ordenamento do território: uma evolução dinâmica

O debate sobre ética e ordenamento do território é globalmente escasso na maior parte dos países. Por exemplo, as publicações de Bernard Bret (2001), sobre a necessidade de pensar eticamente o ordenamento do território, ou de Denis Martouzet (2002), acerca do papel dos valores e das normas no ordenamento e urbanismo, destacam-se em França como sendo das poucas contribuições explicitamente focadas na relação ética-ordenamento do território e parecem ter tido um eco muito limitado se se levar em consideração o escasso número de citações identificadas no Google Académico. O recurso ao mesmo motor de busca, no caso de Portugal, confirma uma situação igualmente deficitária. Salienta-se, num contexto de ausência generalizada de publicações específicas sobre este tema, o artigo de Margarida Queirós (1996) intitulado «Ética no uso do solo: princípios de política e planeamento». Lamentavelmente, e para além de um interessante enquadramento inicial de duas páginas, o texto corresponde no essencial a uma recensão de uma publicação então recente sobre esse assunto. Naturalmente existem, mesmo em Portugal, diversas publicações que sublinham aspectos éticos relacionados com o ordenamento do território. Mas essas referências são pontuais e traduzem-se quase sempre por meros apelos ou reparos sem qualquer problematização teórica.

É em publicações de autores dos países anglo-saxónicos, em especial dos EUA e do Reino Unido, que podemos encontrar os contributos mais substantivos para um debate sobre ética e ordenamento do território. A inglesa Heather Campbell, licenciada em Geografia e com mestrado e doutoramento em Planeamento Regional e Urbano, é, talvez, a autora que de forma mais sistemática tem vindo a reflectir sobre essa relação (Campbell e Marshall, 1999, 2000 e 2006; Campbell, 2005). Num artigo mais recente (Campbell, 2012), a autora apresenta uma interessante periodização com base no modo como a relação ética-ordenamento do território (*planning*)[1] tem evoluído nos principais países de língua inglesa.

Durante a década de setenta do século XX, o interesse por essa relação centrou-se em questões de *ética profissional*. A crítica à visão «moderna» técnico-racional do planeamento

[1] Ao longo do texto, utilizamos «ordenamento do território» e «planeamento» como sinónimos, embora cientes de que esta identificação é discutível (ver FERRÃO, 2011).

– até então dominante, mas vista agora, sobretudo a partir do influente texto de Peter Marcuse (1976), como uma forma de reproduzir a ordem espacial existente, em particular nas cidades, mas também nas áreas rurais – estimulou um debate em torno da ideia de que o planeamento e a actividade profissional dos planeadores têm uma natureza intrinsecamente política e não, como sempre se afirmara, meramente técnica. Deste debate resultou um apelo à necessidade de existirem códigos de ética profissional que levassem em conta as questões éticas inerentes a processos de decisão e escolha de que não estavam ausentes, ainda que de modo implícito, pressupostos e implicações de carácter político. Esta primeira fase de interesse explícito pela relação ética-ordenamento do território é uma manifestação, salientamos nós, de um ambiente científico mais genérico de crítica à concepção positivista da ciência e à visão técnico-racional das políticas públicas, ancoradas nas ideias de conhecimento neutro (*value-free*), objectividade analítica e imparcialidade de todos os envolvidos: académicos, técnicos e avaliadores de políticas públicas. Neste contexto, qualquer escolha é considerada como meramente técnico-científica, ou seja, baseada e legitimada por critérios de racionalidade científica susceptíveis de validação e fiáveis (Stern, 2013).

A segunda fase da periodização proposta por Heather Campbell (2012), que inclui a década de oitenta do século XX e se prolonga até meados da década seguinte, corresponde ao que a autora designa por perspectiva da *ética em planeamento.* Segundo Campbell, há três factores que concorrem para a consolidação desta nova fase, cuja obra de referência considera ser a que Jerome L. Kaufman publicou em 1993. Por um lado, a crescente complexidade das sociedades e das economias aumenta o número de escolhas de natureza ética; esta situação enriquece e aprofunda o debate anterior sobre a natureza e o papel dos códigos de ética profissional, suscitando posições favoráveis à elaboração de códigos de valores éticos em detrimento de códigos de conduta rígidos e institucionalizados. Por outro, o crescente reconhecimento de que o planeamento é uma actividade societal, e não apenas um conjunto de normas e técnicas de regulação do uso e ocupação do solo, traduz-se por uma maior consciência ética por parte de académicos e, consequentemente, por uma maior preocupação pelo que se considera deverem ser comportamentos éticos; esta preocupação irá reflectir-se ao nível do ensino do planeamento, através da integração de questões éticas na formação dos futuros planeadores. Finalmente, a existência de equilíbrios pessoais bastante díspares em relação às práticas profissionais de planeamento do ponto de vista ético vai suscitar controvérsias em torno de posições distintas quanto ao grau de normatividade e aos princípios éticos que devem reger a actividade dos profissionais de ordenamento do território; estas controvérsias irão influenciar quer a teoria do planeamento, através da incorporação de debates mais amplos sobre filosofia e ética, quer a investigação empírica sobre práticas de planeamento, visando identificar os vários tipos de questões éticas com que os profissionais deste domínio se confrontam no exercício da sua actividade.

Finalmente, a terceira fase da periodização de Heather Campbell (2012), em que predomina a perspectiva da *ética do planeamento,* inicia-se simbolicamente em 1995 com a obra de referência coordenada por Sue Hendler e que tem justamente esse título: *Planning Ethics.* A obra lança as bases para um entendimento da consciência ética como elemento constitutivo da teoria e da prática do planeamento, não a reduzindo a um imperativo do comportameno individual, antes procurando estimular uma cultura de valores éticos no seio da comunidade do planeamento. Em simultâneo, a alteração das condições de financiamento da investigação científica, com uma retracção dos apoios públicos e a necessidade de se recorrer a outras fontes, leva a que seja atribuído um maior relevo às questões éticas nas actividades de investigação no domínio do planeamento. A autora salienta, contudo, que as questões éticas continuam a ocupar uma posição marginal a nível académico e sobretudo entre os planeadores.

A evolução descrita traduz, conforme foi salientado, a situação dos principais países de língua inglesa, sobretudo o Reino Unido e os EUA. Contudo, e dada a crescente globalização do conhecimento que tende a ocorrer a partir de instituições desses dois países e a rapidez com que as ideias viajam, tantas vezes de forma acrítica e descontextualizada, seria de esperar que os debates referidos influenciassem as agendas académicas e as epistemologias de acção de outros países no que diz respeito à relação ética-ordenamento do território. A verdade é que essa influência, a existir, parece ser marginal. Outros debates que tiveram inegável impacto no ordenamento do território, como o do direito à cidade no Brasil e noutros países da América Latina ou o do conceito de cidade justa de Susan Fainstein (2010), de forma mais global, não tiveram influência significativa em Portugal no que se refere às questões de planeamento. Conforme se salientou no início deste texto, o debate sobre ética no campo do ordenamento do território não alcançou qualquer posição de relevo em países como França e Portugal, ao contrário do que sucedeu noutros domínios temáticos, como o ambiente, a sustentabilidade ou as alterações climáticas, onde as questões éticas e de responsabilidade moral, tanto individual como colectiva, ganharam uma centralidade indiscutível nos planos académico, político e mediático. Esta ausência é particularmente sentida em países como o nosso. No entanto, mesmo em relação ao mundo anglo-saxónico, e apesar da caracterização aparentemente promissora apresentada por Heather Campbell (2012), há autores que defendem a necessidade de revigorar o «estado anémico» que consideram caracterizar hoje a ética do planeamento (Chan e Protzen, 2016, p. 14).

2.2. Relação entre ética e ordenamento do território: o interesse público

A Lei de Bases Gerais da Política Pública de Solos, de Ordenamento do Território e de Urbanismo, de 30 de Maio de 2014, inclui perto de vinte menções à expressão «interesse público», associando-a a dois tipos de situações: por um lado, e em primeiro lugar, à necessidade de o Estado salvaguardar a prossecução do interesse público em matéria de solos, ordenamento do território e urbanismo (incluindo a política fundiária); por outro, à necessidade de acautelar a adequada ponderação, concertação e contratualização de interesses públicos e privados. A referida lei identifica ainda a existência de «interesses gerais» (por exemplo, a salvaguarda do património cultural, a valorização da biodiversidade ou a protecção de ecossistemas, cf. artigo 64.º), «interesses nacionais» de (defesa nacional e segurança pública, agrícolas, florestais, ambientais, patrimoniais e económicos, de exploração de recursos geológicos e de aproveitamento das energias renováveis, cf. artigo 40.º) e «interesses regionais» (agrícolas, florestais, ambientais, ecológicos e económicos, integrando ainda as redes nacionais de infra-estruturas, de mobilidade e de equipamentos de utilização colectiva com expressão regional, cf. artigo 41.º).

A garantia destes vários tipos de interesses justifica a existência de restrições de utilidade pública ao direito da propriedade, podendo mesmo implicar, em casos extremos e devidamente justificados, o recurso a expropriações. O interesse público, a que se associam os restantes tipos de interesses referidos, constitui, pois, a questão mais sensível da relação entre ética e ordenamento do território, dado o modo como comprime direitos igualmente consagrados na legislação (desde logo, na própria Constituição da República Portuguesa) e com um significado social, económico e simbólico particularmente elevado, como são os direitos da propriedade privada e da edificação. Quem define, e como, o que é o interesse público? Quem garante, e como, a sua aplicação a situações concretas? E quem fiscaliza, e como, a sua efectiva concretização? A resposta a estas questões tem variado ao longo do tempo. No entanto, e apesar da existência de culturas nacionais distintas de direito, institucionais e de ordenamento do território, verifica-se uma certa convergência no que diz respeito às perspectivas de referência dominantes ao longo das últimas décadas.

Sob a visão «moderna» técnico-racional, a referência que prevaleceu de forma incontestada no ordenamento do território, e nas políticas públicas em geral, até aos anos oitenta do século XX, cabe ao Estado definir uma visão universal de interesse público, aos planeadores identificarem e proporem soluções que operacionalizem essa visão e, finalmente, aos técnicos da administração garantirem a boa aplicação dos princípios, regras e normas existentes (Ferrão, 2011; Lennon, 2016). Trata-se, pois, de uma visão de natureza tecnocrática, baseada nos pressupostos de neutralidade e imparcialidade por parte dos planeadores e dos técnicos da administração. Não lhes compete, neste contexto, emitir quaisquer juízos de valor, pelo que as questões éticas não emergem como uma matéria de relevo no contexto das práticas profissionais de ordenamento do território.

Conforme se salientou em relação à primeira fase da periodização proposta por Heather Campbell anteriormente sumariada (Campbell, 2012), a perspectiva de que o planeamento e a actividade dos planeadores são intrinsecamente políticos e não apenas técnicos levou a uma crescente contestação da concepção de neutralidade subjacente à visão «moderna» técnico-racional. Todo o exercício de ordenamento do território, salienta-se agora, confronta-se com conflitos de interesse e relações assimétricas de poder, e a forma como se lida com essas questões implica decisões baseadas em juízos de valor.

A gestão da conflitualidade entre interesses, opções e prioridades torna-se, assim, uma preocupação central em ordenamento do território. As teorias do planeamento colaborativo ou comunicacional, baseadas na racionalidade comunicacional de Jürgen Habermas, irão tentar dar uma resposta a partir das ideias de comunicação, diálogo, negociação e consenso. De acordo com esta perspectiva, uma boa gestão dos conflitos pressupõe a participação das várias partes interessadas e procedimentos metodológicos rigorosos que coloquem essas várias partes em diálogo entre si, visando concertar posições e obter consensos em torno da melhor solução do ponto de vista colectivo (Lennon, 2016). Aos planeadores cabe agora uma nova função como facilitadores do diálogo, moderadores de debates e mediadores de negociações, pressupondo-se que a boa qualidade dos processos garantirá a tomada de boas decisões. O planeamento colaborativo ou comunicacional introduz, do ponto de vista da definição do interesse público e das relações entre ética e ordenamento do território, duas alterações significativas em relação à visão «moderna» técnico-racional: por um lado, a concepção universalista e abstracta de interesse público é substituída por outra mais contextualizada, fruto dos processos de participação e concertação de distintos interesses desenvolvidos em cada caso; por outro, a visão de neutralidade e imparcialidade por parte dos planeadores dá lugar a uma perspectiva de ética procedimental, necessária para garantir uma gestão justa e ponderada dos processos de participação, negociação e consensualização. Os códigos de ética profissional procuram, justamente, dar resposta a este novo tipo de requisitos através da identificação de normas de procedimento justas e também da responsabilização individual dos planeadores.

As teorias do planeamento colaborativo erodiram parcialmente a visão «moderna» técnico-racional de ordenamento do território, sem, no entanto, a substituírem totalmente, sobretudo em países, como Portugal, caracterizados por possuírem uma cultura débil tanto de participação por parte dos cidadãos como de gestão por consenso por parte da administração. Embora a defesa dos processos participativos e colaborativos se torne, sobretudo ao nível académico e das instituições internacionais (Organização para a Cooperação e Desenvolvimento Económico, OCDE, por exemplo) e supranacionais (Comissão Europeia), a narrativa dominante no que se refere às políticas públicas em geral, as práticas institucionais e individuais no domínio do ordenamento do território permanecem muito presas à ortodoxia técnico-racional. Sucede, assim, que as teorias e práticas de planeamento colaborativo, estando ainda a tentar impor-se no seio da comunidade epistémica do ordenamento do território, são já alvo de críticas. Embora diversas, essas críticas tendem a concentrar-se em torno de três pontos principais (Lennon e Fox-Rogers, 2016): (i) as assimetrias de poder não são resolúveis através do diálogo; (ii) a adopção de «procedimentos justos» não é suficiente para resolver problemas de natureza estrutural; e (iii) a adopção desses procedimentos pode institucionalizar formas de exclusão dos grupos sem voz, contribuindo para marginalizar determinadas perspectivas, interesses e necessidades. Simultaneamente, e no que diz respeito à dimensão ética, ao concentrar o esforço de gestão de conflitos em torno dos procedimentos de diálogo e concertação, o planeamento colaborativo reduz as funções do planeador enquanto «sujeito moral» (Lennon e Fox-Rogers, 2016) ao papel de mero árbitro, ignorando que a montante e a jusante desses procedimentos ocorrem decisões éticas decisivas quanto às soluções de planeamento propostas e às suas consequências.

As críticas às visões habermasianas de planeamento têm origem em dois focos teóricos principais: a teoria do planeamento agonístico, baseada na filosofia política pós-moderna e pós-marxista de Chantal Mouffe (2000); e a perspectiva comunitária, baseada na filosofia moral de Alasdair MacIntyre (2007) e ainda nas perspectivas pós-coloniais.

A primeira perspectiva, extensivamente apresentada e debatida na obra editada por Jonathan Metzger, Phil Allmendinger e Stijn Oosterlynck (2014) no que se refere especificamente ao domínio do ordenamento do território (*planning*), parte da distinção basilar entre o político (domínio de dissensos estruturais e, por isso, inultrapassáveis) e a política (esfera de aproximações possíveis, ainda que temporárias). Critica-se, assim, a crença na possibilidade de se alcançarem consensos generalizados através da erradicação do dissenso, conforme é defendido pelas teorias do planeamento colaborativo. Sendo inevitável a existência de interesses incompatíveis e, portanto, as tensões e contradições que daí decorrem, a questão que se coloca para Chantal Mouffe e seus seguidores é como transformar, em contexto democrático, antagonismo em agonismo através do estabelecimento de compromissos. De acordo com a teoria do planeamento agonístico, o interesse público é, assim, o resultado temporário da gestão agonística de dissensos (Lennon, 2016). Neste contexto, o debate proposto por Jeffrey Chan e Jean-Pierre Protzen (2016) sobre o que se entende por «compromissos éticos» em contextos de conflito em planeamento, e tendo em consideração que qualquer compromisso implica sempre concessões por parte dos envolvidos, é particularmente relevante. Segundo estes autores, um «compromisso ético» pressupõe a inclusão de valores éticos em termos quer substantivos (rejeição de concessões ou resultados que ponham em causa a dignidade e os direitos humanos) quer operacionais (qualidade moral dos procedimentos que conduzem ao estabelecimento de compromissos). Chan e Protzen (2016) identificam três tipos ideais, no sentido de Max Weber, de compromissos: integrativos, quando são atingidos através da convergência de posições sem grandes concessões por parte de qualquer das partes envolvidas; distributivos, quando existem claros ganhos e perdas para as partes em conflito, sendo o compromisso estabelecido apenas para as matérias negociáveis e deixando de fora as irreconciliáveis; e integrativos ou distributivos, mas com elevado risco de causar danos em terceiros através de efeitos colaterais. Recorrendo a esta tipologia, é possível afirmar que o planeamento colaborativo valoriza os compromissos integrativos como modelo único ou pelo menos preferencial, enquanto o planeamento agonístico se centra nos compromissos de tipo distributivo.

A segunda fonte crítica do planeamento colaborativo, e também do planeamento agonístico, é a perspectiva comunitária (Chan e Protzen, 2016; Winkler e Duminy, 2016). Esta perspectiva rejeita quer a visão universalista e tecnicamente neutra e imparcial de interesse público presente no racionalismo técnico-científico «moderno» quer as visões em que a definição do interesse público é o resultado de processos de gestão de conflitos (tanto na versão da obtenção de consensos do planeamento colaborativo como na visão do estabelecimento de compromissos temporários do planeamento agonístico). Aos pressupostos modernos de ideais universais e abstractos opõem a ideia de contingência; e ao interesse público de fim de linha, isto é, resultante de procedimentos de consensualização ou de compromisso, contrapõem a ideia de interesse público como resultado histórico de dinâmicas de intersubjectividade construídas não a partir de um vazio sociocultural, mas de tradições éticas específicas de entendimento moral acerca das questões em causa. Essas dinâmicas de intersubjectividade são indissociáveis dos contextos espaço-temporais em que se desenvolveram, mas, ao mesmo tempo, podem ser reconceptualizadas através de práticas reflexivas de planeamento (*tradition-transformative practices*, nas palavras de Chan e Protzen, 2016). Nesta óptica, o planeamento não é um projecto normativo, mas uma intervenção subjectiva, «situada» e, por isso, contingente e baseada em princípios éticos não generalizáveis. Esta perspectiva, que se ancora, como se referiu anteriormente, na filosofia moral de Alasdair MacIntyre (2007), encontra particular eco entre autores do mundo não ocidental, que vêem no universalismo ético «moderno», mesmo que na sua versão mitigada do planeamento colaborativo e do planeamento agonístico, uma forma de dominação externa por parte de posições epistemológicas do designado Norte global. Não são apenas o conhecimento e a acção que são «situados»; os valores éticos também o são (Winkler e Duminy, 2016). Assim, a pergunta «O que é melhor?» pode ter respostas diferentes e apontar para escolhas éticas distintas. A natureza e o significado da palavra «melhor», ou de conceitos como equidade, respeito ou inclusão, devem ser, segundo aqueles autores, considerados no contexto de práticas culturais e linguísticas que passam de geração em geração (teorias do planeamento multi e intercultural).

O entendimento e a formação do interesse público no ordenamento do território podem, portanto, obedecer a perspectivas distintas, quer da filosofia política, quer das concepções sobre política pública, quer ainda das teorias de planeamento. O quadro 1, inspirado em Tanja Winkler e Duminy (2016, p. 121), identifica os traços gerais do âmbito e natureza de valores éticos subjacentes à definição de interesse público presentes nas várias teorias-tipo de planeamento.

Recentemente, e tendo por base obras de referência sobre princípios de justiça de Amartya Sen e Marta Nussbaum, autores como Claudia Basta (2016) procuram enriquecer o debate cruzando contributos originariamente associados a distintas teorias de planeamento. Retomando a argumentação da autora, a articulação entre a visão rawlsiana de «justiça no planeamento» e a perspectiva de «planeamento para a justiça» baseada nos contributos de Sen permite lançar as bases para novas «fundações morais da teoria e da prática do ordenamento do território» (Basta, 2016, p. 190) a partir de dois avanços: construção de uma visão mais abrangente da teoria e da ideia de justiça através da construção de uma universalidade sensível à diversidade de contextos e aos processos de deliberação pública; e consideração das questões de justiça nas práticas de planeamento, mas também nas avaliações das intervenções de planeamento.

Teorias de ordenamento do território/ planeamento	Planeamento «moderno» técnico-científico	Planeamento colaborativo ou comunicacional	Planeamento agonístico	Planeamento inter e multicultural
Sistemas de ética	Liberal individualista (John Rawls, 1971)	Habermasiano (Jürgen Habermas, 1984)	Agonístico (Chantal Mouffe, 2000)	Comunitário (Alasdair MacIntyre, 2007)
Âmbito	Universal forte	Universal fraco	Universal fraco	«Situado»
Natureza	Abstracta	Abstracta e intersubjectiva (consenso)	Abstracta e intersubjectiva (compromisso)	Enraizada na comunidade

Quadro 1: Definição de interesse público em teorias do planeamento baseadas em distintos sistemas de ética. Fonte: Elaboração própria inspirada em Winkler e Duminy (2016, p. 121).

Assiste-se, pois, a um debate vivo sobre ética e ordenamento do território, com várias perspectivas a confrontarem-se e a contestarem-se reciprocamente. Contudo, e como comentam Tanja Winkler e James Duminy (2016, p. 125), «embora muitas teorias de planeamento contemporâneas sejam influenciadas por epistemologias pós-estruturalistas e pós-coloniais que reconhecem o valor do conhecimento subjectivo e local, a investigação sobre ética e planeamento tende a manter-se baseada nas teorias éticas normativas».

3. A ética como componente constitutiva do ordenamento do território

No texto das secções anteriores merecem particular destaque quatro aspectos. Em primeiro lugar, a importância relativamente débil do debate sobre ética e ordenamento do território, sobretudo nos países não anglo-saxónicos. Em segundo, o facto de, apesar das suas especificidades, o ordenamento do território enquanto política pública, corpo de conhecimentos e conjunto de práticas profissionais reproduzir os grandes debates sobre ética com origem na filosofia política e, portanto, comuns a outras áreas do saber e da acção. Em terceiro, e a par da situação da dependência teórica identificada no ponto anterior, o modo como as experiências concretas de planeamento e as reflexões que estas suscitam contribuem para que os membros da comunidade epistémica do ordenamento do território (dos académicos aos planeadores) ganhem alguma consciência ética e de responsabilidade moral face a um contexto de relativa incompreensão ou mesmo rejeição do papel desta política pública por parte de muitos decisores políticos, agentes económicos e cidadãos. Finalmente, a centralidade do conceito de interesse público e, ao mesmo tempo, o modo como tem vido a ser sucessivamente contestado e reconceptualizado.

Em Portugal, há um debate implícito, subterrâneo, sobre questões éticas e ordenamento do território que importa explicitar e tornar visível. O artigo 3.º da Lei de Bases Gerais da Política Pública de Solos, de Ordenamento do Território e de Urbanismo, de 30 de Maio de 2014, define nove princípios gerais a que esta política deve obedecer: solidariedade intra e intergeracional, responsabilidade, economia e eficiência, coordenação e compatibilização das diversas políticas públicas de incidência territorial com as políticas de desenvolvimento económico e social, subsidiariedade, equidade, participação dos cidadãos, concertação e contratualização entre interesses públicos e privados, segurança jurídica e protecção da confiança. A estes princípios o mesmo artigo adiciona ainda seis outros, ambientais: desenvolvimento sustentável, prevenção e precaução, transversalidade e integração das políticas ambientais nas políticas de ordenamento do território e urbanismo, poluidor-pagador e utilizador-pagador, responsabilidade e, por fim, recuperação (de danos causados no ambiente). A efectiva aplicação destes vários princípios deveria suscitar, por si só, um debate sobre ética e ordenamento do território não só teórico, mas também a partir de casos concretos que implicam escolhas éticas complexas: Que opções dilemáticas são essas?; Quem tem a responsabilidade moral de contribuir para a sua superação?; Como decidir qual é a «melhor» solução?; Quem perde e quem ganha com as soluções de planeamento propostas? Todos os dias são tomadas decisões (e não decisões) de ordenamento do território que afectam a vida dos cidadãos e das empresas e condicionam o futuro do país. A ética não é um domínio longínquo e incompreensível para não especialistas em filosofia. Pelo contrário, a ética, os valores e a responsabilidade moral individual, institucional e colectiva são elementos constitutivos da teoria e da prática do ordenamento do território. Afinal, são eles que dão significado e direcção ao conhecimento, às políticas e às práticas que olham para o território como uma casa comum não só dos seres humanos, mas de todas as fontes e formas de vida do nosso planeta.

Referências e leituras recomendadas

Basta, Claudia, «From Justice in Planning toward Planning for Justice: A capability approach», in *Planning Theory*, 15.2, 2016, pp. 190-212.

BRET, Bernard, «Penser l'éthique pour penser le territoire et l'aménagement», in *L'information géographique*, vol. 65, n.° 3, 2001, pp. 193-218.

CAMPBELL, Heather, «Just Planning: the art of situated ethical judgment», in *Journal of Planning Education and Research*, 26.1, 2006, pp. 92-106.

CAMPBELL, Heather, «"Planning Ethics" and Rediscovering The Idea of Planning», in *Planning Theory*, 11.4, 2012, pp. 379-399.

CAMPBELL, Heather, e MARSHALL, Robert, «Ethical Frameworks and Planning Theory», in *International Journal of Urban and Regional Research*, 23.3, 1999, pp. 464-478.

—, «Moral Obligations, Planning, and The Public Interest: a commentary on current British practice», in *Environment and Planning B: Planning and Design*, 27.2, 2000, pp. 297-312.

—, «Towards Justice in Planning: a reappraisal», in *European Planning Studies*, 14.2, 2006, pp. 239-252.

CHAN, Jeffrey Kok Hui, e PROTZEN, Jean-Pierre, «Between Conflict and Consensus: searching for an ethical compromise in planning», in *Planning Theory*, 2016. DOI: 1473095216684531. Consultado a 12 de Abril de 2017.

FAINSTEIN, Susan S., *The Just City*, Ithaca, Nova Iorque, Cornell University Press, 2010.

FERRÃO, João, *O Ordenamento do Território como Política Pública*, Lisboa, Fundação Calouste Gulbenkian, 2011.

HABERMAS, Jürgen, *The Theory of Communicative Action. Reason and the Rationalization of Society*, vol. 1, Londres, Heinemann, 1984.

HENDLER, Sue (dir.), *Planning Ethics: A Reader in Planning Theory, Practice and Education*, New Brunswick, Nova Jérsia, Centre for Urban Policy Research, Rutgers, The State University of New Jersey, 1995.

KAUFMAN, Jerome L., «Reflections on Teaching Three Versions of a Planning Ethics Course», in *Journal of Planning Education and Research*, 12.2, 1993, pp. 107-115.

LENNON, Mick, «On "The Subject" of Planning's Public Interest», in *Planning Theory*, 2016, DOI: 1473095215621773. Consultado a 14 de Abril de 2017.

LENNON, Mick, e FOX-ROGERS, Linda, «Morality, Power and The Planning Subject», in *Planning Theory*, 2016, DOI: 1473095216648185. Consultado a 14 de Abril de 2017.

MACINTYRE, Alasdair, *After Virtue: A Study in Moral Theory*, Notre Dame, University of Notre Dame Press, 2007.

MARCUSE, Peter, «Professional Ethics and Beyond: values in planning», in *Journal of the American Institute of Planners*, 42.3, 1976, pp. 264-274.

MARTOUZET, Denis, «Normativité et interdisciplinarité en aménagement – Urbanisme», in *Revue d'économie régionale & urbaine*, 4, 200, pp. 2619-642.

METZGER, Jonathan, *at al.* (dir.), *Planning Against the Political: Democratic Deficits in European Territorial Governance*, Nova Iorque e Londres, Routledge, 2014.

MOUFFE, Chantal, *The Democratic Paradox*, Nova Iorque, Verso, 2000.

QUEIRÓS, Margarida, «Ética no uso do solo: princípios de política e planeamento», in *Finisterra*, XXX.62, 1996, pp. 149-157.

RAWLS, John, *A Theory of Justice*, Cambridge, Harvard University Press, 1971.

SHUE, Henry, «Ethical Dimensions of Public Policy», in MORAN, Michael, *et al.*, *The Oxford Handbook of Public Policy*, Oxford e Nova Iorque, Oxford University Press, 2008, pp. 709-728.

STERN, Eliot, «Contextual Challenges for Evaluation Practice», in SHAW, Ian F., *et al.* (dir.), *The Sage Handbook of Evaluation*, Londres, Sage, 2013, pp. 293-314.

SIMONS, Helen, «Ethics in Evaluation», in SHAW, Ian F., *at al.* (dir.), *The Sage Handbook of Evaluation*, Londres, Sage, 2013, pp. 243-265.

WINKLER, Tanja, e DUMINY, James, «Planning to Change The World? Questioning the normative ethics of planning theories», in *Planning Theory*, 15.2, 2016, pp. 111-129.

Ética das políticas de cooperação para o desenvolvimento

Korinna Horta

Centro de Estudos sobre África, Ásia e América Latina/CESA, Instituto Superior de Economia e Gestão/ISEG da Universidade de Lisboa

1. A urgência de uma ética de cooperação para o desenvolvimento

Não é preciso ser católico ou cristão para apreciar profundamente o contributo do Papa Francisco na formulação de uma ética para os nossos tempos. A sua encíclica *Laudato si'* (2015)[1] dirige-se a todas as pessoas de boa vontade, reconhecendo o papel de outras religiões e tentando unir toda a família humana no cuidar da nossa casa comum. Esta encíclica impressiona pela lucidez e pelo rigor na análise da nossa profunda crise dupla, ambiental e social. Além disso, as implicações éticas para a cooperação internacional são explícitas e detalhadas.

[1] Encíclica *Laudato si' – Sobre o Cuidado da Casa Comum*, Papa Francisco, 24 de Maio de 2015, 24 de Maio de 2015.

A encíclica enfatiza que não podemos separar a dimensão ambiental da justiça económica e social, uma vez que os impactos mais graves de todas as agressões ambientais são sofridos pelos mais pobres, reflectem-se nas realidades duras por eles vividas todos os dias, como, por exemplo, na procura de água potável ou de uma refeição por dia, nas doenças não tratadas e nas mortes prematuras não contabilizadas.

O Papa sabiamente denuncia um mero discurso «verde» que esconde estas realidades de grande sofrimento associado a enormes injustiças sociais. Precisamos – lê-se – de ouvir «... tanto o clamor da terra como o clamor dos pobres»[2]. Por isso sublinha que o sofrimento está insuficientemente representado nos programas internacionais, embora afecte milhares de milhões de pessoas. De facto, a grande maioria da população mundial corresponde àqueles a que a encíclica chama «excluídos»:

> Hoje são mencionados nos debates políticos e económicos internacionais, mas com frequência parece que os seus problemas se coloquem como um apêndice, como uma questão que se acrescenta quase por obrigação ou perifericamente, quando não são considerados meros danos colaterais. Com efeito, na hora da implementação concreta, permanecem frequentemente no último lugar.[3]

A grande maioria dos que mais sofrem injustiças económicas combinadas com a degradação do ambiente encontra-se nas regiões do mundo a que chamamos agora o Sul Global, embora haja pobreza e uma crescente desigualdade nos países chamados desenvolvidos. Aliás, a expressão «países em vias de

---

[2] *Ibidem*, § 49.

[3] *Ibidem*, § 49.

desenvolvimento» já não nos soa de forma correcta. As elites destes países fazem parte das elites transnacionais, enquanto grande parte da população mundial permanece indefesa perante as consequências de um desenvolvimento mal concebido, sem participação democrática e caracterizado pela degradação ambiental e pela marginalização social.

Um indicador do desespero é o grande número de pessoas que se arriscam a sofrer uma morte cruel para chegarem à Europa, não como refugiados de guerra, mas como refugiados de pobreza profunda. Muitos destes migrantes são oriundos de países ricos em matérias-primas, como a Nigéria, o maior produtor de petróleo de África, ou a Guiné-Conacri, que durante décadas tem sido a principal fonte de bauxite para a produção de alumínio no mundo. A exploração destes recursos prometeu ser um motor de desenvolvimento, mas, no conluio entre elites locais e empresas multinacionais, muitas vezes apoiado pela cooperação internacional, transformou-se numa pilhagem. Os resultados são terras e águas poluídas e comunidades locais devastadas. Ao mesmo tempo, as perspectivas de uma governação democrática ficam mais longínquas porque a corrupção e a repressão se tornam enraizadas.

Só no período entre 2013-2016, um número estimado de 500 mil migrantes da África Subsariana chegou à costa de Itália, fugindo da pobreza profunda e da falta de qualquer perspectiva de futuro nas suas comunidades. Muitos são os indivíduos fortes e empreendedores das suas comunidades que, com o intuito de ajudarem as suas famílias, arriscam a vida nas travessias perigosas do Sara e do Mediterrâneo.

Lamentavelmente, os investimentos de cooperação em grande escala, que mobilizam muitos milhares de milhões de euros por ano, têm sido inadequados para dar resposta à crise social e ambiental no Sul Global. Pior ainda: em muitos casos os grandes investimentos em projectos de cooperação – anteriormente designados por «ajuda ao desenvolvimento»

– criaram ainda maiores desequilíbrios e contribuíram significativamente para a degradação ambiental e para o agravamento da injustiça.

Esta crítica não se aplica a projectos de cooperação de pequena escala muitas vezes lançados por organizações da sociedade civil ou pela cooperação bilateral. Há organizações e muitos indivíduos extremamente dedicados que oferecem todo o seu talento e energia para aliviar situações difíceis e de grande sofrimento. Este tipo de cooperação baseia-se frequentemente nas necessidades reais das populações, tal como identificadas pelas próprias comunidades que procuram beneficiar.

O nosso enfoque corresponde às grandes instituições financeiras públicas dedicadas ao desenvolvimento. Trata-se de bancos multilaterais em que os Estados de praticamente todo o mundo participam como accionistas, embora o seu poder assente nas maiores potências económicas, incluindo cada vez mais a China e a Índia. O seu objectivo é reduzir a pobreza e promover o desenvolvimento sustentável – declaração de boas intenções disseminadas por brochuras coloridas e páginas Web das instituições. E todos nós, através das contribuições financeiras dos nossos governos, participamos nestas instituições.

Tradicionalmente, os Estados Unidos da América, o Japão e os países da União Europeia são os maiores doadores destas instituições. A mais influente destas instituições é o Grupo Banco Mundial. Recentemente, Pequim (Beijing) também emergiu como grande financiador de projectos de desenvolvimento, estando, desde Janeiro de 2016 e pela primeira vez, à frente de um banco multilateral, o Banco Asiático de Investimento em Infra-estrutura, de que muitos países não asiáticos, incluindo Portugal e o Brasil, se tornaram membros. É esta cooperação em grande escala que importa examinar se quisermos identificar as implicações éticas ligadas aos grandes financiamentos supostamente ao serviço do desenvolvimento.

A encíclica *Laudato si'* oferece uma explicação para o grande fosso que separa as boas intenções da cooperação dos seus impactos concretos, muitas vezes prejudiciais para os direitos humanos e para o ambiente:

> Isto deve-se, em parte, ao facto de que muitos profissionais, formadores de opinião, meios de comunicação e centros de poder estão localizados longe deles, em áreas urbanas isoladas, sem ter contacto directo com os seus problemas. Vivem e reflectem a partir da comodidade dum desenvolvimento e duma qualidade de vida que não está ao alcance da maioria da população mundial. Esta falta de contacto físico e de encontro, às vezes favorecida pela fragmentação das nossas cidades, ajuda a cauterizar a consciência e a ignorar parte da realidade em análises tendenciosas.[4]

Esta descrição capta a actual situação de um aparelho burocrático privilegiado composto por peritos muito bem remunerados e isentos do pagamento de impostos. Muitos deles são doutorados em Economia pelas universidades mais prestigiadas do mundo, habituados ao estilo de vida da classe executiva e aos hotéis de cinco estrelas. Trabalham em instituições financeiras, como o Grupo Banco Mundial, que incentivam grandes investimentos e a rápida concessão de créditos a governos ou ao sector privado para promover o desenvolvimento. O que fica muitas vezes esquecido é a qualidade do investimento em termos sociais e ambientais.

Quem, nestas instituições, suscita questões sobre o verdadeiro alcance dos projectos financiados em prol da redução da pobreza não avança na carreira profissional porque pode causar uma desaceleração na concessão de crédito. Afinal, embora publicamente dedicados ao desenvolvimento, são ban-

---

[4] *Ibidem*, § 49.

cos e burocracias com os seus interesses próprios. Só assim se explica que o Banco Mundial tenha uma história de investimento de muitas décadas, por exemplo, em países africanos cujos índices sociais de pobreza profunda, fome e exclusão não deixaram de piorar durante este tempo.

Steve Berkman, antigo funcionário com décadas de experiência a trabalhar no Banco Mundial, examina a corrupção e negligência ligadas a muitos empréstimos e coloca a pergunta acerca do volume de ajuda que chega realmente aos pobres. A sua resposta é: «Na verdade ninguém sabe. Tudo que ouvimos é que o Banco aprovou empréstimos, desembolsou fundos, organizou conferências, publicou relatórios e criou parcerias»[5]. Obviamente, não podemos limitar as nossas reflexões à declaração de boas intenções. Temos de seguir o rasto dos investimentos concretos e dos seus impactos.

Este capítulo examina o exemplo do Grupo Banco Mundial, enquanto instituição financeira mais influente na cooperação internacional e que serve de modelo a outros bancos públicos de desenvolvimento. Analisa também os seus principais modos de investimento e os problemas que se relacionam com cada um deles. Incide ainda sobre três áreas distintas mas interligadas das suas principais actividades: os investimentos em reformas políticas nos países recipientes dos créditos; os investimentos em instituições financeiras intermediárias, como bancos comerciais; e, por fim, os investimentos em projectos específicos, como os de infra-estrutura.

A atenção a estas áreas de investimento ganha nova importância com a intenção do G-20 – o grupo das 19 maiores economias do mundo, mais a União Europeia – de acelerar investimentos em grandes infra-estruturas para alavancar o

---

[5] Berkman, S., *The World Bank and the Gods of Lending*, Sterling, Virgínia, Kumarian Press, 2008, p. 256.

frouxo crescimento económico global desde a crise financeira de 2008. O Banco Mundial e as suas instituições congéneres regionais já se disponibilizaram para canalizar os investimentos preconizados pelo G-20. Este esforço inclui um aumento da concessão de garantias ao sector privado para promover a sua participação no que muitos esperam ser o maior *boom* de investimento de todos os tempos.

Uma ética de cooperação que se baseia na ligação intrínseca da protecção dos direitos humanos e do ambiente para promover o bem-estar social e a justiça nunca foi tão urgente como hoje. A comunidade internacional concorda, e, por isso, as Nações Unidas adoptaram em 2015 a Agenda 2030 para o Desenvolvimento Sustentável. Porém, a distância que separa a abordagem da Agenda 2030, baseada nos direitos humanos, e as decisões tomadas pelos bancos multilaterais de desenvolvimento é grande. As secções que se seguem evidenciarão alguns problemas em mais pormenor.

2. Reformas económicas ortodoxas

Uma parte significativa dos empréstimos concedidos pelo Banco Mundial é concedida em contrapartida por reformas políticas estruturais. Este instrumento, conhecido como ajustamento estrutural e mais recentemente como empréstimos baseados em políticas de desenvolvimento (Development Policy Lending – DPL), oscila entre 30% (2015) e 50% (2012) do volume total de empréstimos dos ramos do Banco Mundial aos países mais pobres (International Development Association) e aos países chamados de rendimentos médios (International Bank for Reconstruction and Development). O ramo do Banco Mundial que empresta directamente ao sector privado (International Finance Corporation) não está envolvido na concessão deste tipo de financiamento.

As políticas promovidas pelo instrumento DPL visam em primeiro lugar criar um ambiente favorável ao investimento privado nacional e estrangeiro. Como tal, promovem a diminuição do papel do Estado, da carga fiscal sobre o sector privado e da regulamentação, nomeadamente do mercado laboral. São políticas bem conhecidas em países sujeitos aos programas do Fundo Monetário Internacional (FMI) ou da Troika, na Europa do Sul.

O DPL não é mais do que o reforço das medidas preconizadas pelo FMI. Os objectivos destas medidas estão reflectidos num dos mais conhecidos relatórios anuais do Banco Mundial, *Doing Business*, que apresenta o *ranking* (hierarquia) dos países no que se refere à facilidade de fazer negócios, tendo como critérios a regulamentação de negócio ou a protecção de direitos de propriedade[6]. Pela primeira vez, o relatório de 2016 exclui do *ranking* a regulação do mercado do trabalho, na sequência da pretensão das grandes organizações sindicais mundiais, que há muito lutavam contra a inclusão deste indicador no *ranking*, na medida em que favorecia países com custos laborais baixos e com débeis direitos reconhecidos aos trabalhadores.

A abordagem do instrumento DPL reflecte um paradigma unidimensional, um tamanho único para todos, independentemente das condições específicas em cada país. Tal como evidenciado pelos relatórios *Doing Business*, a eficácia económica tem primazia absoluta, numa abordagem que acredita cegamente na magia dos mercados, actuando como se todos os problemas se resolvessem com o aumento de lucro de empresas e de indivíduos.

Assim sendo, e embora o Banco Mundial se refira a si próprio como «Banco do Conhecimento», este não deu provas

---

[6] http://portugues.doingbusiness.org/reports/global-reports/doing-business-2016.

até hoje de que a sua abordagem neoliberal ajude a atingir as suas metas de redução de pobreza, de aumento da prosperidade partilhada e de desenvolvimento sustentável. Um relatório interno do Banco Mundial de 2015 conclui que é difícil demonstrar que as reformas políticas impostas pelo DPL são adequadas para remover os obstáculos à redução da pobreza e à prosperidade partilhada[7]. O mesmo relatório refere que os estudos analíticos sobre os impactos do DPL, no que diz respeito à pobreza, ao ambiente e aos indicadores sociais, raramente são publicados ou beneficiam de consultas públicas.

Lamentavelmente, relatórios e avaliações do próprio Banco Mundial que suscitam possíveis problemas com os impactos do seu portefólio, mesmo quando escritos numa linguagem diplomática, ganham pó nos arquivos e raras vezes conduzem a reformas nas abordagens do Banco. Em muitos casos, o instrumento DPL visa sectores específicos que são ambiental e socialmente muito sensíveis. É o que se verifica com os DPL que visam alterações políticas na gestão de florestas, de minas ou do sector de energia.

Vejamos o exemplo do Peru, onde dois DPL aprovados em Fevereiro de 2016 somam um empréstimo de 2,5 milhares de milhões de dólares. Os DPL têm por objectivo atrair investimento privado através de parcerias público-privadas (PPP) no sector da energia, a saber, na exploração de gás, de petróleo e na construção de grandes barragens. As PPP incentivadas pelas DPL representam subsídios e garantias governamentais às energias fósseis, ao mesmo tempo que visam limitar a sua regulamentação pelo Ministério do Ambiente[8]. Este tipo de

---

[7] World Bank Group, *Development Policy Financing Retrospective: Preliminary Findings*, Washington, D.C. 2015, p. 21.

[8] Bank Information Center, *World Bank Development Policy Finance Props Up Fossil Fuels & Exacerbates Climate Change*, Washington, D.C., 2017 (http://www.bankinformationcenter.org/world-bank-breaks-climate-pledges-by-financi

investimento é contrário às declarações públicas do Banco Mundial, que se mostram preocupadas com as alterações climáticas e prometem Planos de Acção de Protecção do Clima e da Floresta.

Outro exemplo é relativo à República Democrática do Congo (RDC). Em geral, as políticas de salvaguarda social e ambiental do Banco Mundial não se aplicam aos DPL, e a informação pública sobre DPL específicos é escassa. O caso da DRC tornou-se público porque juntava um tradicional projecto de investimento (Emergency Economic and Social Reunification Support Project – EESRSP) a um DPL (Transitional Support for Economic Recovery Grant – TSERO), e ambos os financiamentos de 2005 visavam melhorar a governação dos recursos florestais da RDC. Cerca de 60% do território da RDC é floresta que faz parte da grande área florestal da bacia do Congo, a segunda maior do mundo depois da Amazónia.

Desde sempre, os povos autóctones de vários grupos pigmeus e a vasta maioria da população rural na RDC dependem dos produtos da floresta para o seu sustento. Desde a proteína fornecida pela caça às plantas medicinais, a floresta oferece tudo para a sobrevivência das comunidades. Esta dependência dos produtos da floresta ficou ainda mais acentuada depois do início de conflitos armados nos anos noventa do século XX e do descalabro social generalizado do país.

Com efeito, o sistema das concessões florestais para extracção de madeira era caótico e dominado pela corrupção, pelo que os projectos do Banco Mundial pretendiam pôr ordem no sector. Mas a maneira como procederam criou alarme. Comunidades locais submeteram uma queixa ao Painel de Inspecção do Banco Mundial, uma entidade independente

---

ng-new-fossil-fuel-subsidies-undermining-forest-protection-and-exacerbating-climate-change/).

que funciona dentro da instituição e que fora estabelecida na sequência de grandes protestos contra grandes centrais hidroeléctricas financiadas pelo Banco na Índia. O Painel de Investigação averiguou os impactos do projecto e concluiu que os empréstimos do Banco, com o objectivo de fomentar a exportação, resultaram em tornar a RDC no maior produtor de madeira em África. O Painel concluiu que os financiamentos haviam ignorado que cerca de 40 milhões de pessoas na RDC vivem directamente da floresta e que o seu sustento estava a ser ameaçado pela expansão agressiva das concessões do abate industrial de árvores[9].

É verdade que o Banco Mundial publica relatórios de investigação importantes: não só os do Painel de Investigação, mas também do seu próprio Departamento de Avaliação e Instituto de Investigação. Mas este trabalho importante e valioso está divorciado da tomada de decisões sobre financiamentos. Parecem ser mundos paralelos, que não se tocam. As decisões de financiamento são sujeitas à pressão de conceder empréstimos e de aumentar o negócio bancário. A qualidade dos empréstimos e a sua contribuição para um desenvolvimento com inclusão e ambientalmente responsável continua a ter pouco peso nas decisões tomadas e na progressão de carreira dos funcionários.

---

[9] Inspection Panel, Investigation Report, DEMOCRATIC REPUBLIC OF CONGO: Transitional Support for Economic Recovery Grant (TSERO) (IDA Grant No. H 1920-DRC) and Emergency Economic and Social Reunification Support Project (EESRSP) (Credit No. 3824-DRC and Grant No. H 064-DRC), World Bank, Washington, August 31, 2007 (http://siteresources.worldbank.org/EXTINSPECTIONPANEL/Resources/FINALINVREPwhole.pdf).

3. Empréstimos a intermediários financeiros

A secção anterior examinou o problema dos empréstimos em troca de reformas políticas que constituem uma grande parte portefólio dos ramos do Grupo Banco Mundial que canalizam fundos directamente para os governos. Esta secção considera outro elemento do Grupo Banco Mundial, a Corporação Financeira Internacional (International Finance Corporation – IFC), que empresta directamente ao sector privado com os mesmos objectivos de redução de pobreza e de desenvolvimento sustentável. Segundo a respectiva página Web, a IFC é a maior instituição do mundo dedicada ao desenvolvimento com um enfoque no sector privado e está activa em mais de cem países[10]. Os seus objectivos incluem abordar as alterações climáticas e assegurar a sustentabilidade ambiental e social, e os seus empréstimos procuram fomentar o crescimento do sector privado em infra-estruturas, na agricultura, saúde e educação.

Mais uma vez, torna-se necessário considerar os seus investimentos concretos em detalhe para verificar até que ponto cumprem de facto as declarações de boas intenções, nomeadamente em relação à sustentabilidade ambiental e social e às alterações climáticas. A IFC concede empréstimos para projectos específicos, como, por exemplo, do sector da energia. Mas o enfoque aqui está na parte crescente do seu portefólio, que consiste em empréstimos a instituições financeiras intermédias, como bancos comerciais, companhias de seguros e empresas de equidade privada. Este tipo de empréstimo já alcança 52% dos seus compromissos financeiros a longo prazo.

A IFC argumenta que, emprestando a estas instituições financeiras, ajudará a fornecer crédito a pequenas empresas,

---

[10] http://www.ifc.org/wps/wcm/connect/Multilingual_Ext_Content/IFC_External_Corporate_Site/Home_PT.

as quais, por sua vez, geram crescimento económico e reduzem a pobreza. Além disso, a IFC obriga as instituições financeiras intermédias a desenvolverem os seus próprios sistemas de gestão ambiental e social. Tudo isto parece bem no papel: o acesso ao crédito a pequenas e médias empresas faz muita falta, e estabelecer sistemas que possam gerir os seus impactos ambientais e sociais é altamente desejável. Mas estará a IFC a monitorizar se os resultados pretendidos são alcançados?

Em 2013, o Compliance Advisor Ombudsman (CAO), um serviço de auditoria interna à IFC, publicou uma auditoria aos investimentos da IFC em intermediários financeiros, e os resultados foram perturbadores[11]. A auditoria concluiu que a IFC não tinha uma metodologia para determinar se os seus clientes tinham de facto estabelecido os tais sistemas de gestão ambiental e social, cujo objectivo era assegurar que os seus investimentos não provocassem danos. Embora esta obrigação dos clientes esteja no centro da estratégia de sustentabilidade da IFC, não existe uma base quantitativa ou qualitativa para monitorizar o cumprimento deste objectivo.

A auditoria também se mostrou preocupada com o facto de o destino final dos fundos emprestados pela IFC aos intermediários financeiros ser opaco. Por outras palavras, a IFC empresta dezenas de milhares de milhões a instituições financeiras intermediárias sem saber se estes fundos contribuem efectivamente para o desenvolvimento e a sustentabilidade sociais e ambientais. Importa sublinhar que a IFC, como ramo do Banco Mundial, é uma instituição pública que empresta fundos garantidos pelos contribuintes dos seus Estados-membros.

No seguimento desta auditoria, a IFC comprometeu-se a melhorar os seus sistemas de monitorização, o que

---

[11] http://www.cao-ombudsman.org/newsroom/archive/documents/Audit_Report_C-I-R9-Y10-135.pdf.

permanece por confirmar, uma vez que o destino final dos créditos concedidos continua a não ser objecto de informação pública. A IFC alega que se trata de informação comercial confidencial e que as próprias leis bancárias proíbem a publicação destes dados. No entanto, obtendo o acordo dos clientes da IFC, esta informação poderia ser tornada pública, o que até hoje não se verifica.

A organização Inclusive Development International, uma organização não governamental (ONG) de direitos humanos, teve acesso a um banco de dados comerciais e, depois de muitos meses de pesquisa, esta ONG identificou um grande número de projectos, financiados pelas instituições financeiras intermediárias que beneficiam dos empréstimos da IFC, que causam ou podem causar abusos de direitos humanos e destruição ambiental[12]. Os projectos realizam-se em vários sectores de alto risco, como energia, agricultura industrial em larga escala, minas e infra-estruturas. Uma das revelações chocantes do relatório desta ONG é que a IFC, através dos intermediários financeiros, está a apoiar um *boom* em centrais a carvão em países como a Índia, as Filipinas e o Bangladesh. Um dos exemplos é o projecto Rampal, que será a maior central a carvão no Bangladesh e que fica adjacente à maior floresta de mangais do mundo, a Sundarbans (um dos maiores mangues arbóreos do mundo, formado no delta dos rios Ganges, Bramaputra e Meghna, na baía de Bengala), declarados Património Mundial da Humanidade pela Unesco. O Rampal põe em risco o delicado ecossistema e o sustento de dois milhões de indianos e bangladeshianos.

---

[12] *Inclusive Development International, Outsourcing Development: Lifting the Veil on the World Bank Group's Lending through Financial Intermediaries,* Outubro 2016.

Em suma, apesar do Banco Mundial alertar, em público, para o enorme perigo do aquecimento global e sublinhar que as populações pobres serão as que mais vão sofrer os seus impactos, e de a sua Directiva de 2013 sobre energia estabelecer que o Banco só financiaria projectos relacionados com carvão em circunstâncias muito especiais e restritas[13], a verdade é que, de uma forma quase clandestina, os investimentos em carvão têm continuado através do apoio da IFC aos seus intermediários financeiros.

4. Projectos de investimento

Todos os ramos do Grupo Banco Mundial estão envolvidos na concessão de empréstimos a projectos específicos como barragens hidroeléctricas, agricultura industrial, estradas e minas. Só as condições dos empréstimos variam entre os vários ramos. A IFC empresta directamente a empresas do sector privado, e a Associação Internacional de Desenvolvimento (IDA) concede empréstimos mais vantajosos em termos de maturidade e de juros a governos de países com rendimentos mais baixos.

Os primeiros problemas ambientais e sociais associados a projectos financiados pelo Grupo começaram a tornar-se públicos desde os princípios dos anos noventa do século passado. Tratava-se de estradas na floresta amazónica do Brasil, do programa de transmigração na Indonésia e da construção de uma grande barragem no rio Narmada, na Índia. Os impactos destes projectos relacionavam-se com desflorestação maciça de florestas tropicais, a destruição de comunidades indígenas e o

[13] http://www.worldbank.org/en/news/feature/2013/07/16/world-bank-group-direction-for-energy-sector.

reassentamento forçado de centenas de milhares de pequenos agricultores condenados à miséria.

Os escândalos públicos em torno destes projectos criaram a pressão política necessária para o Grupo Banco Mundial adoptar uma série de directivas para melhor proteger o ambiente e as populações afectadas. O resultado foi o Grupo Banco Mundial, durante alguns anos, ter-se tornado mais cauteloso em conceder empréstimos para certos sectores, como a energia hídrica e a floresta. Mas esta cautela sofreu uma erosão contínua nos últimos anos devido à pressão de aumentar o negócio bancário. Em muitos casos, as directivas políticas simplesmente não foram aplicadas, como é amplamente documentado pelas próprias instâncias do Grupo Banco Mundial que respondem às queixas de populações negativamente afectadas pelos seus projectos[14].

A maioria destas queixas diz respeito à expulsão de comunidades das suas zonas de residência, procedimento conhecido como «reassentamento involuntário». O reassentamento está associado a uma degradação das condições de vida dos afectados, que, em muitos casos, não só perdem as suas casas e terras, mas também os seus meios de sustento e a vida cultural das suas comunidades. Com o objectivo de evitar esta degradação das condições de vida, a Directiva política do Banco Mundial sobre o reassentamento involuntário requer que, no mínimo, as populações afectadas não fiquem mais pobres do que estavam antes do reassentamento.

Mas o Banco não monitoriza a aplicação da Directiva e não dá conta do número de pessoas afectadas. Uma investigação de 2015 do Consórcio Internacional de Jornalistas Investigativos,

---

[14] Ver os sítios do Inspection Panel, http://ewebapps.worldbank.org/apps/ip/Pages/Home.aspx, e do Compliance Advisor Ombudsman, http://www.cao-ombudsman.org/.

o mesmo Consórcio que lançou os chamados *Panama Papers*, revelou que, entre 2004 e 2014, 2,4 milhões de pessoas foram afectadas[15], a grande maioria das quais sofreu de empobrecimento e marginalização.

Na área da energia, um dos casos que se tornou mais conhecido é o do oleoduto Chade-Camarões. Trata-se de um dos maiores projectos alguma vez construídos no continente africano, foi apoiado por todos os ramos do Grupo Banco Mundial e executado por um consórcio internacional liderado pela Exxon Mobil, a maior empresa petrolífera do mundo. Com um custo até à data de 7,2 mil milhões de dólares, o projecto explora o petróleo do sul do Chade e canaliza-o através de um oleoduto de mais de 1000 quilómetros pelo país vizinho, Camarões, até à costa atlântica, de onde é exportado para a Europa e os Estados Unidos da América.

O apoio do Banco Mundial tornou este projecto viável porque o consórcio petrolífero se recusava a investir sem o aval do Banco Mundial numa zona caracterizada pela instabilidade política. O Banco, por sua vez, justificou a sua participação com o argumento de que a extracção de petróleo do Chade era a única oportunidade do país para reduzir a pobreza e que cada barril de petróleo exportado serviria este fim.

O resultado final é, porém, devastador para o país. Os rendimentos do petróleo estão associados a uma intensificação do conflito armado, à degradação ainda mais acentuada do sistema de governo e à violação de direitos humanos. O foco no petróleo também levou ao desleixo de todos os outros sectores económicos, aqueles de que o povo vive, nomeadamente a agricultura, a criação de gado e a produção de algodão.

Segundo o Programa Mundial Alimentar, 87% da população do Chade vive abaixo do limiar de pobreza, e o país

---

15 https://www.icij.org/project/world-bank.

ocupa o lugar n.º 185 de um total de 188 países no Índice de Desenvolvimento Humano de 2015, publicado pelo Programa de Desenvolvimento das Nações Unidas[16]. Desde que o Chade se tornou um país exportador de petróleo, a situação do país em geral piorou. As populações da zona de onde o petróleo é extraído são as mais negativamente afectadas. Perderam as suas terras, vivem rodeados de poluição e numa zona militarizada que protege os campos petrolíferos, mas abusa dos habitantes. Antes do petróleo, eram pobres, agora estão condenados à destituição nua e crua.

Podemos citar outros projectos, como o apoio da IFC a plantações de óleo de palma, nas Honduras, e as plantações de chá, na Índia. Em ambos os casos o próprio Compliance Advisor Ombudsman, o serviço de auditoria da IFC, encontrou graves violações das directivas políticas que deveriam proteger o ambiente e as comunidades. No caso das Honduras, a IFC canalizou o seu investimento, em 2009, para a empresa Corporación Dinant, pertencente a um dos homens mais ricos do país. Já então, a Dinant estava envolvida em conflitos com pequenos camponeses sobre a propriedade de terras. Segundo defensores de direitos humanos, as forças de segurança da empresa são responsáveis pelo assassinato de mais de 132 pessoas ligadas ao movimento rural de luta pelo direito à terra[17].

Na Índia, a IFC investiu no segundo maior produtor de chá, a Amalgamated Plantations Private Limited (APPL), a qual emprega mais de 30 mil trabalhadores, descendentes de grupos tribais adevasi, a população aborígene da Índia. Estes trabalhadores vivem completamente dependentes da empresa, não chegam a receber o salário mínimo, e as suas

---

[16] https://www.wfp.org/countries/chad.

[17] «IFC Criticised over Honduras Investment», in *The Financial Times*, 11-12 de Janeiro de 2014.

famílias sofrem de subnutrição e vivem sem condições mínimas de habitação. Os trabalhadores usam pesticidas perigosos sem protecção e não têm autorização para se associarem ou formarem sindicatos[18].

A lista de projectos mal concebidos ou mal executados poderia continuar por muitas páginas. De facto, este tipo de projecto não corresponde a algumas ovelhas negras no meio do rebanho, antes à ponta do icebergue de um problema muito maior, mas pouco investigado.

5. Uma ética para o desenvolvimento

Certamente, o Banco Mundial e as suas congéneres regionais são instituições heterogéneas. O Banco produz estudos e estatísticas relevantes de grande utilidade pública. Mas os empréstimos seguem uma lógica própria com efeitos muitas vezes negativos, como acima descrito. O relator das Nações Unidas para Pobreza Extrema descreveu o Banco Mundial como uma zona livre de direitos humanos – *human rights free zone*[19]. Continua a afirmar que o Banco, a instituição internacional mais importante dedicada à redução da pobreza, trata os direitos humanos como uma doença infecciosa e não como valores e obrigações universais.

O Banco Mundial responde às críticas dizendo que os seus programas conduzem ao crescimento económico e, por essa via, promovem direitos económicos e sociais. Acrescenta que não pode levar em consideração direitos políticos e

[18] http://www.cao-ombudsman.org/cases/document-links/documents/CAOInvestigationReportofIFCinvestmentinAPPL_EN.PDF.

[19] News Release, Escritório do Alto Comissário das Nações Unidas para os Direitos Humanos, *The World Bank is a human rights-free zone – U.N. Expert on Extreme Poverty expresses deep concern*, Genebra, 29, Setembro 2015.

civis, porque seria uma interferência na soberania dos seus Estados-membros.

Esta resposta, porém, não satisfaz. O crescimento económico por si só não beneficia todos os estratos sociais. Muitas vezes, em países sem direitos democráticos, o benefício é arrebatado por pequenas elites, enquanto a maioria da população paga um preço elevado em termos de degradação ambiental e social.

Os direitos humanos são o cerne de uma ética de desenvolvimento. Sem entrar em argumentos legalistas ou normas culturais, trata-se simplesmente do reconhecimento de que há direitos que são essenciais e universais a uma vida humana condigna.

A obra do economista Amartya Sen, *Desenvolvimento como Liberdade* (1999), explica que o desenvolvimento é essencialmente um processo de expansão das liberdades reais na vida humana. Trata-se da liberdade de não sofrer fome e opressão, da liberdade de expressão e de acção e da liberdade de participar em decisões políticas. No pensamento de Sen há uma ligação intrínseca entre liberdades políticas e a compreensão e satisfação de necessidades económicas. A própria conceptualização de necessidades depende do debate público aberto, que só pode acontecer num contexto em que os direitos políticos e civis são respeitados[20].

A encíclica *Laudato si´*, referida no princípio deste capítulo, oferece recomendações práticas no mesmo sentido:

> Mas, no debate, devem ter um lugar privilegiado os moradores locais, aqueles mesmos que se interrogam sobre o que desejam para si e para os seus filhos e podem ter em consideração as finalidades que transcendem o interesse económico imediato. É pre-

---

[20] Sen, Amartya, *Development as Freedom,* Nova Iorque, Anchor Books, 1999.

> ciso abandonar a ideia de «intervenções» sobre o meio ambiente, para dar lugar a políticas pensadas e debatidas por todas as partes interessadas. A participação requer que todos sejam adequadamente informados sobre os vários aspectos e os diferentes riscos e possibilidades, e não se reduza à decisão inicial sobre um projecto, mas implique também acções de controlo ou monitoramento constante. É necessário haver sinceridade e verdade nas discussões científicas e políticas, sem se limitar a considerar o que é permitido ou não pela legislação.[21]

Numa linha de orientação semelhante, o Papa Francisco tem defendido os direitos de povos indígenas face a investimentos que os afectam, como obras de infra-estrutura, mineração ou uso de recursos hídricos[22]. Até hoje, os povos indígenas continuam a sofrer desproporcionadamente de violência, discriminação e marginalização quando as suas terras ancestrais são alvo de investimentos em nome do desenvolvimento. O Papa Francisco chama a atenção para a Declaração das Nações Unidas sobre os Direitos dos Povos Indígenas, de 2007, que adoptou o princípio do Consentimento Livre, Prévio e Informado de povos indígenas em todas as decisões que os afectam.

Em 2015, as Nações Unidas adoptaram a Agenda 2030 para o Desenvolvimento Sustentável com 17 objectivos específicos, a grande maioria dos quais ligada aos direitos humanos e aos direitos laborais. O objectivo n.º 16 refere-se explicitamente a direitos políticos como o acesso livre à informação, à tomada de decisão inclusiva, participativa e representativa em todos os níveis e ao acesso à justiça para todos.

---

[21] Carta Encíclica *Laudato si'* do Santo Padre Francisco. Sobre o Cuidado da Casa Comum, 24 de Maio de 2015, § 183.

[22] «Pope Francis appears to back tribal land rights in Dakota Access pipeline fight», in *The Guardian*, 15 de Fevereiro, 2017.

A Agenda 2030 representa um novo modelo global para reduzir a pobreza, proteger o ambiente e combater as alterações climáticas[23]. Mas esta mudança de paradigma acordado pelos governos no âmbito das Nações Unidas não se reflecte nas decisões tomadas pelas instituições financeiras multilaterais, como o Grupo Banco Mundial, que conta com estes mesmos governos entre os seus accionistas. Pelo contrário, nestas instituições a pressão de «mover» dinheiro a todo o custo continua a crescer. Em nome da urgência de fazer empréstimos de grande volume e com rapidez, as regras existentes de salvaguarda são abandonadas e substituídas por padrões e critérios largamente opcionais. O fosso entre a protecção de direitos humanos e o financiamento para o desenvolvimento não tem parado de crescer.

Como superar a incoerência dos governos e assegurar que uma abordagem baseada nos direitos humanos também prevaleça nas instituições financeiras que foram criadas para promover o desenvolvimento? É uma batalha política por uma ética no desenvolvimento que necessita de um longo fôlego. Envolve movimentos das comunidades directamente afectadas, da sociedade civil e dos parlamentos. Responsabilizar os nossos governos e as instituições multilaterais em que participam é um caminho que não pode deixar de ser trilhado.

Referências e leituras recomendadas

Berkman, Steve, *The World Bank and the Gods of Lending,* Sterling, Kumarian Press, 2008.

Easterly, William, *The White Man´s Burden,* Nova Iorque, Penguin Press, 2006.

---

[23] http://www.ohchr.org/Documents/Issues/MDGs/Post2015/TransformingOurWorld.pdf.

Francisco, Papa, Carta Encíclica, *Laudato Si´, – Sobre o Cuidado da Casa Comum*, Roma, 18 de Junho de 2015 (http://w2.vatican.va/content/francesco/pt/encyclicals/documents/papa-francesco_20150524_enciclica-laudato-si.html).

Horta, Korinna, «Rhetoric and Reality: human rights and the World Bank», in *Harvard Human Rights Journal*, Cambridge, vol. 15, Spring 2002.

—, «Public Private Partnership and Institutional Capture: the state, international institutions and indigenous peoples in Chad and Cameroon», in Sawyer, S., e Gomez, E. T., *The Politics of Resource Extraction*, Nova Iorque, Palgrave Macmillan, 2012.

Pincus, Jonathan R., e Winters, Jeffrey A. (dir.), *Reinventing the World Bank*, Ithaca e Londres, Cornell University Press, 2002.

Rich, Bruce, *Foreclosing the Future? The World Bank and the Politics of Environmental Destruction*, Washington e Londres, Island Press, 2013.

Sen, Amartya, *Development as Freedom*, Nova Iorque, Anchor Books, 1999.

Ética das políticas de ambiente e conservação da natureza

Jorge Paiva

Centro de Ecologia Funcional, Departamento de Ciências da Vida da Universidade de Coimbra

A sociedade de consumo em que se transformou a designada «civilização ocidental», e não só, tornou-se, para muitos, opressiva, violenta e demolidora. Este tipo de sociedade exige extraordinariamente das pessoas, a ponto que muitos dos actuais jovens casais, forçados a trabalhar para conseguirem sobreviver, terem pouco tempo para estarem com os filhos. Uma sociedade assim torna-se destruidora da família e também demolidora da pessoa, que acaba por não ter tempo para estar com os amigos ou para se descontrair.

Esta sociedade ocidental está igualmente a concentrar a espécie humana em agregados populacionais, com uma consequente desumanização do campo. As pessoas passam a viver em agregados populacionais que podem não ser mais do que «gaiolas» de betão armado, sem convívio humano e com ar poluído, contribuindo também para o surgimento de problemas do foro psiquiátrico. Este tipo de sociedade contribui ainda para destruir a natureza, fazendo desaparecer diariamente várias espécies, muitas das quais sem sequer terem sido identificadas e descritas.

1. A biodiversidade e as florestas

Sabemos que as florestas, particularmente as equatoriais (*pluvisilva*), devido à elevada biomassa vegetal que elaboram diariamente, são ecossistemas de elevadíssima biodiversidade. Sabemos também que os seres vivos constituem uma importante fonte de subsistência do ser humano, fornecendo: substâncias medicinais (cerca de 90% são de origem biológica), vestuário (praticamente tudo que vestimos é de origem animal ou vegetal), energia (lenha, petróleo, ceras, resinas, etc.), materiais de construção e mobiliário (madeiras), etc. Até grande parte da energia eléctrica que consumimos exige o contributo dos outros seres vivos, pois, embora possa ser produzida pela água de uma albufeira ou por aerogeradores, as próprias turbinas precisam de óleos lubrificantes extraídos do «crude» (petróleo bruto), que é de origem biológica. Sabemos ainda que a nossa espécie depende de uma biodiversidade elevada: aparecemos na Terra quando existia o máximo de biodiversidade no nosso planeta e formámo-nos junto dos ecossistemas terrestres de maior biodiversidade, como as florestas tropicais africanas. Além disso, descobrem-se constantemente novas utilidades humanas para plantas, animais e outros seres vivos, que, apesar de serem conhecidos há muito, ainda não estavam suficientemente estudados, entre os quais alguns que lamentavelmente se encontram em vias de extinção.

Um exemplo real de catástrofe humana, resultante de derrube florestal, foi o que teve lugar na ilha de Páscoa. Esta ilha (Rapa Nui, na língua nativa) situada no oceano Pacífico

(Polinésia Oriental) e que hoje pertence ao Chile (a 3700 quilómetros da costa oeste deste país) esteve coberta por uma floresta subtropical antes da chegada de polinésios, há cerca de 1600 a 1700 anos (400-300 d.C.) e foi completamente devastada pelos nativos, o que, por seu lado, provocou a quase extinção deste povo.

Um exemplo mais recente foi a devastação florestal da Islândia. Antes da colonização humana e da pastorícia, a região de baixa altitude e não muito afastada do litoral estava coberta por uma floresta (taiga) pouco diversificada, predominantemente com árvores de folha caduca, arbustos e subarbustos. Seguia-se-lhe, em altitude, a tundra natural e, finalmente, no «andar» confinante com as neves perpétuas e glaciares, o *permafrost* (ou pergelissolo, um tipo de solo que permanece congelado durante grande parte do ano, sendo constituído por sedimentos, rochas e detritos permeados por gelo), com vegetação esparsa, entre rochas e nas anfractuosidades das mesmas, e rochedos nus ou cobertos de líquenes ou de líquenes e musgos. Com a ocupação humana, a floresta foi sendo derrubada, para construção de habitações e embarcações, produção de mobiliário e utensílios, bem como pela lenha, acabando por desaparecer quase por completo (existem reduzidas relíquias da taiga natural).

Apesar deste conhecimento, as florestas continuam a ser derrubadas a um ritmo verdadeiramente alucinante e drástico: actualmente, em cada 10 segundos é derrubada uma área de floresta tropical correspondente à superfície do relvado de um campo de futebol, ou seja, o equivalente à área de Inglaterra por ano. Assim, restam no globo terrestre pouco mais de 20% da cobertura florestal que existia depois da última glaciação (Würm), isto é, após o início do período actual, o Holoceno (Antropogénico). Números da Organização das Nações Unidas para Agricultura e Alimentação (FAO) revelam que, entre 2000 e 2010, 13 milhões de hectares por ano dessas florestas tropicais foram derrubados. Por exemplo, no Brasil – país que se encontra entre os cinco com maior área florestal –, a perda chegou aos 2,6 milhões de hectares anuais. Da Floresta Atlântica brasileira (não confundir com Floresta Amazónica), vulgarmente designada por Mata Atlântica, resta menos de 6% do que existia quando os portugueses descobriram o Brasil.

A maioria dos países com áreas florestadas não sabe viver da floresta, derrubando árvores e não as replantando, contrariamente ao que se verifica em alguns dos países nórdicos, em que os proprietários, por cada árvore que cortam, são obrigados a replantar uma ou mais da mesma espécie, frequentemente taiga. Desta maneira, mantêm a mesma área de floresta.

Se continuarmos a derrubar as florestas, como temos vindo a fazer, calcula-se que antes do fim deste século o planeta em que vivemos não as tenha praticamente. Por outras palavras, a Terra estará transformada numa «ilha» sem florestas, tal como aconteceu com a ilha de Páscoa, já referida. Na floresta desta ilha existiu uma palmeira (*Paschalococos disperta*) muito parecida com a palmeira do Chile (*Jubaea chilensis*) que foi importantíssima para a população nativa. Quando a ilha foi descoberta, em 1722, pelo navegador holandês Jacob Roggeveen, encontrava-se já sem árvores. A população era então de 2000 a 3000 indivíduos, calculando-se que, anteriormente, teria atingindo os cerca de 15 mil habitantes e que o decréscimo verificado tenha sido consequência da extinção da referida palmeira. Com efeito, a população utilizava intensamente o coco e o palmito (renovo tenro da palmeira) para a alimentação, bem como as folhas, usadas para a cobertura das habitações, e os troncos (espiques), escavados como canoas; os troncos cilíndricos serviam também para o transporte de pedras de maiores dimensões e estátuas gigantescas talhadas nas mesmas (moai). Quando os habitantes da ilha extinguiram a floresta, e com esta as palmeiras, deixaram de poder pescar golfinhos e muitos dos peixes do mar largo de que se alimentavam; sem floresta, ficaram também sem frutos e muitos outros produtos vegetais de que se alimentavam e com escassa possibilidade de fazer de fogueiras persistentes (a erva seca produz fogo pouco duradouro). Sobreveio a fome, e ocorreram guerras fratricidas até à quase extinção da população (111 habitantes em 1877).

Sem florestas, ou seja, sem árvores – os maiores produtores mundiais de biomassa, com grande capacidade despoluidora, pela quantidade de dióxido de carbono (CO_2) que utilizam como enormes fábricas naturais de oxigénio (O_2) –, não sobreviveremos, e a Terra será uma «ilha» universal, desflorestada e desabitada.

2. Poluição e sobrevivência

Outro aspecto importante a analisar é o da poluição. Consideremos, por exemplo, as pessoas que possuem animais enjaulados ou engaiolados e que têm a preocupação não só de lhes dar de comer e de beber, mas também de limpar a respectiva jaula ou a gaiola. Esta atitude é indispensável, pois, se as gaiolas nunca forem limpas, o animal acabará por morrer atulhado no lixo ou com uma enfermidade causada por algum agente patogénico que, entretanto, se terá reproduzido nos detritos acumulados ou ainda intoxicado por gases produzidos por reacções químicas ocorridas no local de deposição dos dejectos. É o que está a acontecer (e continuará) com a «gaiola» em que vivemos.

O primeiro grande impacto poluidor ocorreu com a designada Revolução Industrial, durante os séculos XVIII e XIX. Verificaram-se então alterações drásticas na biosfera, até porque a indústria não efectuava qualquer tratamento dos efluentes líquidos ou gasosos emanados das respectivas fábricas. Inaugurou-se também por essa altura a indústria dos transportes públicos mecanizados – primeiro ferroviários e marítimos, depois rodoviários e, finalmente, aéreos –, sendo que todos estes libertavam, sem qualquer preocupação, produtos químicos, que tanto se depositavam na superfície terrestre sob a forma de poeiras como eram incorporados na neve e na chuva, com gases dissolvidos (particularmente H_2S, SO_2, CO_2, CO, NO_2 e NO) sob a forma acídica. Com a industrialização e também com os excessos da designada Revolução Verde – mecanização da agricultura e utilização de agroquímicos, isto é, de adubos e de pesticidas –, a biosfera está, actualmente, abarrotada com cerca de 72 mil produtos químicos que não faziam parte da composição química da atmosfera terrestre. Está igualmente saturada de produtos tóxicos e de outros, que, além de se manterem inalterados na natureza, se vão acumulando nas cadeias alimentares, degradando os organismos ou matando-os, como tem acontecido com o DDT (diclorodifeniltricloroetano – o primeiro pesticida moderno), as dioxinas e os furanos (substâncias químicas liberadas como subprodutos industriais) – todos poluentes orgânicos persistentes. Em algumas regiões do globo, a atmosfera tornou-se praticamente irrespirável, como aconteceu em Inglaterra com o célebre *smog* (mistura de nevoeiro e gases tóxicos), particularmente intenso no Inverno, em que à poluição industrial se juntou a poluição dos fumos emanados das chaminés dos aquecimentos a carvão dos edifícios residenciais. Por esse motivo, surgiram muitas doenças resultantes da poluição atmosférica industrial (como silicoses e pneumoconioses), tendo-se agravado outras também, com um enorme aumento da variedade de enfermidades e do número de doentes do foro pneumológico e imuno-alergológico (alergias, alveolites, asmas, bronquites crónicas, enfisemas, rino-sinusites, polinoses e fibroses pulmonares), bem como doenças dermatológicas (como eczemas) e oncológicas. Além do drástico aumento da poluição atmosférica, também se agravou a poluição das águas: fluviais, com rios praticamente sem peixes; lacustres, com lagos e pântanos pestilentos e sem vida; e marinhas, como o mar Mediterrâneo, que perdeu um elevado número de espécies. Finalmente, deu-se também a contaminação dos solos, como, por exemplo, a resultante da deposição de escórias de explorações mineiras, de que a Urgeiriça, uma freguesia de Canas de Senhorim, em Portugal, é, lamentavelmente, testemunho evidente pelo elevado número de doenças oncológicas entre os antigos trabalhadores das minas.

Alguns exemplos de poluição com graves consequências, humanas e ambientais, alertaram a consciência de alguns incrédulos. Um, relativamente recente, é o da poluição sólida constituída pela enorme quantidade de plástico que se descarta para o solo, o qual é arrastado pelas águas pluviais para os rios e, destes, para os oceanos, que as correntes marinhas aglomeraram em ilhas flutuantes – problema que retomaremos adiante. Outro reporta-se à Alemanha, no início do último quartel do século passado, em que a Floresta Negra foi duramente afectada pelas designadas «chuvas ácidas», não se supondo então que este tipo de poluição pudesse chegar a Portugal. No entanto, a atmosfera terrestre não está «compartimentada»; antes é global e contínua. Assim, em 1988, demonstrou-se e anunciou-se que, em Portugal, não só ocorriam «chuvas tóxicas» (vulgo «chuvas ácidas»), como também que estas tinham consequências sobre alguma vegetação e edifícios do nosso país. A corrosão da fachada da Igreja de Santa Cruz, em Coimbra, é um testemunho notório, pois apresenta até nichos vazios devido ao desaparecimento das respectivas imagens, completamente corroídas pela acção das «chuvas ácidas». No Jardim Botânico da Universidade de Coimbra e na Mata de Vale de Canas, em Coimbra, várias árvores morreram pela acção destas chuvas ácidas, cujo pH chegou a apresentar valores mais acídicos (pH = 3,1) do que os do vinagre (média de pH = 3,4).

Durante o último quartel do século passado, ocorreram outros terríveis desastres ambientais, com gravíssimas consequências para a humanidade, resultantes de uma industrialização sem escrúpulos. Um dos exemplos foi o acidente, a 10 de Julho de 1976, numa fábrica de pesticidas em Seveso (Itália), quando tanques de armazenagem química da ICMESA cederam, derramando para a atmosfera uma enorme quantidade de 2,3,7,8-tetraclorodibenzo-p-dioxina (TCDD), que se volatilizou e espalhou por grande parte da área da Lombardia (Itália). Morreram 3000 animais, e cerca de 70 mil foram abatidos para evitar a disseminação da dioxina na cadeia trófica. Admite-se que não tenha havido mortes humanas directamente vinculadas ao acidente, mas, nessa área, cerca de 200 pessoas sofreram de cloracne e outras afecções.

Outro exemplo foi a tragédia industrial de Bhopal (Índia), quando, na noite de 2 para 3 de Dezembro de 1984, uma fábrica de pesticidas da Union Carbide India Ltd. (UCIL) derramou para a atmosfera um gás (isocianato de metilo) que, segundo dados oficiais indianos, provocou a morte imediata de 2259 pessoas e, posteriormente, um total de 3787 mortes relacionadas com a libertação de gás. No entanto, houve também estimativas para um total de oito a 15 mil mortes. Além desta mortalidade, o governo indiano estimou, em 2006, que cerca de 558 125 pessoas foram afectadas: 38 478 temporariamente e cerca de 3900 com lesões incapacitantes, graves e permanentes.

Porém, o desastre industrial que marcou o século passado foi o acidente nuclear de Chernobil (Ucrânia), quando, a 26 de Abril de 1986, explodiu o reactor 4 da central nuclear, situada a cerca de 20 quilómetros da cidade, libertando uma imensa nuvem radioactiva que contaminou pessoas, animais e o meio ambiente de uma vasta extensão da Europa, matando muita gente e afectando a saúde de milhões de pessoas, muitas delas com lesões físicas permanentes.

E, todavia, a 29 de Março de 1979, já se registara um acidente nuclear grave (o segundo pior) na Pensilvânia (Estados

Unidos da América), quando o reactor 2 da central nuclear de Three Mile Island começou a derreter. Segundo as informações «oficiais», os detritos radioactivos contaminaram «apenas» a parte interior dos contentores, não tendo afectado o ambiente ou, portanto, as pessoas. Apesar disso, cerca de 150 mil pessoas foram retiradas da região.

Todas estas catástrofes foram provocadas por incúria e incompetência política, tendo sido ainda agravadas pela falta de cultura, civismo e ética ambiental. Neste contexto, vale a pena recordar igualmente a pior das catástrofes humana e ambiental da história da humanidade, que ocorreu durante a última guerra mundial: a deflagração das duas bombas atómicas no Japão que, em 1945, mataram entre 90 a 166 mil pessoas em Hiroxima e entre 60 a 80 mil em Nagasáqui.

Apesar de todos estes exemplos, a nossa espécie continua a ser responsável por acidentes nucleares, como o que aconteceu recentemente no Japão, após o forte abalo sísmico de 11 de Março de 2011. Esta catástrofe atómica não foi, única e exclusivamente, devida ao tremor de terra e ao forte maremoto (*tsunami*) que o acompanhou, arrastando os depósitos de gasóleo dos geradores de emergência. Sabe-se que a central japonesa de Fukushima 1 estava preparada apenas para maremotos com ondas de até cinco metros de altura e que as ondas em 2011 atingiram então praticamente o dobro da altura, tendo não só destruído a rede de alimentação eléctrica de três reactores que estavam então em funcionamento, como arrastado os depósitos de gasóleo, que ficaram submersos, à semelhança dos reactores. Com a falta de electricidade, deixou de ser possível introduzir água nos reactores para o respectivo arrefecimento, e, como consequência, houve explosões, obrigando a poluição atómica a desalojar mais de 400 mil pessoas. Não obstante, posteriormente já foram detectadas pessoas e também produtos alimentares contaminados. Além da central nuclear de Fukushima 1 não estar devidamente preparada para enfrentar maremotos, sabe-se hoje que também apresentava problemas diversos, diagnosticados há cerca de uma dezena de anos, e que os técnicos os ocultaram às entidades oficiais.

A este tipo de poluição é fundamental acrescentar a que decorre dos derrames de crude, tendo o mais devastador ocorrido no golfo do México, em Maio-Junho de 2010. Um derrame em mares quase fechados, como o Mediterrâneo e o Cáspio, provocaria uma catástrofe incomensurável.

Existem ainda muitas outras formas de poluição, como a poluição sólida – a mais visível. A falta de educação ambiental, de civismo, de ética e de escrúpulos, mas também, frequentemente, a ausência de orientações políticas e de condições sociais, faz com que uma grande maioria da população mundial não deposite o lixo sólido nos contentores adequados. Eis o que acontece, por exemplo, entre nós, quando pessoas andam na rua ou em viagem com veículos, motorizados ou não, e deitam garrafas de plástico, de vidro, latas de refrigerantes e outro lixo sólido (fraldas descartáveis, por exemplo) para a via pública. Alguns ciclistas e praticantes de corrida de manutenção (*jogging*) fazem o mesmo com as garrafas de água que acabam de beber. Também alguns estudantes se comportam da mesma forma. Destacamos o que se verificou durante a «Latada» de Coimbra, em 2016, em que os estudantes deixaram, nas artérias por onde passaram, 40 mil latas vazias, recolhidas pelo movimento «Não Lixes», com o auxílio dos serviços camarários; ou aquando do desfile do cortejo da Queima das Fitas desse mesmo ano, em que foram lançadas dos carros para o solo mais de 400 mil garrafas e latas de refrigerantes. É ainda inimaginável a quantidade de lixo sólido lançado para a berma dos percursos pelos peregrinos nas suas caminhadas até Fátima e pelos turistas da neve na serra da Estrela, ao longo das estradas para a Torre.

O hábito de as pessoas se desfazerem do lixo sólido, particularmente o mais incómodo (como cadeiras, frigoríficos e restos de obras), levou ao aparecimento do Projecto «Limpar Portugal» (uma réplica de acções que tiveram início nos países do Leste Europeu), o qual, só em 2010, recolheu cerca de 50 mil toneladas de lixo sólido, apesar de não ter estendido a sua acção a todo o país. Muito deste lixo é tóxico, e o plástico, nomeadamente, é terrível de eliminar, pois demora dezenas de anos a ser reciclado naturalmente. Sendo leve, é arrastado pelo vento e pelas águas fluviais, indo parar aos oceanos, onde, levado pelas correntes, já formou cinco enormes ilhas de lixo (80% de plástico), com mais de 3,5 milhões de toneladas e centenas de quilómetros quadrados cada (duas no Atlântico, uma a norte e outra a sul; duas no Pacífico, uma a norte e outra a sul; e uma no Índico). No mar Mediterrâneo, o mais poluído do mundo, estima-se que existam mais de 250 mil milhões de fragmentos de plástico flutuante.

A nossa espécie tem de se convencer de que não chega reduzir, recolher e reciclar o lixo. Cada um de nós, individualmente, tem mesmo de se empenhar em produzir a menor quantidade de lixo possível e não se desfazer dele em qualquer lado, reciclando-o, de modo a tornar a nossa «gaiola» habitável para as futuras gerações. Se não florestarmos intensamente, reduzirmos o lixo que produzimos e o reciclarmos maximamente, a nossa espécie caminhará, inexoravelmente, para a sua extinção prematura.

3. Extinções naturais e antrópicas

Consideremos finalmente, a extinção antrópica (decorrente da acção humana) da biodiversidade.

Houve várias grandes extinções em massa de espécies na história da biodiversidade desde o início da existência de vida na Terra (cerca de 3,5 mil milhões de anos), algumas das quais constituem marcos para delimitar alguns períodos geológicos.

Na grande extinção câmbrica (Câmbrico-Ordovícico, há cerca de 500 milhões de anos), extinguiu-se grande quantidade de espécies de *equinodermes* (como ouriços e estrelas-do-mar), *braquiópodes* (bivalves, marinhos e bentónicos) e *conodontes* (vertebrados primitivos, cujos fósseis do aparato bucal têm forma cónica, que existiram, evoluíram e se extinguiram há mais de 540 milhões de anos); na ordovícica (Ordovícico-Silúrico, há 435 milhões de anos), extinguiram-se sobretudo *trilobites, braquiópodes* e equinodermes (*crinóides* e equinóides); na devónica (Devónico-Carbónico, há 345 milhões de anos), desapareceram os *placodermos* (peixes com o corpo coberto de placas) e cerca de 70% de espécies marinhas, sobretudo corais e *estromatoporóides* (espongiários, poríferos); na pérmica (Pérmico-Triássico, há 250 milhões de anos), deu-se a completa extinção das trilobites (artrópodes, isto é, invertebrados com apêndices articulados, característicos do Paleozóico, conhecidos apenas como fósseis) e cerca de 96% dos géneros marinhos; na triássica (Triássico-Jurássico, há 195 milhões de anos), extinguiram-se cerca de 20% das famílias de animais marinhos, dos *arcossauros* (crocodilos, dinossauros e aves primitivas) e dos grandes *anfíbios* existentes na altura; finalmente, a cretácica (Cretácico-Terciário, há 65 milhões de anos), mais conhecida pela extinção dos dinossauros, extinguiram-se cerca de 60% da vida na Terra.

Obviamente, nem todas as espécies desapareceram em cada uma dessas extinções de grandes proporções. Houve sempre espécies sobreviventes que, por permuta genética e evolução, foram dando origem a novas espécies, o que dava origem a um novo aumento da biodiversidade. Assim, desde o aparecimento da vida na Terra, a biodiversidade, apesar de sofrer oscilações, foi aumentando até atingir um valor máximo no Terciário.

A extinção em massa pleistocénica (ou holocénica), iniciada há 9000 a 13 mil anos, depois da última glaciação (Würm), prossegue na actualidade. Esta extinção em massa inclui o desaparecimento de grandes *mamíferos* (com os mamutes). Tais desaparecimentos têm sido considerados como consequência das mudanças climáticas ou resultado da *proliferação* dos seres *humanos modernos*, ou de ambas as causas simultaneamente. A verdade é que a taxa de extinção holocénica tem acelerado dramaticamente nos últimos 50 anos, não existindo consenso sobre se as extinções mais recentes devem ser consideradas como um acontecimento distinto ou meramente como parte de um único processo crescente. Esta extinção em massa do Holoceno é caracterizada mais significativamente pela presença de factores de influência humana e é muito curta em termos de *tempo geológico* (dezenas a milhares de anos), quando comparada com a maioria das outras extinções em massa. Nesta última extinção (pleistocénica ou holocénica), desapareceram numerosas famílias de *plantas* vasculares e *animais*, incluindo *mamíferos*, *aves*, *anfíbios*, *répteis* e *artrópodes*, particularmente nas *florestas equatoriais* (*pluvisilva*).

Calcula-se que durante o último século tenham desaparecido entre 20 mil a dois milhões de espécies, não sendo possível uma estimativa mais exacta. Estima-se que a taxa provável de extinções na actualidade seja de 140 mil espécies por ano.

Foi neste processo que, há cerca de 12 mil anos, se extinguiram os mamutes (cerca de 11 espécies do género *Mammuthus*), que o homem caçou intensamente para se alimentar e vestir, para deles utilizar os ossos e o couro para fabrico de casas, para obter marfim, etc.; o lémur-gigante (*Megaladapis edwardsi*), com cerca de 2 metros e 230 quilos, extinguiu-se há cerca de 2000 anos, na altura da chegada do ser humano a Madagáscar, não só pela caça, como também pela alteração antropogénica dos ecossistemas que habitava; a moa-gigante (*Dinornis maximus*), uma ave não voadora, com cerca de 4 metros de altura e cerca de 400 quilos, extinguiu-se há cerca de 700 anos, quando o ser humano alcançou a Nova Zelândia; há cerca de 200 anos, extinguiu-se o dodó (*Raphus cucullatus*), uma ave não voadora, de porte razoável, com 0,5 metros de altura e cerca de 23 quilos, que habitava algumas ilhas do oceano Índico (Maurícias, Reunião e Rodrigues), por caça exaustiva; a quagga (*Equus quagga*), uma das espécie de zebra das savanas da África do Sul, com cerca de 1,5 metros e 350 quilos, foi caçada intensamente não só para a alimentação, como também pelo couro, tendo o último representante dessa espécie morrido em 1883, no Jardim Zoológico de Amesterdão (Países Baixos).

Hoje ninguém acredita que, por exemplo, havia leões na Europa. Mas, para o atestar, basta ler a *História dos Animais* (da primeira metade do século IV a.C.), de Aristóteles, em que este refere (579b) a existência de leões, nestes termos: «Na Europa inteira, só há leões entre os rios Aqueloo e Nesso», isto é, no Noroeste da Grécia, entre a Acarnânia e a Trácia. Estes leões pertenciam à subespécie (*Panthera leo leo*), que ainda hoje existe em África, na região ocidental do rifte (África Central e Ocidental) e que se extinguiu na Europa no século III d.C., tendo o último leão do Norte de África sido morto em 1920, no Atlas (Marrocos).

Durante a minha vida testemunhei o desaparecimento de algumas espécies, quer de animais quer de plantas. O caso mais emblemático foi a extinção do tigre-da-tasmânia (*Thylacinus cynocephalus*), com cerca de 2 metros de comprimento e 40 quilos, considerado oficialmente extinto com a morte do último espécime a 7 de Setembro de 1936, no Jardim Zoológico de Hobart (Tasmânia). Este predador foi caçado impiedosamente por ter fama de assassino de gado bovino e ovino, tendo o governo australiano oferecido uma boa recompensa em dinheiro pela sua captura. Além disso, a população de tigres-da-tasmânia foi também drasticamente reduzida por uma doença desconhecida que devastou grande parte da vida selvagem da região. Outros exemplos de extinções contemporâneas foram a do pato-das-marianas (*Anas oustaleti*), dado como extinto em 1981, e a da foca-monge-das-caraíbas (*Monachus tropicalis*), considerada extinta em 2008.

Como exemplos de extinções recentes de plantas, relembro a do azevinho-da-índia (*Ilex gardneriana*), dado como extinto em 1998, por perda do respectivo *habitat*.

Quanto a extinções de seres de outros filos (grandes grupos taxonómicos) que não animais ou vegetais, recordamos a extinção do cogumelo-quinino (*Fomes officinalis*), que não contém quinino e que, apesar de ser hoje um dos cogumelos mais compridos e de ter uma vida média de cerca de 50 anos, se encontra extinto na Europa (actualmente só subsiste na América do Norte), por colheita excessiva, devido aos seus atributos medicinais.

Mesmo em Portugal, podemos invocar mamíferos de porte significativo, extintos ou criticamente em perigo, como o urso-pardo (*Ursus arctos*), considerado extinto entre os séculos XVII e XIX, embora ultimamente alguns tenham sido avistados ocasionalmente nas serranias do Norte, vindos de Espanha, em «visitas» esporádicas; a cabra-montês (*Capra pyrenaica*), dada como extinta em 1890, tendo reaparecido na serra Amarela (Parque Nacional da Peneda-Gerês), em 1999, fugida de um cercado espanhol, no fronteiriço Parque Natural do Xurés, tendo o estatuto de criticamente em perigo de extinção; o lince-ibérico (*Lynx pardinus*), que, apesar de ter sido reintroduzido e de haver medidas de conservação específicas, continua com escassa população e em cenário de pré-extinção.

No domínio das plantas, também são notórios casos de espécies lusitanas dadas como extintas, como a *Armeria arcuata* e outras, tendo-se, entretanto, redescoberto populações residuais, como no caso do endemismo ibérico *Narcissus willkommii*, que no nosso país só existe no Algarve.

Os governantes, políticos, industriais, etc., devem conhecer estes factos. Simultaneamente, também a população precisa de receber informação adequada, através de programas bem elaborados nas estações de rádio e televisão públicas e de uma educação ambiental bem programada nas escolas, sem o que a biodiversidade vai continuar a diminuir drasticamente. É, pois, fundamental que todos se capacitem de que não sobreviveremos no planeta sem os outros seres vivos e de que, quanto maior for a biodiversidade, maior também é a probabilidade de sobrevivência da nossa espécie.

4. O fracasso das cimeiras internacionais

Apesar de estarmos em plena «década da biodiversidade» (2011-2020), instituída pelas Nações Unidas, muitos governantes parecem ignorá-lo, preocupando-se mais com interesses financeiros. Eis o que parece evidenciar-se do falhanço das Cimeiras Internacionais sobre o Ambiente. Estas começaram em 1972, com a Conferência das Nações Unidas sobre o Desenvolvimento e Meio Ambiente Humano, em Estocolmo, onde estiveram presentes representantes de 113 países, sem se ter alcançado um acordo global e unânime.

Seguiu-se, em 1975, o Colóquio sobre Educação Ambiental, organizado pela UNESCO e pelo Programa das Nações Unidas para o Ambiente (PNUA), em Belgrado. Desta Cimeira resultou a designada Carta de Belgrado sobre educação ambiental.

Em 1977, realizou-se a Conferência de Tbilisi, também organizada pela UNESCO e pelo Programa das Nações Unidas para o Ambiente (PNUA), tendo por base a Carta de Belgrado, com o propósito de contribuir decisivamente para o Programa Internacional de Educação Ambiental.

Entretanto, os acordos são assinados, mas posteriormente os governantes não os cumprem, não sendo contudo politicamente penalizados por isso. A população humana continua inconsciente dos graves problemas ambientais que podem levar ao extermínio da nossa própria espécie. Em Portugal, por exemplo, houve alguma preocupação com a educação ambiental escolar, logo a seguir às Cimeiras de Belgrado e de Tbilisi, mas depois estas parecem ter caído no esquecimento: não só não há programas de educação ambiental de âmbito escolar, como as estações de rádio e de televisão públicas não investem suficientemente neste tipo de consciencialização.

Outras cimeiras continuaram a ser realizadas. Em 1979, decorreu a Primeira Cimeira Mundial do Clima, em Genebra, tendo consistido sobretudo num debate científico em que, pela primeira vez, as alterações climáticas foram reconhecidas como um problema grave para o planeta. A Cimeira lançou o Programa Mundial do Clima, que seria desenvolvido nos anos seguintes.

Em 1985, na cidade austríaca de Villach, realizou-se uma Conferência Internacional sobre a concentração crescente de gases com efeito de estufa, em que estiveram presentes delegados de 29 países. Foi aprovada a primeira declaração que previa aumentos da temperatura global no século XXI superiores aos de toda a história da humanidade.

Em 1988, é criado o Intergovernmental Panel On Climate Change (IPCC), um organismo sob a alçada da ONU que colige estudos publicados e produz relatórios a partir do consenso científico existente. Este painel é reconhecido como a maior autoridade científica no que respeita às alterações climáticas.

Em 1990, realizou-se a Segunda Conferência Mundial do Clima, em Genebra, em que estiveram presentes representantes de 137 países. Para além de avaliar a primeira década do Programa Mundial do Clima, a Conferência produziu recomendações e um apelo à acção global sobre alterações climáticas.

Em 1992, teve lugar a Conferência das Nações Unidas sobre Meio Ambiente e Desenvolvimento do Rio de Janeiro, a ECO-92, com representantes de 178 países. Desta Cimeira resultaram, entre outros consensos, a Convenção sobre Mudanças

Climáticas, a Convenção sobre a Diversidade Biológica, a Declaração do Rio, a Declaração sobre Florestas e a Agenda XXI.

Em 1995, realizou-se em Berlim a designada COP-1, Primeira Conferência das Partes, que reconheceu que os mecanismos aprovados no Rio (ECO-92) não serviam o objectivo estabelecido, tendo sido aprovado o Mandato de Berlim, que permitia às partes estabelecerem compromissos específicos.

Seguiram-se-lhe, anualmente, sucessivas COP. Em 1996, a COP-2, em Genebra, apoiou as orientações do segundo relatório do IPCC, se bem que a declaração que apelava aos países para acelerarem as negociações com vista a um protocolo legalmente vinculativo acabou por não ser adoptada. Em 1997, a COP-3, em Quioto, realizou a primeira revisão do documento do Rio – Protocolo de Quioto –, aprovada, por consenso, entre os 150 governos representados, a qual estabelecia metas vinculativas de emissões de gases com efeito de estufa, instituindo três mecanismos com base no mercado, como o comércio de emissões. Na COP-4 de Buenos Aires, em 1998, foi aprovado um documento que permitia um período transitório de dois anos para a implementação dos mecanismos aprovados em Quioto. Em 1999, na COP-5, em Bona, reforçou-se o que fora estabelecido no Plano de Acção de Buenos Aires, tendo sido também abordados aspectos relativos a Mudanças no Uso da Terra e Florestas. Em 2000, realizou-se em Haia a COP-6. Apesar de terem estado presentes representantes de 182 governos, 323 organizações não governamentais (ONG) e 443 órgãos de imprensa, a conferência culminou sem qualquer acordo e com a sua suspensão. As negociações prosseguiram em Bona, em que todos os países, à excepção dos Estados Unidos da América (presente com estatuto de observador), acordaram os mecanismos para a implementação do Protocolo de Quioto. Seguiu-se-lhe, em 2001, a COP-7 de Marraquexe, em que foram aprovadas as regras estabelecidas no Protocolo de Quioto. Este Acordo de Marraquexe criou o Fundo Especial para as Alterações Climáticas, destinado a financiar processos de adaptação e transferência de tecnologia e um outro fundo destinado a subvencionar os países menos desenvolvidos. Em 2002, na COP-8, em Deli, foi aprovada uma declaração que incentivava a prossecução do trabalho realizado e reforçava o apelo aos países desenvolvidos no sentido de transferirem tecnologia para os menos desenvolvidos.

Entretanto, em 2002, realizou-se a Conferência Mundial sobre Desenvolvimento Sustentável – Rio-10 –, em Joanesburgo, com o objectivo de reavaliar e implementar as conclusões e directrizes acordadas na conferência Rio-92 e de aprovar directrizes relacionadas com as mudanças climáticas e o crescimento da pobreza, de forma a alcançar um desenvolvimento sustentável.

Em 2003, seguiu-se a COP-9, em Milão, em que foram aprovadas algumas recomendações e alterações aos dois fundos financeiros criados na COP-7, em Marraquexe. Em 2004, a COP-10, de novo em Buenos Aires, serviu para concretizar o estabelecido no Acordo de Marraquexe (2001). A COP-11, que decorreu em Montréal, em 2005 (28.XI – 05.XII), foi a primeira conferência após a entrada em vigor do Protocolo de Quioto, em Fevereiro desse mesmo ano (2005), e definiu o arranque das medidas adicionais de combate às alterações climáticas a partir de 2012. Deve assinalar-se que o dc Protocolo de Quioto fora estabelecido em 1997 e que só em 2005 se conseguiu que entrasse em vigor. Em Nairóbi, em 2006, decorreu a COP-12, que apenas serviu para estabelecer normas de adaptação aos impactos das alterações climáticas. Em 2007, a COP-13 realizou-se em Bali, onde foi aprovado o designado Roteiro de Bali, com vista a estabelecer, no prazo de dois anos, um novo acordo sobre alterações climáticas. Esta Conferência lançou as bases do Fundo de Adaptação e aprovou medidas para a redução de emissões, motivadas pela desflorestação. Na COP-14, em Poznan, no ano de 2008, foram aprovadas as regras do Fundo de Adaptação e o apoio aos países menos desenvolvidos na acomodação às alterações climáticas. A COP-15, realizada em Copenhaga, em 2009, ganhou grande relevância política, por terem estado presentes vários chefes de Estado e de Governo, mas constituiu um enorme fracasso por não se terem conseguido estabelecer normas vinculativas depois de expirado o prazo do Protocolo de Quioto (1997). Em 2010, em Cancun, realizou-se a COP-16, que confirmou o limite máximo de subida da temperatura média global (2 °C) estabelecido na COP-15. Na COP-17, que teve lugar em Durban, no ano de 2011, estudaram-se processos para instituir um novo acordo climático global em 2015 e foram definidas novas regras para a comunicação das reduções de emissões em todos os países, a vigorar após 2020. A União Europeia decidiu prolongar até 2017 os seus compromissos com o Protocolo de Quioto (1997), cujo prazo expirava em 2012, ao contrário do que se verificou com a Rússia, o Japão e o Canadá. Em Doha, em 2012, realizou-se a COP-18, em que, mais uma vez, se prolongou o prazo de cumprimento dos compromissos de Quioto até 2020 e se declarou o fracasso na meta anual dos 100 mil milhões de dólares, acordada em Copenhaga (2009). Os países desenvolvidos comprometeram-se a compensar os menos desenvolvidos pelos prejuízos provocados pelas alterações climáticas. Neste mesmo ano de 2012, no Rio de Janeiro, realizou-se a Conferência das Nações Unidas sobre Desenvolvimento Sustentável (CNUDS) – Rio-20 –, que teve como objectivo a renovação do compromisso político sobre desenvolvimento sustentável.

As COP anuais continuaram. Assim, em 2013, realizou-se em Varsóvia a COP-19, que, mais uma vez, denunciou a falta de compromisso dos designados países desenvolvidos, pois terminou sem o estabelecimento de normas vinculativas sobre a compensação aos países menos desenvolvidos pelos prejuízos provocados pelas alterações climáticas e pelas emissões de gases com efeito de estufa (GEE), que deviam ser incluídas no acordo a assinar em 2015, em Paris. Em 2014, em Lima, realizou-se a COP-20, destinada a preparar as normas para a assinatura de um novo acordo, no ano seguinte, em Paris, mas, lamentavelmente, mais uma vez, não foi conseguida a unanimidade. Porém, na COP-21, em 2015, foi firmado o Acordo de Paris, que estabeleceu a meta de 2 °C para o aumento da temperatura média global, não obstante o seu cumprimento ser voluntário e não prever penalizações para os prevaricadores. Finalmente, em Novembro de 2016, realizou-se, novamente em Marraquexe, a COP-22, que estabeleceu um Livro de Regras. Todavia, declarações posteriores de responsáveis governamentais norte-americanos e russos fazem prever a continuação do incumprimento, sem penalizações e com consequências gravosas para o ambiente.

5. A inepta protecção da natureza

Este mesmo incumprimento generalizado estende-se ao domínio da protecção da natureza. São dele exemplo os designados Planos Directores Municipais (PDM), frequentemente alterados, consoante conveniências várias, à margem da preservação ambiental. Veja-se o caso Freeport, na Reserva Natural do Estuário do Tejo, em Alcochete, que só foi autorizado depois da substituição do director (o biólogo Antunes Dias), que emitia sempre pareceres desfavoráveis. Mesmo o Ministério do Ambiente é por vezes acusado de servir mais interesses económicos do que o ambiente e a conservação da natureza.

Também as agências de turismo de natureza têm, por vezes, actuações contraproducentes. Relembremos, por exemplo, os leões do Serengeti que estavam cheios de fome e a emagrecer, sem conseguirem caçar por as presas lhes fugirem com a excessiva aproximação dos turistas. As reservas da natureza não podem sustentar um número ilimitado de turistas, os quais, não raramente, deixam uma enorme «pegada ecológica» (impacto do modo de vida humano sobre o planeta, ou seja, a área média de que uma pessoa necessita para responder às suas exigências diárias) de lixo sólido que arremessa para o solo.

Após décadas de iniciativas em prol da protecção e conservação da natureza, parece que sobra ainda quase tudo por fazer.

Referências e leituras recomendadas

GORE JR., Al, *An Inconvenient Truth. The Planetary Emergency and What We Can Do about It*, Emmaus, Rodale Press, 2006.

BROWN, M. A., e SOVACOOL, B. K., *Climate Change and Global Energy Security: Technology and Policy Options*, Cambridge, Mit Press, 2011.

FARINHA, N., e ELOY, A., *Alterações Climáticas. Realidade incontornável*, Lisboa Esfera do Caos, 2014.

OLIVEIRA FERNANDES, E., *et al.*, *Partilhar o Futuro*, Lisboa, Esfera do Caos, 2011.

PIMENTA, C., *et al.*, *25 Anos Quercus. 25 Perspectivas para o Futuro*, Lisboa, Quercus, 2011.

SANTOS, F. D., *et al.*, *Climate Change in Portugal Scenarios, Impacts and Adaptation Measures*, Lisboa, Gradiva, 2002.

TEIXEIRA, C., *et al.* (dir.), *60 Anos do Movimento Ambientalista; 60 Anos pela Conservação da Natureza*, Lisboa, LPN, 2008.

WEART, S. R., *The Discovery of Global Warming*, Cambridge, Harvard University Press, 2001.

Ética da política e diplomacia ambientais: natureza, implicações e fundamentos

Viriato Soromenho-Marques

Centro de Filosofia da Universidade de Lisboa

Este breve ensaio visa dois objectivos principais: por um lado, exibir os elementos estruturantes da política pública de ambiente e da diplomacia ambiental, em especial a diplomacia climática; por outro, sem colidir com as outras vertentes e dimensões éticas abordadas noutros capítulos deste livro, defende-se aqui a tese de que o princípio ético que atravessa e mobiliza as políticas públicas de ambiente é o da justiça intergeracional.

Nos nossos dias, a política de ambiente tende a ser confundida com o seu elemento constituinte mais visível e presente na vida quotidiana dos cidadãos, a saber, as alterações climáticas e as suas múltiplas consequências. Contudo, aquilo que caracteriza uma verdadeira política pública de ambiente não é a capacidade de separar ou fragmentar, mas sim, inversamente, a sua inteligência integradora de diferentes sintomas e facetas no quadro de uma leitura global. Nessa medida, como ficou patente há quarenta e cinco anos – com a publicação do relatório ao Clube de Roma, produzido pela equipa do MIT dirigida por Dennis e Donella Meadows, com o título *Os Limites do Crescimento* (1972) –, a crise global do ambiente constitui a manifestação intelectual e prática de uma crise profunda e estrutural do presente modelo de civilização. Isso significa que na crise do ambiente se comprometem também as nossas instituições, a nossa organização política e social, o nosso sistema de produção e consumo e, transversalmente a todas essas dimensões, os nossos valores éticos.

1. Da conservação da natureza ao programa ambiental contemporâneo

As preocupações ambientais nasceram sob o signo de uma interpretação redutora de um problema cujos contornos globais se encontravam ainda muito longe de uma avaliação plena.

Foi em 1872 que surgiu nos EUA o primeiro parque nacional (o Yellowstone National Park), embora já em 1864 o Yosemite Valley, na Califórnia, tivesse recebido um estatuto de protecção para recreio público. A concepção reitora destas iniciativas era essencialmente *conservacionista*: tratava-se de preservar, face às ameaças predatórias da acção humana, determinados valores naturais, da fauna e da flora – dos bisontes às sequóias –, que de outra forma estariam ameaçados de extinção. Para o cumprimento desse objectivo, delimitaram-se as primeiras áreas de conservação da natureza, autênticos santuários perante a acometida do crescimento industrial e demográfico descontrolado. Indispensável para a transformação em realidade dessas primeiras áreas protegidas foi, sem dúvida, o contributo das primeiras associações, a um tempo cívicas e científicas, que souberam dar o necessário impulso político a esse objectivo. Entre elas destacamos, ainda no século XIX, na Grã-Bretanha:

Commons, Open Spaces and Footpaths Preservation Society (1865) e East Riding Association for the Protection of Sea Birds (1867).

Nos EUA, para além da influência literária de autores como Ralph Waldo Emerson e Henry David Thoreau, salienta-se ainda a marca política de George Perkins Marsh, autor de uma obra visionária para o tempo (*Man and Nature*, 1864), e a fundação do Sierra Club (1892). Ao persistente trabalho do seu dirigente John Muir ficam a dever-se muitos dos primeiros e decisivos passos da política de conservação nesse país.

Em 1939, existiam em todo o mundo cerca de 1481 territórios gozando de estatuto de protecção, totalizando uma área de 440 565 quilómetros quadrados (Flores, 1939, pp. 36-37). No ano da Conferência do Rio, em 1992, as áreas protegidas abrangiam mais de 7 milhões de quilómetros quadrados. Trata-se, contudo, de um reflexo defensivo face ao mais intenso surto de destruição de ecossistemas registado em toda a história humana, iniciado após o termo da Segunda Guerra Mundial.

Em paralelo com as preocupações conservacionistas, a «arqueologia» da intervenção política de cariz ambiental desenvolveu-se em duas outras linhas de rumo: o combate às ameaças para a saúde pública representadas pelas diversas modalidades de poluição; e as inquietações, de foro dominantemente económico, causadas pela perspectiva de um acelerado esgotamento dos recursos materiais e energéticos.

Os exemplos mais precoces da auto-organização dos cidadãos na luta contra os efeitos prejudiciais da poluição industrial ocorreram no meio urbano dos países que mais cedo sofreram as consequências complexas da industrialização. Não admira, por isso, que tenha sido no berço da Revolução Industrial que se criou a primeira legislação e a primeira instituição destinada a combater alguns efeitos perniciosos, sanitários e ambientais, da actividade económica, respectivamente o Alkali Act e o Alkali Inspectorate (1863). Desse modo, será também na

Grã-Bretanha que se assiste, já em 1843, à criação da Manchester Association for the Prevention of Smoke, seguida, em 1898, da formação de outra associação cívica de espectro mais vasto, igualmente destinada a pugnar contra o desastroso impacto, sobre a qualidade de vida urbana, da poluição atmosférica resultante da abundante combustão de carvão. Tratava-se da Coal Smoke Abatement League of Great Britain, a qual se fundiria, em 1929, com a Smoke Abatement League of Great Britain, fundada em 1909. Por outro lado, na Bélgica, a evolução da legislação conducente à drástica redução das emissões atmosféricas poluentes ocorreria na sequência de catástrofes ambientais, como a de Dezembro de 1930, na qual, em virtude de uma inversão térmica numa região fortemente industrializada, se registaram milhares de vítimas, sessenta das quais mortais (Batta *et al.*, 1933, p. 8 e p. 426).

Quanto à inquietação com o esgotamento dos recursos, num horizonte geracional não demasiado distante, é perfeitamente identificável nas actas da Conferência de Governadores de Estados, dos EUA, que se realizou em Washington, em Maio de 1908 (sessenta e quatro anos antes da publicação do Relatório Meadows sobre os limites do crescimento...). Aí se encarava com pessimismo o desaparecimento do carvão, do petróleo, do gás natural, de alguns minerais de interesse estratégico, entre outros recursos, ao longo dos dois séculos seguintes (Clerget, 1912, pp. 6 ss.). Lamentavelmente, esse Congresso (White House Conference of Conservation) marcava o declínio, e não o início, de um dos mais notáveis surtos de atenção pública na América do Norte com a problemática ambiental, de que foram obreiros o presidente Theodore Roosevelt e Gifford Pinchot, transformando num autêntico «secretário de Estado» para a política pública de conservação da natureza e protecção dos recursos naturais estratégicos.

Preocupações semelhantes só se voltariam a repetir nos EUA, em 1952, com a criação de uma comissão de nomeação presidencial, designada por Materials Policy Commission, mas mais conhecida por Comissão Paley (a partir do nome do seu presidente, William S. Paley), encarregada de analisar a evolução das tendências de eventual depleção de recursos estratégicos. O principal fruto do labor dessa entidade seria a publicação, em 1963, do livro de Harold Barnett e Chandler Morse, *Scarcity and Growth*, cujas conclusões se podem considerar bastante optimistas, embora não isentas de interessantes e úteis recomendações no sentido da precaução e da sustentabilidade (Barnett e Morse, 1963, pp. 247-253).

Nas profundas alterações, ocorridas desde há seis décadas, o que mudou não foi tanto a importância das acções de conservação da natureza e de defesa fragmentária da qualidade de vida, talvez ainda mais indispensáveis hoje do que ontem, mas o seu lugar no quadro mais geral das políticas públicas. O conservacionismo deixou de se confundir com a política ambiental no seu conjunto, para se tornar somente um dos elos de uma cadeia mais vasta, num elemento de uma estrutura mais complexa, portadora de um dinamismo que, para obter sucesso tem de pretender atingir alvos mais extensos e profundos comparativamente à simples conservação do património natural.

Para a formação de um novo paradigma ambiental, mais integrado e pluridisciplinar, na base do qual seria erguida a moderna política de ambiente, muito contribuíram alguns autores e obras que nos anos sessenta e setenta vieram agitar profundamente os meios académicos e as instituições políticas. Esses textos constituíram, simultaneamente, um alimento teórico para um novo movimento social, ligado à multiplicidade das causas ecológicas e ambientais, que entretanto se formou e consolidou, com particular expressão na América do Norte, na Europa Ocidental, no Japão e na Austrália. O verdadeiro alcance de uma intervenção no domínio mais clássico da conservação da natureza requer, assim, para a sua própria eficácia, o enquadramento no seio de uma série de modalidades e instrumentos de intervenção política e social de cariz ambiental, visando estrategicamente objectivos de transformação mais ambiciosos. Ensaiando uma via de exposição sistemática, podemos afirmar que a política de ambiente deve ser entendida como *o conjunto de medidas e operações, tanto estruturais como conjunturais, conducentes à identificação, diagnóstico e promoção de mecanismos resolutivos dos problemas ambientais, considerados como problemas emergentes, por isso requerendo soluções inovadoras.*

As principais vertentes da política de ambiente podem ser identificadas e elencadas do seguinte modo:

a) *organização da administração pública* central (nacional ou federal), regional e local face aos novos problemas;
b) *definição de estratégias nacionais e internacionais* para desafios de âmbito local, regional, supranacional e global. Nesse sentido, e para os grandes temas globais que afectam os bens comuns (*global commons*), como o clima, a biodiversidade ou os oceanos, a criação de regimes internacionais, com esquemas abertos a uma rigorosa monitorização de cumprimento, surge como um instrumento fundamental (o Acordo de Paris, de 2015, não cumpre este requisito, devido à ausência de um verdadeiro carácter vinculativo;
c) *criação de novos instrumentos de intervenção política*, quer no plano partidário e institucional quer no âmbito da sociedade civil. O reconhecimento dos limites da intervenção clássica do Estado e a promoção de instrumentos políticos com reduzida participação deste é, aliás, um dos traços distintivos mais flagrantes da especificidade da política ambiental;
d) produção e execução de uma *política de ordenamento do território*, integrando o ordenamento rural, urbano e a conservação da natureza. A interacção entre

ordenamento e ambiente exige uma elevada articulação dos órgãos governamentais respectivos;

e) promoção de medidas conducentes a uma *reestruturação* no curto, médio e longo prazo do *sistema produtivo*, em particular do sector industrial e da rede de transportes e comunicações, das suas tecnologias, assim como da *política energética* no seu conjunto;

f) implementação de *dispositivos de defesa*, não só dos *ecossistemas* naturais mais ameaçados, mas das *populações humanas* no seu conjunto, contra as consequências negativas do actual modelo de crescimento económico, baseado no uso intensivo e insustentável de energia e recursos, assim como na saturação do meio para além da sua capacidade de carga;

f.1.) *protecção dos trabalhadores através da regulamentação dos limites de risco* dos seus locais e condições de trabalho. Importa notar que as organizações representativas dos trabalhadores acompanharam as organizações patronais no considerável atraso com que as novas questões ambientais foram sendo integradas na esfera das relações laborais;

f.2.) *defesa do consumidor* através do controlo da qualidade dos produtos e da reformulação dos processos que afectam todo o ciclo de vida do produto. A introdução de regulamentação relativa à rotulagem e identificação do impacto ambiental dos produtos tem-se revelado um importante instrumento no desenvolvimento de novas atitudes por parte dos consumidores, esclarecidas por opções de cidadania;

f.3.) salvaguarda dos principais componentes do ambiente através da *regulamentação da quantidade máxima de efluentes* gasosos, líquidos e sólidos, assim como do seu modo de tratamento e deposição final. Mesmo numa fase mais avançada, dominantemente preventiva, não se podem descurar as medidas políticas e técnicas relativas às operações de fim de linha (*end of pipe*).

A política de ambiente atravessa, como consequência, *transversalmente todo o tecido social*, tornando-se inseparável do tipo e modo de funcionamento do sistema político e das linhas de força da política económica de um dado país ou bloco. É esse horizonte de totalidade política integrada que, geralmente, recebe a designação de *desenvolvimento sustentável*.

2. A «época do Antropocénico» dominada pela incerteza

Onde estamos, afinal, no estado do ambiente global? Encontramo-nos no limiar de uma viragem radical do processo de civilização. As raízes dessa viragem foram iniciadas na alvorada da modernidade, através da complexa combinação entre a primeira globalização levada a cabo pelas caravelas de Vasco da Gama e a fundação do moderno espírito científico, com Copérnico, Brahe, Kepler, Galileu, Bacon e Descartes. A entrada em cena de uma nova mentalidade, que olhava para a natureza como objecto de domínio e conquista, foi acompanhada, a partir da Revolução Industrial inglesa (iniciada na década de cinquenta do século XVIII) com a efectivação concreta dessa intenção de apropriação do mundo natural. Durante 250 anos, a industrialização do mundo prosseguiu sem tréguas, com o seu surto de destruição ecológica e a eclosão de sinais contraditórios de esperança e sofrimento, entrando, na transição milenar, num período decisivo. Não surpreende, por isso, que em 2000 dois cientistas tenham proposto uma nova designação para a corrente época geológica, o Antropocénico (quadro 1). Assim pretendiam sublinhar que a humanidade se transformara, para o mal ou o bem, na força plástica transformadora dominante à escala planetária.

A Época do Antropocénico, proposta por Crutzen e Stoermer, em 2000
Determinar uma data mais específica para a alvorada do «Antropoceno» parece algo arbitrário, mas nós propomos a segunda parte do século XVIII, embora tenhamos consciência de que propostas alternativas podem ser realizadas (algumas podem mesmo incluir todo o Holoceno). Contudo, propomos esta datação porque nos últimos dois séculos os efeitos globais da actividade humana se tornaram claramente notórios.

Quadro 1: «A Época do Antropocénico». Fonte: Crutzen, P. J., e Stoermer, E. F. , «The Anthropocene», in *Global Change Newsletter*, 2000, 41: 17-18.

Apesar a crescente consciência da gravidade da crise ambiental, consolidada entre as Conferências do Rio (1992) e de Joanesburgo (2002), ainda não atingimos um ponto que possamos considerar como de viragem e recuperação em relação ao presente rumo de derrapagem em que nos encontramos. Os sucessos nas reduções drásticas dos responsáveis pela depleção da camada de ozono (os clorofluorcarbonetos, CFC) ou dos poluentes responsáveis pelas chuvas ácidas não são suficientes para colmatar os insucessos em matéria de alterações climáticas e de destruição da biodiversidade, assim como os crescentes receios associados à proliferação de organismos geneticamente modificados (OGM) (Tolba, 1998). Politicamente, acentuou-se o abismo entre os países desenvolvidos e em desenvolvimento (PNUD, 2003; The World Bank, 2003). Estiolou-se a promessa de novas respostas em matéria de instituições que permitissem uma governação global em matéria de ambiente, em grande parte devido à opção relativamente recente dos EUA, contrariando a sua tradição fundada em compromissos de cunho federal, por uma gestão da sua agenda externa, exclusivamente orientada por uma estreita interpretação realista do seu «interesse nacional» (Soromenho-Marques, 2003).

1 – Oceanos e zonas costeiras:

- Convenção das Nações Unidas para o Direito do Mar (1982>1994)
- Directiva-Quadro da Água (2000)
- Degradação crescente dos ecossistemas marinhos

2 – Protecção da camada de ozono («a história de sucesso»)

- Convenção de Viena (1985)
- Protocolo de Montréal (1987)

3 – Alterações climáticas:

- IPCC: 1988
- Convenção-Quadro das Nações Unidas sobre a Mudança do Clima (1992)
- 2.º Relatório do IPCC (1995)
- Protocolo de Quioto (1997): só entraria em vigor (sem EUA) a 16.02.2005
- 3.º Relatório (2001)
- EUA rompem com o Protocolo de Quioto (2001)
- 3.º Relatório do IPCC (2001)

4 – Diversidade biológica, agricultura e recursos alimentares:

- Convenção sobre a Diversidade Biológica (1992)
- Nova Lista Vermelha de Espécies Ameaçadas da IUCN (União Internacional para a Conservação da Natureza e dos Recursos Naturais) (1994)
- Convenção das Nações Unidas de Combate à Desertificação (1994)
- Conferência do Cairo sobre População e Desenvolvimento (1994)
- Protocolo de Cartagena sobre Bio-Segurança (2000)
- Resultados do Projecto Genoma Humano (2001)

5 – Comércio e ambiente:

- Aprofundamento da clivagem Norte-Sul
- Organização Mundial do Comércio, OMC (1995)
- Resistência à coordenação entre as regras da OMC e os acordos multilaterais de ambiente
- Necessidade de integrar a OMC no sistema das Nações Unidas
- Protesto de Seattle contra a globalização (1999)

Quadro 2: A globalização ambiental nas últimas duas décadas do século XX.

A globalização de muitos dos mais cruciais problemas ambientais (alguns dos quais estão inscritos no quadro 2) não esvazia a necessidade dos programas nacionais em matéria de política pública de ambiente. O abastecimento em água potável, o saneamento básico, a redução, reciclagem e destino final de resíduos, o ordenamento do território e a conservação da natureza, entre outros temas capitais, são matérias que continuam não só a ser forte competência dos governos nacionais, como devem até ser consideradas de acordo com o princípio da subsidiariedade, como atribuição a ser desempenhada, pelo menos parcialmente, a uma escala regional e até municipal.

Todavia, a globalização da crise ambiental é, assim o sustentamos, o tema central de clivagem da nossa época. É em torno do mesmo que se desenham e se constituem os principais desafios que exigirão a mobilização do melhor da nossa inteligência, imaginação e forças morais, pois é a própria sobrevivência da possibilidade de uma civilização humana altamente complexa que está em causa. Em resposta a esse repto de múltiplas dimensões existirão, certamente, instrumentos científicos, tecnológicos e financeiros; serão convocadas forças éticas, estéticas e religiosas. Mas o cadinho unificador destas diferentes linhas de força passará pelo plano da política, e em particular pela nossa capacidade de construir instituições que melhorem os sistemas de governação e de «governância» (a palavra usada nos textos científicos de política pública portugueses para traduzir a palavra inglesa *governance* é «governança») em todos os domínios e em todas as latitudes. A política internacional de ambiente é uma das áreas onde se joga, criticamente, a possibilidade de sermos ou não bem-sucedidos nessa construção vital e indispensável (Haas, 1998; Elliott, 1998; Pureza, 1998; Liftin, 1999).

3. Para uma leitura cíclica da política internacional de ambiente/diplomacia ambiental

Desde o final da Guerra Fria, registou-se uma verdadeira explosão nas perspectivas teóricas e doutrinárias sobre o papel do ambiente – incluindo as questões da água e dos seus respectivos regimes – na reconstrução da ordem internacional, na alteração do papel do Estado, na recomposição das relações entre o Estado e a sociedade civil. Contudo, uma análise mais ampla e rigorosa da evolução da política internacional do ambiente exige que se incluam as mais de cinco décadas que nos separam da publicação da obra *Silent Spring*, de Rachel Carson (1962), bem como as notícias negativas e inquietantes provenientes das duas presidências de G. W. Bush e da inesperada presidência de D. Trump. Semelhante análise deverá contribuir para separar o trigo do joio, as esperanças fundamentadas e legítimas da mera projecção de desejos e ilusões.

Se quisermos compreender os limites da política internacional do ambiente, teremos de aceitar a necessidade de considerar as diferentes texturas e características dos acontecimentos e tendências que compõem as cinco décadas dessa nova política, cada vez mais importante na modelagem do nosso futuro comum. Muito longe de se poder falar numa linha de continuidade progressiva, as cinco décadas de diplomacia ambiental podem ser, na hipótese de trabalho que aqui se apresenta, integradas em quatro grandes períodos sucessivos de ascensão e declínio, numa oscilação cíclica semelhante à que alguns autores do século XVIII, como Vico e Herder, propuseram para as suas filosofias da história (ver quadro n.º 3).

Períodos	Ano de início	Acontecimento relevante	Ano de mudança	Acontecimento relevante
1.º período – crescimento	1962	Rachel Carson: *Silent Spring*	1973	Guerra Yom Kippur
1.º período – declínio	1973 1974	Primeira crise petrolífera	1983	*Die Grünen* no *Bundestag*
2.º período – crescimento	1984 1985	Acidente de Bhopal > Convenção de Viena	1997	Protocolo de Quioto
2.º período – declínio	1998	Bloqueio ambiental nos EUA	2007	EUA reconhecem a realidade e a gravidade das alterações climáticas
2.º período – declínio	1998	Bloqueio ambiental nos EUA	2007	EUA reconhecem a realidade e a gravidade das alterações climáticas
3.º período (breve) – crescimento	2007	Liderança e objectivos ambiciosos da UE, para a COP-15 (Conferência de Copenhaga)	2009	Conferência de Copenhaga falha o seu objectivo, entrando-se num longo período de estagnação que ainda dura (2017)

Quadro 3: Ciclos na política de ambiente/diplomacia ambiental.

3.1. O nascimento

O primeiro ciclo foi claramente expansivo e estendeu-se de 1962 (data da publicação da obra já referida de Rachel Carson) a 1973, tendo sido interrompido pela guerra do Yom Kippur (Outubro de 1973), a que se sucederam as duas crises petrolíferas dos anos setenta. Essa década foi caracterizada pelo lançamento das primeiras infra-estruturas das políticas nacionais de ambiente. As primeiras leis-quadro ambientais surgem por esta altura (em 1967 no Japão e em 1969 nos EUA e na Suécia), assim como os primeiros ministérios ou, pelo menos, os seus embriões (a EPA nos EUA, em 1970, ou o Ministério do Ambiente nipónico, em 1971). Para além dos horizontes legal e administrativo, o contributo da ciência convergiu igualmente na produção dos primeiros relatórios sobre o estado do ambiente (em 1969 no Japão, em 1970 nos EUA). Portugal não passou incólume a este padrão genético, e, sob a dinâmica e esclarecida direcção de José Correia da Cunha, é fundada em 1971, no âmbito da Presidência do Conselho de Ministros, a Comissão Nacional do Ambiente (CNA). Também nesse ano é publicado o primeiro relatório sobre o estado do ambiente, visando Portugal e os seus antigos territórios ultramarinos. Deve salientar-se ainda que a fundação de uma política pública hídrica para Portugal, aberta à vertente ambiental, antecede mesmo a criação da CNA, pois foi já em 1970 que se formou o Núcleo de Estudos de Problemas da Água (Correia da Cunha, 2000). O tema da água seria igualmente objecto de importantes publicações por parte da CNA e da Secretaria de Estado do Ambiente, na fase inicial da política ambiental portuguesa (Rego, 1977; Peixoto, 1979; Veiga da Cunha, 1982; Peixoto, 1989).

No auge deste primeiro período, assiste-se à consagração da indispensável dimensão internacional das questões ambientais. A Conferência das Nações Unidas sobre Ambiente Humano, realizada em Estocolmo (1972), criou um estilo de intervenção que a Cimeira de Joanesburgo (2002) parece ter acabado, provavelmente, por esgotar.

3.2. O primeiro recuo

Este período de recuo do programa ambiental, substituído pelas prioridades do combate ao desemprego, à recessão económica e às crises energéticas, não foi, contudo, completamente negativo. A necessidade de aumento da eficiência e conservação energéticas, sentida particularmente na Europa e no Japão, acabou por trazer alguns ganhos gratuitos e indirectos para o ambiente. É neste cenário algo deprimido que, não obstante, é assinada em 1982 a Convenção das Nações Unidas sobre Direito do Mar (Jänicke,1999). Este período termina com um indicador de transição e esperança que foi o da inédita eleição para o Parlamento federal alemão (*Bundestag*) de uma fracção do partido ecologista Os Verdes (*Die Grünen*).

3.3. Um novo ímpeto

A terceira fase da política de ambiente é a mais longa de todas, estendendo-se de 1983 até 1997, data da assinatura do Protocolo de Quioto. É caracterizada por uma crescente internalização do discurso ambiental na actuação dos governos e das próprias empresas. A legislação ambiental, tanto interna como internacional, evidencia avanços vigorosos. No final da década de oitenta, a totalidade dos países desenvolvidos apresentava Ministérios do Ambiente. Em meados da década de noventa, após a realização da Conferência das Nações Unidas sobre Ambiente e Desenvolvimento, no Rio de Janeiro (1992), muitas dezenas de Estados desenvolveram planos nacionais de política ambiental, destinados a traduzir ao nível da acção estratégica o carácter horizontal e integrador inerente à política pública de ambiente.

Também na esfera internacional, antes e depois do Rio, são dados passos gigantescos. A Convenção de Viena (1985) e o seu Protocolo de Montréal (1987) iniciam o longo combate à depleção da camada de ozono; a Convenção de Basileia (1989) disciplina o movimento transfronteiriço de resíduos perigosos; no Rio assinam-se Convenções para enfrentar os problemas das alterações climáticas, da destruição da biodiversidade, da desertificação. Portugal não escapa a este movimento. A partir de 1987, o país beneficia do grande impulso na política ambiental europeia, tornada uma das vanguardas no esforço de maior integração política do Velho Continente. A Lei-Quadro do Ambiente de 1987 é um marco fundamental de referência (Soromenho-Marques, 1998).

3.4. Um novo refluxo

O Protocolo de Quioto marcou, de certa forma, o completar agónico deste longo ciclo virtuoso. O traço mais marcante da nova fase de refluxo, em que agora nos encontramos mergulhados, reside na posição recalcitrante dos Estados Unidos. Mesmo nos últimos anos da administração Clinton-Gore era possível sentir a nova vaga de recuo crescente na política norte-americana de ambiente. Programas como o da «justiça ambiental», destinado a combater a forte externalização ambiental sobre as comunidades de afro-americanos e hispânicos, foram praticamente liquidados. O Superfund, verba anual votada pelo Congresso para reduzir o passivo ambiental de mais de um século de industrialização, foi fortemente reduzido. O rasgar do Protocolo de Quioto, por G. W. Bush, em Março de 2001, está longe de poder ser considerado como um evento isolado e sem precedentes. Tanto no plano interno como internacional, a administração norte-americana de G.W. Bush defendeu um programa ambiental reduzido à sua expressão mínima, não sendo por isso de estranhar o medíocre desempenho da mais poderosa potência internacional na cimeira internacional de ambiente realizada em 2002, em Joanesburgo.

3.5. Um ascenso breve sem sustentação

Em Maio de 2007, o presidente G. W. Bush, sem fazer qualquer relação com a sua posição negacionista precedente, declara que as alterações climáticas eram reais e representavam um enorme perigo para os EUA e o mundo. Por essa altura, a União Europeia assumia a liderança mundial do processo negocial que – era essa a aposta – deveria conduzir à substituição do Protocolo de Quioto (cujo término seria 2012) por um novo instrumento internacional, operacional e vinculativo, contendo medidas de mitigação e adaptação concretas, a serem desenvolvidas por todos os países, com disponibilização financeira para os Estados mais frágeis e vulneráveis. No plano das ideias, Al Gore, com os seus livros e documentários, e o economista Nicholas Stern, com os seus cálculos sobre os custos insuportáveis para a economia mundial decorrentes de um processo incontrolável de alterações climáticas, ajudavam a criar uma opinião pública global favorável às causas ambientais e climáticas. Contudo, nem a vitória de Obama nos EUA foi suficiente para transformar a Conferência de Copenhaga (Dezembro de 2009) num sucesso palpável. Desde essa data, a política internacional de ambiente entrou numa espécie de planalto, rendendo-se à boa vontade dos países, e à inércia da crise económica e financeira global, iniciada em 2008. O Acordo de Paris (2015), na sua retórica voluntarista e descomprometida de quaisquer vínculos firmes, é um bom exemplo de como a diplomacia ambiental se encontra hoje numa posição de recuo (Soromenho-Marques, 2016, p. 26).

4. O princípio ético fundamental da política e da diplomacia ambientais

Ética e política partilham o terreno da racionalidade prática. São modalidades de acção que se vinculam à construção de laços sociais entre os seres humanos, no quadro do espaço-tempo do mundo comum. O campo onde verdadeiramente a ética e a política se encontram com plenitude e efectividade é o das políticas públicas. É aí que se desenham as boas leis e os rumos que permitem o abraço entre a justiça e a paz, como na magnífica fórmula do nosso padre António Vieira, definindo a verdadeira prioridade entre esses dois conceitos nucleares: «Abraçaram-se a justiça e a paz, e foi a justiça a primeira que concorreu para este abraço: *Justitia et pax.* Porque não é a justiça que depende da paz (como alguns tomam por escusa) senão a paz da justiça» [Vieira, 2014 (1637), p. 89]. Existe, contudo, uma restrição fundamental que nos foi muito bem explicada por John Rawls: só é possível a existência de democracia no quadro de uma sociedade plural e jamais numa comunidade homogénea, dominada por uma visão monocromática da moral (Rawls, 2001, p. 3). Numa sociedade pluralista como são, e devem ser, as sociedades de democracia representativa avançada, as visões da ética reflectem a variedade, e também as zonas de conflito, entre diferentes «doutrinas abrangentes» (*comprehensive doctrines*), no interior das quais emergem diversas configurações do discurso ético. Como pode a ética, num quadro de aceso pluralismo doutrinário, ultrapassar os seus próprios antagonismos de modo a fertilizar as políticas públicas? Para que isso ocorra, é necessário que a política tenha já atingido um grau de robustez democrática e constitucional capaz de permitir a plena liberdade de expressão. O processo de filtragem argumentativa que é gerado pelo «consenso por sobreposição» (*overlapping consensus*), através do qual os princípios éticos seleccionados são admitidos na «razão pública» (*public reason*) – o conceito que designa a força e a inteligência colectivas de cidadãos unidos pela igualdade civil na produção legislativa, visando o ordenamento jurídico da sua vida social –, mostra bem a acção recíproca entre ética e política.

Nessa medida, também a política pública de ambiente nasce da interacção de ética e política estabelecida no terreno das esferas do debate público organizado, onde se constrói um consenso capaz de mobilizar a razão pública. Essa razão pública é de natureza essencialmente jurídica. Só no plano do direito pode existir controlo eficaz da correspondência entre a norma e o desempenho dos actores políticos. A virtude política, usando este conceito de modo ostensivamente retórico, não pode ser avaliada na perspectiva kantiana da boa vontade (o próprio Kant sublinharia que a pura intenção da alma é um objecto que escapa ao alcance das faculdades do conhecimento humano). A projecção de princípios éticos sólidos e consensualizados (no debate na esfera pública) não conduz a testes morais, mas a melhores procedimentos de âmbito administrativo e a um mais exigente e afinado escrutínio da conformidade legal.

O princípio ético fundamental que propomos como inspirador das boas políticas públicas no domínio ambiental remete-nos para um enorme contributo de Thomas Jefferson. Esse contributo permite transportar a ética para o interior não apenas da produção, mas também da avaliação das políticas públicas. A justiça entre gerações surge na correspondência com James Madison, em 1789 e 1790. Jefferson tem perfeita consciência de que o tema é absolutamente inédito na história do pensamento político, e filosófico em geral: a questão dos direitos e dos deveres entre gerações. Os domínios onde a questão dos direitos de qualquer geração se colocava eram essencialmente dois: a questão da dívida pública e o problema da revisão constitucional. Para Jefferson, qualquer dos dois domínios do problema deveria ser subsumido a um princípio comum, cujo enunciado se poderia formular da seguinte forma: «A terra pertence em usufruto aos vivos» (*The earth belongs in usufruct to the living*) (Banning, 1995, p. 166). A sua proposta implicava uma crítica directa a duas áreas fundamentais de política pública: a política constitucional e a política orçamental. Jefferson considerava que em ambos os casos os mecanismos de revisão constitucional e a limitação temporal da dívida pública deveriam ser submetidos a um critério de responsabilidade geracional. No que diz respeito às faculdades constitucionais de cada geração, a tese de Jefferson implicava uma discordância profunda com o mecanismo de aditamentos sucessivos previsto na Constituição, visando permitir a conciliação entre continuidade e renovação. Ora, a posição sustentada por Jefferson abria caminho, não para uma revisão, mas para uma revolução constitucional accionada como direito inalienável de cada geração. No que diz respeito à dívida pública, Jefferson indicava 19 anos como o prazo máximo para o pagamento de dívidas contraídas por qualquer nação, de forma a evitar sobrecarregar a geração seguinte: «Assim, 19 anos é o limite para além do qual nem os representantes de uma nação nem a própria nação reunida no seu conjunto pode validamente estender uma dívida» (*Then 19 years is the term beyond which neither the representatives of a nation, nor even the whole nation itself assembled, can validly extend a debt*) (Banning, 1995, p. 168).

Sublinhe-se que este princípio de justiça intergeracional é comum tanto à ética como à política, mas apenas se tornará operacional quando for transformado em leis jurídicas que o permitam configurar-se em roteiros de acção e rotinas de avaliação crítica das políticas públicas. No caso português, em áreas de política pública com impacto no longo prazo, como é o caso das finanças públicas ou da política energética vista no quadro amplo de uma perspectiva ambiental, tem existido um recurso, embora mais latente do que consciente, a este princípio de ética intergeracional. A dura crítica ao sistema de endividamento público no longo prazo, resultante de ruinosas parcerias público-privadas na política de transportes e infra-estruturas, uma das causas do colapso financeiro do país em 2011, ou a ruinosa opção por produtos financeiros, como é o caso dos *swaps*, prejudicando fortemente o sector empresarial do Estado, são disso exemplos marcantes (Moreno, 2010, pp. 125-137; Pereira, 2012, pp. 57-61; Pereira, 2014). Já no que à política energética diz respeito, o modo como o Estado português tem licenciado o projecto de prospecção e exploração de combustíveis fósseis, parece não só desrespeitar um uso, mesmo que difuso, do princípio de justiça intergeracional, mas também a própria legislação de salvaguarda ambiental em vigor (Soromenho-Marques, 2016, p. 26).

Este princípio ético da justiça intergeracional é susceptível de ser a base para a elaboração de boas políticas públicas, em todas as áreas, já que dispõe de uma natureza geral e é transversal no seu alcance (Soromenho-Marques, 2010, p. 30). Contudo, a sua acuidade é ainda maior quando o que está em causa são políticas e instrumentos de política de alcance estratégico e de âmbito interdepartamental, como no caso das políticas voltadas para o ambiente e para o desenvolvimento sustentável, assim como para o financiamento da economia em geral e dos serviços sociais em particular. Se é verdade que, quando um governo se endivida em demasia está a deixar um fardo insustentável para ser pago pelos que ainda não nasceram, o que são alterações climáticas senão o mais cruel exemplo de uma dívida ontológica lançada contra o futuro pela irresponsabilidade moral de muitas das elites contemporâneas? Contra isso não podemos apostar tudo nos eventuais frutos dum interminável proselitismo ético, de duvidoso resultado material. Devemos, sim, equipar as políticas públicas com os instrumentos necessários para transformar esse princípio ético de justiça fundamental numa força capaz de introduzir mudanças concretas, o que passa, necessariamente, por uma reforma profunda das nossas instituições políticas, da nossa arquitectura económica e da própria cultura partilhada de valores e preferências em que se constitui e onde mergulha o tecido e o percurso das vidas individuais, ou seja, das escolhas tomadas por cada um de nós.

Referências e leituras recomendadas

BANNING, Lance (dir.), *Jefferson and Madison. Three Conversations from The Founding*, Madison, Madison House, 1995.

BARNETT, Harold, e CHANDLER, Morse, *Scarcity and Growth. The Economics of Natural Resource Availability*, *Resources for the Future*, Baltimore, John Hopkins Press, 1963.

BATTA, G., *et al.*, *Les problèmes de pollution de l'atmosphère*, Paris, Masson Éditeurs, 1933.

CARSON, Rachel, *Silent Spring* Boston, Houghton Mifflin Company, [1962] 1987.

CLERGET, P., *L'exploitation rationnelle du globe*, Paris, Octave Doin et Fils Éditeurs, 1912.

CORREIA DA CUNHA, José, *Núcleo de Estudos de Problemas da Água* (*um pequeno passo para a mudança que se impunha na gestão dos recursos hídricos*), texto dactilografado de 10 pp., 17 de Maio de 2000.

CRUTZEN, P. J., e STOERMER, E. F., «The "Anthropocene"», in *Global Change Newsletter* 41, 2000, pp. 17-18.

DIEFENBACHER, H., «The Index of Sustainable Economic Welfare: a case study of the Federal Republic of Germany», in COBB, C., e COBB JR., J. (dir.), *The Green National Product: A Proposed Index of Sustainable Economic Welfare*, 1994.

ELLIOTT, Lorraine, *The Global Politics of the Environment*, Nova Iorque, New York University Press, 1998.

FLORES, Francisco M., *A Protecção da Natureza. Directrizes actuais*, Lisboa, Revista de Agronomia, 1939.

GORE JR., Al, *An Inconvenient Truth. The Planetary Emergency and What We Can Do about It*, Emmaus, Rodale Press, 2006.

HAAS, Peter M., *et al.* (dir.), *Institutions for the Earth. Sources of Effective International Environmental Protection*, Cambridge e Londres, The MIT Press, 1998.

JÄNICKE, Martin, *et al.*, *Umweltpolitik*, Bona, Dietz, 1999.

KANT, I., *Fundamentação da Metafísica dos Costumes*, Porto, Porto Editora, 1995.

LIFTIN, Karen T. (dir.), *The Greening of Sovereignty in World Politics*, Cambridge e , Londres, The MIT Press, 1999.

MARSH, George Perkins, *Man and Nature*, Nova Iorque, C. Scribner & Co., 1864.

MEADOWS, Donella, e MEADOWS, Dennis, *The Limits to Growth*, Nova Iorque, Universe Books, 1972.

MORENO, Carlos, *Como o Estado Gasta o Nosso Dinheiro*, Alfragide, Caderno, 2010.

PEIXOTO, José Pinto, *A Água no Ambiente*, Lisboa, Secretaria de Estado do Ambiente e dos Recursos Naturais – GEPAT, 1989.

—, *O Ciclo da Água em Escala Global*, Lisboa, Secretaria de Estado do Urbanismo e Ambiente – Comissão Nacional do Ambiente, 1979.

PEREIRA, Paulo Trigo, *Portugal: dívida pública e défice democrático*, Lisboa, FFMS, 2012.

—, «Quem Paga as PPP? Funcionários, pensionistas, contribuintes?», in *Público*, 28 de fevereiro de 2014.

PNUD (UNDP), *Relatório do Desenvolvimento Humano 2003, Objectivos de Desenvolvimento do Milénio. Um Pacto entre Nações para Eliminar a Pobreza Humana*, Lisboa, Mensagem, 2003.

PUREZA, José Manuel, *O Património Comum da Humanidade: rumo a um direito internacional da solidariedade?*, Porto, Edições Afrontamento, 1998.

RAWLS, John, *Justice as Fairness. A Restatement*, Cambridge e Londres, The Belknap Press of Harvard University Press, 2001.

—, *Political Liberalism with a New Introduction and the «Reply to Habermas»*, Nova Iorque, Columbia University Press, [1993] 1996.

REGO, Zozimo Castro, *A Água. A escassez na abundância*, Lisboa, Secretaria de Estado do Ambiente, 1977.

SOROMENHO-MARQUES, Viriato, «Globalization, Risk, And International Environmental Policy», in *Globalização, Novos Riscos e Ciência. Actas dos IX Cursos Internacionais de Verão de Cascais 2002*, Cascais, Câmara Municipal de Cascais e Instituto de Cultura e Estudos Sociais, 2003, pp. 45-50.

—, *O Futuro Frágil. Os desafios da crise global do ambiente*, Mem Martins, Publicações Europa-América, 1998.

—, «O lobo pelas orelhas», in *Jornal de Letras*, 17 a 30 de Agosto de 2016, p. 26.

—, «Ontological Debt and Intergenerational Justice. The Case of Climate Change», in *Intergenerational Justice Review*, vol. 10, Issue 1, 2010, p. 30.

STERN, Nicholas, *A Blueprint for a Safer Planet*, Londres, The Bodley Head, 2009.

THE WORLD BANK, *World Development Report 2003. Sustainable Development in a Dynamic World. Transforming Institutions, Growth, and Quality of Life*, Washington, DC, World Bank & Oxford University Press, 2003.

Tolba, Mostafa K., *Global Environmental Diplomacy. Negotiating Environmental Agreements for the World, 1973-1992*, Cambridge e Londres, The MIT Press, 1998.

Unep, *Global Environment Outlook 3. Past, Present and Future Perspectives, Earthscan*, Londres, Sterling, 2002.

Veiga da Cunha, Luís, *As Secas. Caracterização, impactos e mitigação*, Lisboa, Secretaria de Estado do Urbanismo e Ambiente – Comissão Nacional do Ambiente, 1982.

Vieira, António, «Sermão ao Enterro dos Ossos dos Enforcados», in *Obra Completa de Padre Antônio Vieira*, Lisboa, Círculo de Leitores, vol. XIV, [1637] 2014, pp. 89-108.

II

PROBLEMAS ESPECÍFICOS

Implicações éticas das alterações climáticas antropogénicas

Filipe Duarte Santos

Climate Change, Impacts, Adaptation and Modelling/CCIAM-CE3C, Faculdade de Ciências da Universidade de Lisboa

Há actualmente um elevado consenso entre os cientistas do clima sobre a mudança climática global que está a ser observada através do mundo e tem origem em algumas actividades humanas (Cook *et al.*, 2016). Esta mudança é usualmente designada por alterações climáticas antropogénicas. A partir desta narrativa da ciência, analisam-se as implicações éticas daquelas alterações, que aqui se designam simplesmente por alterações climáticas.

Três razões principais contribuem para que as alterações climáticas constituam um problema ético. Estas razões têm em comum o facto de resultarem de assimetrias: nas causas e nos efeitos, na capacidade de solução do problema e na gravidade dos impactos sobre as sucessivas gerações sociais futuras. A primeira razão tem a ver com a assimetria entre a distribuição geográfica das populações humanas mais responsáveis pelas alterações climáticas e as populações humanas mais afectadas por essas alterações. As emissões antropogénicas de gases com efeito de estufa (GEE), causadoras das alterações climáticas, provêm principalmente dos países com economias avançadas e de alguns países com economias emergentes, mas geram um risco mais elevado nas populações de países noutras partes do mundo, que pouco contribuem para as emissões globais de GEE.

A segunda razão, relacionada com a primeira, é a assimetria na capacidade de adaptação às alterações climáticas e na capacidade de resolução do problema climático. Devido à forte correlação entre o desenvolvimento socioeconómico e o uso elevado de energia *per capita*, as populações e países que têm emissões de GEE mais baixas *per capita* são geralmente as mais vulneráveis aos efeitos adversos das alterações climáticas porque têm menor capacidade económica para se adaptarem à mudança climática. Essas populações e países também têm pouca capacidade de resolver o problema que os afecta no âmbito da governação nacional. O problema é criado principalmente pelos países com emissões *per capita* de GEE elevadas. As nações afectadas podem apenas tentar convencer os responsáveis a reduzir as emissões, deixando assim de ser vítimas de um problema gerado por outros.

Finalmente, a terceira razão é a assimetria temporal da gravidade do problema. A geração social contemporânea à escala global está a contribuir com as emissões de GEE para o agravamento de um problema que irá afectar muito mais as gerações futuras em todo o mundo do que ela própria. As duas primeiras razões inserem-se na problemática da ética intrageracional e suscitam questões de justiça distributiva, enquanto a terceira levanta problemas de ética intergeracional.

As alterações climáticas sugerem ainda outra ordem de problemas relacionados com a responsabilidade ética dos impactos muito adversos que as alterações climáticas estão a ter e irão ter sobre o ambiente, especialmente sobre os ecossistemas marinhos e terrestres, a biodiversidade e as paisagens (Palmer, 2011). Por exemplo, é muito provável que os recifes de coral sejam praticamente extintos devido ao aumento da temperatura média das águas superficiais do oceano e à sua acidificação, mesmo cumprindo o Acordo de Paris. Será isso aceitável em termos éticos?

1. A interpelação ética às alterações climáticas

Desde os finais do século XX que o tema das questões éticas das alterações climáticas tem sido analisado e estudado a nível académico por filósofos, sociólogos, economistas e cientistas do clima. Devido aos impactos adversos que as alterações climáticas estão já a ter sobre as populações mais pobres e vulneráveis através de todo o mundo e à visibilidade crescente desses impactos nos meios de comunicação, o tema da ética climática começa a servir de suporte conceptual para o combate político à mudança climática. Actualmente, «justiça climática» é uma expressão usada com frequência pelas organizações governamentais e não governamentais para debater e combater as alterações climáticas e que desempenha um papel importante para salientar as dimensões éticas e políticas dessa problemática. Na 6.ª Conferência das Partes (COP-6) da Convenção-Quadro das Nações Unidas para as Alterações Climáticas (UNFCCC), realizada em Haia, em 2000, teve lugar a 1.ª Cimeira de Justiça Climática, cujo objectivo principal foi afirmar que as alterações climáticas constituem uma questão de direitos humanos, dado afectarem gravosamente as condições de vida e a saúde das populações, em especial dos mais jovens, e degradarem ou destruírem os recursos naturais essenciais à vida. Em Novembro de 2009, na fase de preparação da COP-9, realizada em Copenhaga, fundou-se a *Climate Justice Action.* Os movimentos activistas de justiça climática dividem-se frequentemente em duas correntes: os mais moderados responsabilizam o neoliberalismo pela situação potencialmente perigosa gerada pela mudança climática, enquanto os mais radicais consideram que o capitalismo é a origem e a causa das alterações climáticas, pelo que o seu combate se identifica com o combate ao capitalismo.

Em 2004, na COP-10, realizada em Buenos Aires, foi lançado o Collaborative Program on the Ethical Dimensions of Climate Change, um movimento de natureza mais reflexiva sediado no Rocks Ethics Institute da Penn State University, nos EUA, que reúne um conjunto de institutos e centros de investigação universitários.

Do ponto de vista da análise filosófica, sociológica e política, as questões éticas das alterações climáticas têm sido debatidas por um número significativo de autores, entre os quais se destacam Dale Jamieson (1992), Eric Posner (2010), Denis G. Arnold (2011) e Stephen Gardiner (2006; 2011). Antes de abordar as questões específicas de ética e justiça inerentes à actual mudança climática, é importante começar por rever, ainda que muito brevemente, as causas e as características das alterações climáticas, as suas consequências presentes e futuras, os desafios que colocam à humanidade e as incertezas sobre a sua evolução.

2. As causas do aquecimento global

Estamos a modificar a composição da atmosfera desde a Revolução Industrial devido principalmente ao uso intensivo de combustíveis fósseis: carvão, petróleo e gás natural. Como sabemos, o ar é formado essencialmente por oxigénio (20,9%) e azoto (78,1%), mas tem também componentes minoritários, tais como o árgon (Ar), o vapor de água (H_2O), o dióxido de carbono (CO_2), o metano (CH_4), o óxido nitroso (N_2O) e o ozono (O_3) troposférico, entre outros. Os cinco últimos são GEE, ou seja, gases que absorvem a radiação infravermelha presente na atmosfera e emitida principalmente pela superfície terrestre. Se não houvesse GEE na atmosfera terrestre, a temperatura média global à superfície seria de -18 °C em vez de 15 °C.

As concentrações atmosféricas dos três principais GEE com emissões antropogénicas – designadamente CO_2, CH_4 e N_2O –, em Fevereiro de 2014, eram, respectivamente, de 395,4 ppmv (partes por milhão em volume), 1893 ppmmv (partes por milhar de milhão em volume) e 326 ppmv (ORNL, 2015), enquanto os valores pré-industriais eram, respectivamente, de 280, 722 e 270. Houve, pois, aumentos de 41%, 162% e 21%, respectivamente. A média da concentração atmosférica de CO_2 no mês de Dezembro de 2016, medida no Observatório de Mauna Loa, no Havai, foi de 404,48 ppmv.

Este aumento da concentração dos GEE provoca um forçamento radiactivo positivo no topo da troposfera (a camada da atmosfera mais perto da superfície, com uma espessura média de cerca de 10 quilómetros) que intensifica o chamado efeito de estufa, descoberto pelo matemático e físico francês Joseph Fourier (1768-1830), em 1827 (Fourier, 1827). É precisamente através do efeito de estufa que a presença de GEE eleva a temperatura média global da atmosfera à superfície. Esta temperatura tende a subir ou a descer conforme a concentração de GEE aumenta ou diminui.

Note-se que algumas actividades humanas provocam um forçamento radiactivo negativo no topo da troposfera, ou seja, tendem a baixar a temperatura média global da atmosfera. É o caso, por exemplo, dos aerossóis que se formam a partir do dióxido de enxofre (SO_2) emitido pelas centrais térmicas a carvão. Estes aerossóis constituem uma variedade de poluição atmosférica prejudicial para a saúde humana e formam uma neblina que reflecte a radiação solar. Tal poluição está também na origem das chuvas ácidas, problema que foi em grande parte resolvido nos países ocidentais, mas é actualmente muito grave na China, na Índia e noutras regiões do mundo. Por outro lado, há também aerossóis que provocam um forçamento radiactivo positivo. É o caso do negro de carbono emitido na queima da biomassa e pelos motores a gasóleo, que, ao depositar-se nos glaciares e campos de gelo polares, acelera o degelo porque absorve mais a radiação solar do que o gelo circundante.

Fazendo a soma algébrica dos forçamentos positivos e negativos, conclui-se que o forçamento radiactivo na tropopausa, isto é, na fronteira entre a troposfera e a estratosfera, provocado pela acumulação de gases com efeito de estufa na troposfera é hoje de 2,29 Wm^{-2} (IPCC, 2014). Em conclusão, a mudança antropogénica da composição da atmosfera aumenta a energia disponível no sistema climático.

Entre 1971 e 2010, a Terra armazenou em média uma potência de 213 TW (terawatts ou 10^{12} watts), ou seja, uma energia de 213 TJ (10^{12} joules) por segundo ou ainda 6,7 ZJ (zetajoules ou 10^{21} joules) por ano (IPCC, 2014). É difícil apreciar a enormidade desta quantidade de energia. Talvez ajude dizer que, devido à acumulação de GEE de origem antropogénica na troposfera, a Terra está a ser forçada a armazenar, em média, por segundo, uma energia equivalente à energia libertada por cerca de três bombas atómicas do tipo da que foi lançada em Hiroxima, a 6 de Agosto de 1945. Outra forma de apreciarmos este valor é compará-lo com o consumo global de energia da humanidade num ano: de acordo com as estimativas da Agência Internacional de Energia, o consumo global de energia em 2012 foi de 0,56 ZJ, ou seja, cerca de 12 vezes menos que a energia média armazenada anualmente pelo sistema climático devido ao aumento do efeito de estufa.

Uma questão muito importante é saber como toda esta energia é absorvida, ou seja, como este aquecimento global se distribui pelas várias componentes do sistema climático formado por atmosfera, hidrosfera, criosfera, biosfera e litosfera. De acordo com estudos referidos no último relatório do Painel Intergovernamental sobre Mudanças Climáticas (IPCC, 2014), estima-se que, entre 1971 e 2010, cerca de 93% do referido excesso de energia foram armazenados na hidrosfera, designadamente nos oceanos, aumentando a temperatura, principalmente das massas de água mais superficiais; cerca de 3% provocaram a fusão do gelo oceânico do Árctico, dos campos de gelo da Gronelândia e da Antárctica e dos glaciares das montanhas; cerca de 3% aqueceram a superfície dos continentes e apenas cerca de 1% aqueceu a atmosfera.

O oceano é pois o principal reservatório do excesso de energia acumulada no sistema climático. Se o oceano tivesse uma extensão e volume menores, o aumento da temperatura média global da atmosfera à superfície, que foi de 1,10 °C desde o período pré-industrial, teria sido maior. Outra conclusão é que a temperatura média global da atmosfera à superfície é apenas um dos indicadores do aumento de energia do sistema climático. No que respeita ao oceano, as observações indicam que as suas camadas mais profundas têm aquecido mais do que se supunha (Chen e Tung, 2014) o que significa que a distribuição do excesso de calor pelas várias componentes do sistema climático, em particular pela atmosfera e pelo oceano, depende da interacção entre eles e tem alguma variabilidade.

As emissões antropogénicas dos vários GEE têm contribuições diferentes para o forçamento radiactivo, ou seja, para a intensificação do efeito de estufa. Em 2010, as emissões de CO_2 contribuíram com cerca de 76% do total, 65% proveniente da combustão dos combustíveis fósseis e também, numa pequena parte, de alguns processos industriais, principalmente a produção de cimento, e 11% das alterações no uso dos solos, especialmente a desflorestação (IPCC, 2014). Os restantes 24% do forçamento radiactivo provém das emissões antropogénicas de outros GEE, designadamente o CH_4, que contribuiu com 16%, o N_2O, com 6%, e os GEE fluorados (gases sintetizados quimicamente, entre os quais se incluem os hidrofluorcarbonetos e o hexafluoreto de enxofre), com 2$ (IPCC, 2014). Esta decomposição do forçamento radiactivo actual mostra claramente que as alterações climáticas resultam em grande parte (65%) de uma externalidade negativa associada ao uso dos combustíveis fósseis.

3. A mitigação das alterações climáticas

O aumento de energia do sistema climático não provoca apenas um aumento da temperatura média global da atmosfera à superfície, mas também uma maior frequência e intensidade de alguns fenómenos meteorológicos extremos, por exemplo, ondas de calor, precipitação intensa em intervalos de tempo curtos, secas e ainda a subida do nível médio global do mar (NMGM).

Há essencialmente dois tipos de resposta às mudanças climáticas: a mitigação e a adaptação. A primeira é uma intervenção humana para reduzir as fontes e potenciar os sumidouros de GEE. A adaptação é um processo de ajustamento ao clima actual e futuro e aos seus efeitos. Nos sistemas humanos, a adaptação procura moderar os impactos gravosos e explorar eventuais oportunidades benéficas.

Para controlar as alterações climáticas por meio da mitigação, é necessário diminuir de forma drástica as emissões de CO_2 provenientes da combustão dos combustíveis fósseis, e tal só é possível por meio de uma transição energética à escala mundial. A utilização intensiva dos combustíveis fósseis – primeiro o carvão, a partir do século XVIII, depois o petróleo, desde meados do século XIX, e, finalmente, o gás natural, utilizado em larga escala somente desde o início do século XX – foi em grande parte responsável pelo extraordinário desenvolvimento socioeconómico mundial iniciado com a Revolução Industrial. Em 2012, de acordo com a Agência Internacional de Energia, 81,7% das fontes primárias de energia globais foram combustíveis fósseis: 29% carvão, 31,4% petróleo e 21,3% gás natural. Conseguir fazer uma transição energética para uma situação em que o uso dos combustíveis fósseis diminui desde cerca de 80% do total das fontes primárias de energia para valores abaixo dos 10% até ao final do século XXI é um desafio muito difícil, mas viável. É o desafio com que estamos confrontados se quisermos controlar o aquecimento global. Importa salientar que a quantidade total de energias renováveis acessíveis na Terra é suficiente para assegurar o nível de vida médio actual na Europa a toda a população mundial, se houver também um esforço simultâneo para conseguir maior eficiência energética (MacKay, 2009). Outra via complementar de mitigação é travar a desflorestação, que é actualmente muito intensa na floresta tropical, com perdas anuais médias de 7,8 milhões de hectares de 1990 a 2015 (Keenan *et al.*, 2015). Travar a desflorestação tem o benefício adicional de ajudar a preservar a biodiversidade.

As alterações climáticas antropogénicas representam uma falha grave do actual paradigma de desenvolvimento baseado no uso intensivo de combustíveis fósseis. A solução do problema implica o decréscimo da poderosa indústria dos combustíveis fósseis. Estas são as principais razões pelas quais as alterações climáticas têm sido frequentemente negadas ou postas em dúvida de forma sistemática, muitas vezes com o apoio do *lobby* dos combustíveis fósseis. A ciência das alterações climáticas é provavelmente o património científico mais profundamente analisado, escrutinado, debatido, criticado, ignorado e negado da história da ciência.

Se o aumento da temperatura média global da atmosfera atingir valores superiores a 2 °C, relativamente ao período pré-industrial, vários estudos indicam que os impactos das alterações climáticas se tornarão muito gravosos em vários sistemas e sectores, como recursos hídricos, agricultura, florestas, biodiversidade, zonas costeiras e saúde humana. Os países mais vulneráveis são sobretudo os mais pobres, porque têm menor capacidade de adaptação.

Por outro lado, a partir de 2 °C atingem-se limiares em diversos subsistemas climáticos e biogeofísicos a partir dos quais é muito provável que a resposta ao aquecimento global deixe de ser linear, tornando-a muito mais difícil de modelar e prever. Um dos exemplos mais importantes é o limiar da temperatura média global da atmosfera a partir do qual a fusão integral dos campos de gelo na Gronelândia e do Oeste da Antártida se torna irreversível. No caso da Gronelândia, tal fusão provocaria um aumento do NMGM da ordem de 7 metros, após algumas centenas de anos. Há ainda alguma incerteza sobre o valor dessa temperatura, mas muito provavelmente encontra-se entre 1,5 e 2,5 °C. Outro exemplo é o limiar a partir do qual as grandes áreas de florestas tropicais, como o Amazonas, deixam de ser sumidouros de carbono devido ao declínio da vegetação provocado pela mudança climática.

Face a todos estes estudos, a 16.ª Conferência das Partes da Convenção-Quadro das Nações Unidas sobre a Mudança do Clima (UNFCCC, COP-16), realizada em Cancun, em 2010, aprovou o «compromisso de não ultrapassar 2 °C de aumento da temperatura relativamente aos níveis pré-industriais e de considerar a diminuição daquele máximo para 1,5 °C». O Acordo de Paris obtido em 2015 na COP-21, e que entrou em vigor no final de 2016, estabeleceu um roteiro para conseguir que a temperatura média global da atmosfera fique «bem abaixo de 2 °C, relativamente aos valores pré-industriais, e que se continuem os esforços para que seja inferior a 1,5 °C». Porém as contribuições nacionais voluntárias de mitigação (Intended Nationally Determined Contributions – INDC) apresentadas previamente pelos 196 países-membros da UNFCCC, não são ainda suficientes para evitar ultrapassar 2 °C e conduzem a um aumento da temperatura próximo de 3,5 °C. Os planos de mitigação de longo prazo que os países signatários do Acordo de Paris deverão apresentar em 2020 terão de ser mais ambiciosos de modo a não ultrapassar 2 °C.

4. Impactos diferenciados das alterações climáticas

O grau com que um determinado sistema natural ou social é afectado de forma positiva ou negativa pelos estímulos climáticos caracteriza a sua sensibilidade às alterações do clima. A adaptabilidade às oscilações da média e das variáveis climáticas, bem como a capacidade de moderar os estragos potenciais e de tirar vantagens das novas situações climáticas traduzem a capacidade de adaptação do sistema. Finalmente, a vulnerabilidade descreve o grau com que um sistema natural ou social é susceptível de suportar ou não os efeitos adversos das alterações climáticas, considerando o seu nível de exposição ao clima, a sua sensibilidade e a sua capacidade de adaptação. Os menores recursos humanos e materiais dos países menos desenvolvidos diminuem a sua capacidade de adaptação, tornando-os mais vulneráveis às alterações climáticas do que os países com economias avançadas. No conjunto dos países vulneráveis, os mais afectados pela mudança climática são os que têm densidades demográficas elevadas, os que dependem fortemente da agricultura, os situados em regiões em que a água é escassa, com climas sub-húmidos secos, semiáridos ou áridos, e os que têm zonas costeiras baixas, facilmente inundáveis e densamente povoadas.

Um exemplo claro consiste em comparar a capacidade de adaptação em diferentes regiões do globo vulneráveis à subida NMGM. As zonas costeiras suportam uma parte relativamente elevada da população e da economia mundial. Estima-se que a zona costeira baixa, definida como a faixa de terreno até à cota de 10 metros relativamente ao NMGM, corresponde apenas a 2% do território global emerso, mas tem 10% da população e 13% da população urbana mundial (McGranahan *et al.*, 2007). Actualmente, há cerca de 200 milhões de pessoas a viverem abaixo da cota dos 5 metros, mas estima-se que esse número aumente para os 400 a 500 milhões em 2100 (WOR, 2010). No Bangladesh, cerca de 6 milhões vivem abaixo da cota de 1 metro. Sendo provável que o NMGM suba cerca de 1 metro até 2100, os países menos desenvolvidos com maior risco de inundação, tais como Bangladesh, Moçambique, Vietname, Egipto (na região do delta do Nilo), entre outros, têm muito menor capacidade de adaptação do que os países desenvolvidos, como os Países Baixos e os Estados Unidos da América (considerando em especial a Florida).

Há ainda um longo caminho a percorrer para dispor de uma avaliação fiável e detalhada dos impactos das alterações climáticas, dos custos e dos prejuízos associados, sobretudo a nível local, nos vários países do mundo. O que podemos dizer com segurança é que, quanto mais rápida e prolongada for a interferência humana sobre o sistema climático, mais prováveis se tornarão as suas respostas inesperadas e súbitas e mais graves serão os impactos.

Um dos principais impactos das alterações climáticas verifica-se nos recursos hídricos. As projecções indicam que, em meados do século actual, o escoamento dos rios e a disponibilidade de água irá aumentar de 10 a 40% nas latitudes elevadas e em algumas regiões tropicais húmidas e diminuir de 10 a 30% nas regiões secas das latitudes médias e nas regiões tropicais secas. Estas mudanças vão agravar as assimetrias já existentes e provavelmente terão consequências desastrosas em muitos países que já lutam com a escassez de água. A maior intensidade e frequência de fenómenos meteorológicos e climáticos extremos significa, por um lado, que as secas se irão tornar mais severas e prolongadas e, por outro, que haverá maior percentagem de ciclones tropicais muito intensos e maior frequência de eventos de precipitação elevada em intervalos de tempo curtos, aumentando a probabilidade de inundações. Nas regiões montanhosas, a fusão dos glaciares irá aumentar o risco de inundações, avalanches e deslizamentos de terras. Estas perturbações irão alterar o regime de escoamento dos rios e afectar a disponibilidade de água, sobretudo na estação seca. Um caso particularmente preocupante é o das regiões circundantes dos Andes e dos Himalaias. Neste último caso, estima-se que, em 2050, mais de mil milhões de pessoas venham a ser negativamente afectadas no centro, sul, leste e sudeste do continente asiático.

É muito provável que os impactos das alterações climáticas na agricultura tenham efeitos muito diferenciados na segurança alimentar, diminuindo-a nos países mais pobres e dependentes da agricultura local. Quanto à biodiversidade, aproximadamente 20 a 30% das espécies cuja vulnerabilidade foi estudada ficarão com maior risco de extinção se o aumento da temperatura média global exceder o intervalo de 1,5 a 2,5 °C.

As pequenas ilhas são particularmente vulneráveis às alterações climáticas devido à maior importância relativa das zonas costeiras, aos recursos naturais limitados, em especial a água, e, de um modo geral, à maior exposição aos fenómenos meteorológicos extremos. Uma situação especialmente difícil é a dos Estados insulares em que as ilhas têm uma elevação máxima baixa, da ordem dos 2 metros, como no caso das Maldivas, no oceano Índico, e das ilhas Marshall, Tuvalu e Kiribati, no oceano Pacífico, entre muitas outras. Se o NMGM subir cerca de 1 metro, a população não se poderá adaptar à nova situação e terá de migrar. Entretanto, muitas destas ilhas têm já problemas crescentes de acesso à água potável, motivados pela intrusão salina nos aquíferos costeiros.

A saúde de muitos milhões de pessoas irá ser negativamente afectada pelas alterações climáticas, devido principalmente ao aumento da mortalidade e da morbilidade, provocado por ondas de calor, cheias, ciclones tropicais, tempestades extra-tropicais, fogos, escassez e má qualidade da água e secas mais frequentes. Será também afectada pela expansão das doenças transmitidas por vectores como a malária, o dengue, a febre do Nilo Ocidental, a febre escaro-nodular e a leptospirose.

5. Princípios de ética climática intergeracional

Comecemos por abordar a questão mais difícil da problemática intergeracional do clima resultante da sua natureza cumulativa num intervalo de tempo relativamente longo que cobre um conjunto de dezenas de gerações sociais sucessivas. As gerações mais afectadas pelas alterações climáticas, resultantes das emissões acumuladas de GEE desde a Revolução Industrial até à actualidade, vão ser as que vão viver daqui a 50, 100, 150 ou mais anos. A causa deste atraso nos efeitos é a lentidão com que alguns dos subsistemas do sistema climático reagem ao forçamento provocado pelas emissões, como é o caso do oceano e da criosfera.

Como definir normas éticas para definir um roteiro de mitigação? Para simplificar a questão, vamos admitir que a principal causa das alterações climáticas é o uso dos combustíveis fósseis. É uma primeira aproximação aceitável porque, conforme se mencionou, as emissões de CO_2 provenientes da combustão dos combustíveis fósseis contribuem actualmente com cerca de 65% do forçamento radiactivo exercido pelas emissões antropogénicas de GEE. O uso progressivo de combustíveis fósseis desde a Revolução Industrial teve dois efeitos significativos: permitiu um desenvolvimento socioeconómico notável para uma grande parte da humanidade, alicerçado no uso intensivo de energia, na industrialização, na ciência e na tecnologia; por outro lado, foi a principal causa das alterações climáticas. Um barril de petróleo contém uma energia equivalente à energia gerada pelo trabalho manual de uma pessoa durante 25 mil horas, ou seja, durante mais de uma década. Em Portugal, consomem-se anualmente cerca de 14 barris de petróleo *per capita* enquanto nos EUA esse indicador eleva-se para 25. Note-se que em ambos os países o consumo total de energia *per capita* é bastante elevado devido à contribuição do consumo de carvão, gás natural, energias renováveis e ainda da energia nuclear nos EUA. Por outras palavras, hoje em dia, cada pessoa nos países com economias avançadas usa em média por dia 10 mil a 100 mil vezes mais energia do que usava antes da Revolução Industrial. O acesso a energia abundante sob a forma de combustíveis fósseis foi um dos principais factores que contribuiu para reduzir a pobreza extrema nos últimos 200 anos. A percentagem da população global na situação de pobreza extrema decresceu de 84% em 1820 (Bourguignon e Morrison, 2002) para 10% em 2016, de acordo com dados do Banco Mundial. O uso dos combustíveis fósseis também contribuiu para que o crescimento económico – em média de 0,1 a 0,2% desde o século I até à Revolução Industrial – começasse a aumentar significativamente desde então.

No debate sobre a ética climática, não podemos ignorar que a descoberta dos combustíveis fósseis e o seu uso intensivo conduziram a civilização humana a níveis de bem-estar e qualidade de vida muito superiores aos da época pré-industrial, embora uma parte significativa da humanidade ainda não usufrua deles. Teria sido possível atingir esses níveis sem utilizar combustíveis fósseis, por exemplo, recorrendo apenas a energias renováveis? É muito provável que não, pelo menos num intervalo de tempo tão curto, atendendo à elevada densidade energética dos combustíveis fósseis. É, por exemplo, difícil imaginar como, nessas circunstâncias, se teria conseguido desenvolver a aviação tal como a conhecemos e a utilizamos actualmente.

Temos um paradigma de desenvolvimento socioeconómico altamente dependente de um consumo elevado de energia *per capita*, no qual os combustíveis fósseis constituem cerca de 80% das fontes primárias de energia globais. Como fazer uma transição energética para fontes primárias renováveis, de modo a evitar uma interferência perigosa sobre o sistema climático, mas sem inviabilizar as oportunidades de desenvolvimento socioeconómico de todos aqueles que não usufruem ainda desse desenvolvimento? A solução do problema intergeracional seria menos difícil se não tivéssemos simultaneamente um problema intrageracional. Efectivamente, enquanto o consumo médio de energia *per capita* nos países com economias avançadas é já suficiente para assegurar níveis elevados de desenvolvimento socioeconómico, qualidade de vida e bem-estar, cerca de 80% da população mundial vive com níveis médios de vida muito inferiores, frequentemente em situação de pobreza e malnutrição sistemática. Para criar uma maior equidade, é necessário disponibilizar mais energia aos referidos 80% da humanidade. É também necessário considerar as consequências da assimetria na distribuição geográfica dos recursos fósseis. Há países produtores cujas economias beneficiam muito da exportação de combustíveis fósseis e países que são apenas consumidores.

Para simplificar o problema, admitamos uma situação imaginária em que não existissem nem as referidas desigualdades de acesso à energia nem as assimetrias na distribuição geográfica das reservas fósseis. Nesta situação hipotética, qual seria o roteiro de mitigação eticamente recomendável para resolver o problema intergeracional? Para responder a esta pergunta, vamos utilizar a metodologia de John Rawls (1971), na qual as questões de justiça distributiva são resolvidas por meio de um painel imaginário de especialistas despidos das suas circunstâncias e interesses pessoais («véu da ignorância»). Para determinar a trajectória de mitigação global, a reunião teria de contar com a presença de sociólogos e economistas, bem como de especialistas no sistema Terra e no clima. Os principais objectivos seriam não prejudicar as gerações vindouras, impondo-lhes uma interferência perigosa sobre o sistema climático, e executar uma transição energética à escala global na qual os combustíveis fósseis seriam substituídos pelas energias renováveis com custos tão baixos quanto possível.

É importante salientar que a mitigação tem custos e, portanto, é necessário investir dinheiro para a realizar. Mas não será preferível investir em actividades produtivas e gerar riqueza em vez de investir para evitar um risco futuro que só será grave daqui a umas décadas e sobre o qual existe alguma incerteza? Esta é uma questão central da problemática intergeracional das alterações climáticas e está directamente relacionada com o valor da taxa de desconto. A questão ética de evitar que o comportamento colectivo da geração contemporânea relativo aos combustíveis fósseis prejudique as gerações futuras pressupõe inevitavelmente uma projecção sobre a riqueza e as condições, oportunidades e qualidade de vida dessas gerações. Admitamos que temos uma visão optimista e consideramos que essas condições vão ser muito melhores do que as actuais, fruto porventura de progressos científicos e tecnológicos, alguns que não conseguimos ainda imaginar. Neste caso, torna-se provável que as gerações futuras consigam resolver, com custos baixos, o problema das alterações climáticas por meio de novas tecnologias, como, por exemplo, a geoengenharia. Sendo assim, devemos utilizar nos investimentos em mitigação uma taxa de desconto compatível com o valor do dinheiro no mercado financeiro, ou seja, capaz de garantir a eficiência de Pareto (segundo o economista italiano Vilfredo Pareto, uma situação económica é dita óptima se não puder ser melhorada). Isto significa que seria relativamente elevada entre 3 e 5%, o que corresponde a investir pouco em mitigação no presente.

Se, pelo contrário, considerarmos que, apesar dos progressos científicos e tecnológicos, as condições de vida das gerações futuras tendem a agravar-se, fruto de várias causas, como a sobrepopulação, a estagnação do crescimento económico, a escassez de recursos e a degradação ambiental, então, de um ponto de vista ético, torna-se imprescindível investir intensamente na mitigação das alterações climáticas, evitando que venham agravar mais a situação, o que se traduz numa taxa de desconto mais baixa.

Os defensores das taxas elevadas acreditam que o actual paradigma de desenvolvimento irá continuar a assegurar um progresso socioeconómico, científico e tecnológico indefinidamente robusto, pelo que as gerações futuras irão estar preparadas para resolver por si próprias todos os seus problemas, incluindo os impactos adversos de alterações climáticas produzidas pelas gerações anteriores – tal como a nossa geração resolveu os seus problemas. No limite, isto significa que não é necessário invocar a ética para gerir a mitigação em escalas de tempo multigeracionais.

Os que defendem taxas baixas estão disponíveis para diminuir o risco que as gerações futuras correm, gerado em grande parte pela nossa geração e anteriores. As motivações para este comportamento cooperativo podem ser muito variadas, mas têm em comum um sentido ético de solidariedade intergeracional.

A questão crucial do valor das taxas de desconto para o financiamento da mitigação vem originando uma torrente de estudos, publicações e polémicas. O economista que tem liderado a defesa das taxas elevadas é William Nordhaus, da Universidade de Yale, EUA (2007). No outro campo, situa-se, por exemplo, Nicolas Stern, autor do Relatório Stern (2007), encomendado pelo Governo do Reino Unido e publicado a 30 de Outubro de 2006, que utilizou uma taxa de desconto média de 1,4% e concluiu ser urgente começar a investir forte e rapidamente na mitigação de modo a reduzir as emissões globais de CO_2 em 3% ao ano. Estamos muito longe deste objectivo. Podemos interpretar este facto como um sinal de que, até à data, os princípios de ética intergeracional têm sido pouco usados para gerir a mitigação global. Contudo, é provável que o nosso painel imaginário de especialistas concordasse com a abordagem e as principais conclusões do relatório Stern e propusesse um programa de mitigação semelhante para todos os países e compatível com um limite de 2 °C para o aumento de temperatura, tal como estabelecido no Acordo de Paris. É também provável que o painel mantivesse, após a transição, um consumo baixo de combustíveis fósseis da ordem de 5% do consumo global actual devido às vantagens dos combustíveis fósseis líquidos e a questões relacionadas com a operacionalidade de um sistema energético baseado nas energias renováveis. Recorde-se que estamos a supor que todos os países do mundo têm um consumo médio de energia e *mix* energético semelhantes, e que as reservas de combustíveis fósseis estão distribuídas uniformemente por todos os países.

A realidade, porém, é muito distinta e adiciona um grau de complexidade muito mais elevado ao problema. Temos países produtores de combustíveis fósseis cujas economias dependem muito ou quase exclusivamente da sua exportação e países apenas importadores; temos países fortemente dependentes dos combustíveis fósseis, alguns com economias avançadas em que o PIB e o consumo de energia *per capita* são elevados, como o caso dos EUA; e outros com economias ainda pouco desenvolvidas, onde o PIB e o consumo de energia *per capita* são muito mais baixos, como a Índia. A solução eticamente aceitável para este último problema é aumentar de forma significativa o esforço de mitigação dos primeiros países relativamente aos segundos, ou seja, por exemplo, dos EUA em relação à Índia.

Esta solução esbarra actualmente com o problema de o crescimento económico dos países com economias avançadas ser anémico ou estar estagnado e de as classes médias sentirem uma grande insegurança económica. Efectuar nesses países uma empenhada e rápida transição energética para as energias renováveis compatível com os objectivos do Acordo de Paris não é considerado de modo algum uma prioridade.

O primeiro problema da assimetria das reservas é igualmente difícil de resolver na prática. Para cumprir o limite de 2 °C é necessário que uma grande parte das reservas de combustíveis fósseis não seja explorada e consumida. A quantidade total de combustíveis fósseis que pode ainda ser usada mantendo uma probabilidade elevada de não ultrapassar 2 °C é designada por «orçamento de carbono» e corresponde aproximadamente a 1100 GtC (gigatoneladas de carbono ou 10^9 tC) (McGlade e Ekins, 2015). Porém, conhecem-se reservas fósseis cuja exploração é economicamente competitiva e que correspondem a cerca do triplo daquele valor. Globalmente, isto significa que cerca de um terço do petróleo, metade do gás natural e 80% do carvão não poderão ser consumidos se todos nós – cidadãos, decisores políticos, empresários, governos, organizações governamentais e não governamentais e empresas –, colectivamente, não quisermos ultrapassar o limiar dos 2 °C. Se as emissões globais de GEE continuarem ao ritmo actual, iremos gastar o orçamento de carbono em apenas 18 anos!

Porém, os governos dos países detentores de grandes reservas e as grandes empresas de combustíveis fósseis não querem prescindir da riqueza potencial que possuem. A direcção da empresa Exxon Mobil, ao ser confrontada com a pergunta dos accionistas acerca do risco de uma possível «bolha de carbono» de reservas que nunca seriam utilizadas, respondeu: «estamos confiantes de que nenhumas das nossas reservas de hidrocarbonetos estão agora ou virão a estar "encalhadas"» (Exxon Mobil, 2014). A 30 de Agosto de 2011, a Exxon Mobil, representada por Rex Tillerson, actual secretário de Estado dos EUA, assinou um contrato com a Rosneft, da Federação da Rússia, para a exploração do petróleo do Árctico junto à Sibéria, em especial no mar de Kara, no valor de 500 mil milhões de dólares, segundo o presidente Vladimir Putin, que esteve presente na cerimónia de assinatura. A Exxon Mobil, cuja participação é crucial devido à sua tecnologia de exploração *offshore*, já investiu 7000 milhões de dólares no projecto, mas, devido às sanções decorrentes dos conflitos na Ucrânia e da anexação da Crimeia, a exploração está parada.

A Exxon Mobil sonegou aos accionistas e ao público em geral, durante dezenas de anos, o que sabia sobre a relação entre a combustão de combustíveis fósseis e as alterações climáticas, o que não constitui um comportamento eticamente defensável. Além da eticidade, também a legalidade de tal atitude é bastante duvidosa, e este procedimento da Exxon Mobil está a ser objecto de um processo instaurado pelo procurador-geral do Estado de Nova Iorque, Eric Schneiderman. Um dos objectivos é ter acesso aos documentos produzidos pelos vários cientistas do clima que trabalhavam para a Exxon Mobil, um dos quais afirmou em 1977 que «a maneira mais provável de a humanidade influenciar o clima é através da libertação de CO_2 na combustão de combustíveis fósseis».

Ocultar aos accionistas o conhecimento da relação entre o uso dos combustíveis fósseis e as alterações climáticas, bem como o conhecimento dos impactos dessas alterações, é claramente um procedimento contrário à ética e de má gestão financeira em termos dos mecanismos de funcionamento do capitalismo. Agora os accionistas da Exxon Mobil começam a estar naturalmente preocupados com a perda de rentabilidade dos seus investimentos e com a natureza e impactos dos mesmos, mas a posição oficial de defesa continua a ser a de afirmar que nenhuma das reservas está «encalhada», ou seja, que todas vão ser exploradas.

Foi precisamente para responder a este desafio ético que se gerou em 2011, em várias universidades dos EUA, um movimento de desinvestimento em produtos financeiros associados à exploração e produção de combustíveis fósseis. Na Universidade de Harvard, que possui o maior fundo de doações do mundo, avaliado em 32 mil milhões de dólares, os estudantes propuseram ao reitor a venda das acções de empresas de combustíveis fósseis, depois de terem realizado um referendo sobre o assunto em Novembro de 2012, com uma participação de 72%. A 3 de Outubro de 2013, o reitor, Drew Faust, veio justificar, através de um comunicado, as razões pelas quais não cumpria a decisão dos estudantes. O processo repetiu-se em muitas outras universidades e gerou alguma controvérsia, abordada num texto de Jeffrey Sachs, professor de Economia da Universidade de Columbia, intitulado *What is a Moral University in the 21st Century*, cuja principal tese é que o fundo de doações de uma universidade não deve ser apenas um instrumento económico, mas também um instrumento político sujeito a princípios éticos.

Estamos a assistir a um rápido crescimento do movimento de desinvestimento em combustíveis fósseis, que, em Dezembro de 2016, contava já com a adesão de 688 instituições e mais de 58 mil pessoas em 76 países (Arabella, 2016). Começa a defender-se que os conselheiros financeiros têm a obrigação fiduciária de alertar os seus clientes para o perigo de investirem na procura de novas jazidas de combustíveis fósseis, bem como na exploração das já conhecidas, especialmente as de carvão. O valor dos fundos de investimento dedicados à venda de aplicações nos combustíveis fósseis duplicou num ano e tem actualmente o valor de 5,2 x 10^{12} dólares (Arabella, 2016). Será o conjunto do movimento de desinvestimento em energias fósseis e das outras iniciativas de descarbonização das economias suficiente para permitir o cumprimento do Acordo de Paris? Não parece previsível e é muito pouco provável.

Entretanto, é curioso observar que a grande maioria dos autores que se têm dedicado ao tema das implicações éticas das alterações climáticas, com publicações em revistas com sistema de arbitragem por pares, são académicos dos EUA, o país cujo actual governo procura liderar a contestação global à mitigação utilizando procedimentos variados, alguns controversos e eticamente indefensáveis. Esta incongruência é explicável, mas revela confrontos e instabilidades perigosas no actual sistema global de desenvolvimento.

Em conclusão, as alterações climáticas constituem essencialmente um problema de natureza ética que afecta todo o mundo, mais gravosamente os pobres e aqueles que vivem nas regiões tropicais e subtropicais. Irá também atingir de forma mais acentuada as gerações futuras do que a actual. Apesar deste reconhecimento, o combate às alterações climáticas tem sido perigosamente insuficiente. Provavelmente, tal como em muitos outros domínios da actividade humana, os estudos de moral e ética irão continuar e até intensificar-se, mas representarão sobretudo um ritual mantido religiosamente. Apesar da sua importância, este ritual, na maior parte dos casos, é inconsequente na sua aplicação prática.

Referências e leituras recomendadas

Arabella, *The Global Fossil Fuel Divestment and Clean Energy Investment Movement*, December 2016.

Arnold, D. G., *Ethics of Climate Change*, Cambridge, Cambridge University Press, 2010.

Bourguignon, F., e Morrison, C., «Inequality Among World Citizens: 1820-1992», in *American Economic Review*, 92, 4, 2002, pp. 727-744.

CHEN, X., e TUNG, K., «Varying Planetary Sink led to Global-Warming Slowdown and Acceleration», in *Science*, 345, 2014, pp. 897-903.

COOK, J.,*et al.*, «Consensus on Consensus: a synthesis of consensus estimates on human-caused global warming», in *Environmental Research Letters*, 11 (4), 2016. doi: 10.1088/1748-9326/11/4/048002.

EXXON MOBIL, *Energy and Carbon – Managing the Risks*, 2014.

FOURIER J., «Mémoire sur les températures du globe terrestre et des espaces planétaires», in *Mémoires de l'académie royale des sciences*, 7, 1827, pp. 569-604.

GARDINER, Stephen M., *A Perfect Moral Storm: Climate Change, Intergenerational Ethics and the Problem of Moral Corruption Environmental Values*, 2006, pp. 397-413.

—, *A Perfect Moral Storm: The Ethical Tragedy of Climate Change*, Oxford, Oxford University Press, 2011.

IPCC, *Intergovernmental Panel on Climate Change, 5thAssessment Report*, WGI, WGII and WGIII (http://www.ipcc.ch/report/ar5/), 2014.

JAMIESON, D., «Ethics, Public Policy and Global Warming», in *Science, Technology, & Human Values* 17, 1992, pp. 139-153.

KEENAN *et al.*, «Dynamics of Global Forest Area: results from the FAO Global Forest Resources Assessment 2015», in *Forest Ecology and Management*, 352, 2015, pp. 9-20.

MACKAY, David, *Sustainable Energy – Without the Hot Air*, Cambridge, UIT, 2009.

MCGLADE, C., e EKINS, P. «The Geographical Distribution of Fossil Fuels Unused When Limiting Global Warming to 2 °C», in *Nature*, 517, 2015, pp. 187-190.

MCGRANAHAN, G., *et al.*, «The Rising Tide: assessing the risks of climate change and human settlements in low elevation coastal zones», in *Environment and Urbanization*, 19, 2007, pp. 17-37.

NORDHAUS, W., «A Review of The Stern Review on the Economics of Climate Change», in *Journal of Economic Literature*, 45, 2007, pp. 686-702.

ORNL, *Oak Ridge National Laboratory*, (http://cdiac.ornl.gov/pns/current_ghg.html), 2015.

PALMER, C., *Does Nature Matter? The Place of the Nonhuman in The Ethics of Climate Change, The Ethics of Global Climate Change*, Cambridge, Reino Unido, Cambridge University Press, 2011, pp. 272-291.

POSNER, E., e WEISBAC, D., *Climate Change Justice*, Princeton, Nova Jérsia, Princeton University Press, 2010.

STERN, N., *The Economics of Climate Change: The Stern Review*, Cambridge, Reino Unido e Nova Iorque, Cambridge University Press, 2007.

Implicações éticas das políticas energéticas

Júlia Seixas

Faculdade de Ciências e Tecnologia da Universidade Nova de Lisboa

1. Fogo e energia

O *Homo erectus* começou a usar e a controlar o fogo de forma regular há cerca de 350 mil anos[1], para cozinhar, para se aquecer e para melhorar a segurança dos locais que habitava. O domínio do fogo promoveu a sua sobrevivência. Iniciou-se um caminho que viria a determinar o seu desenvolvimento e bem-estar, a definir a evolução de sociedades e civilizações, a moldar as relações entre povos e Estados e a alterar o planeta em proporções inimagináveis. O fogo foi a primeira forma de energia que o homem dominou e que ainda hoje suporta muitas das suas actividades.

---

[1] SHIMELMITZA, Ron, *et al.*, «Fire at Will: The emergence of habitual fire use 350,000 years ago», in *Journal of Human Evolution,* vol. 77, December 2014, pp. 196-203.

O fogo gera-se através da queima de combustíveis, como a lenha, o carvão, o petróleo ou o gás, designadas por formas de energia primária; fornece calor, que usamos directamente quando nos aquecemos em frente a uma lareira ou indirectamente quando o transformamos na electricidade que abastece aquecedores eléctricos. Para além do calor (energia térmica), a vida humana depende de outras formas de energia, como a energia cinética (energia do movimento), potencial (energia associada à posição de um objecto) e eléctrica (energia gerada pelo movimento de partículas, como os electrões). Na vida moderna, usamos diária e abundantemente todas estas formas de energia.

O conceito intuitivo de energia deriva de apreciações como «energia é aquilo de que precisamos para realizar acções como caminhar, levantar um copo, aquecer água, ligar o aparelho de televisão ou conduzir o automóvel». Esta definição transmite o propósito do uso da energia, que designamos por serviços de energia, e inclui o aquecimento e o arrefecimento de espaços, a congelação de alimentos, a culinária, a iluminação ou a mobilidade, de pessoas ou mercadorias, entre outros. O que interessa ao homem nas suas múltiplas atividades quotidianas são os serviços de energia. Estes obtêm-se a partir de múltiplas transformações através de tecnologias tão variadas como caldeiras na indústria, ar condicionado ou frigoríficos nas nossas casas, motores automóveis, aerogeradores ou células fotovoltaicas para a produção de electricidade. Muitas vezes é necessário mais do que uma transformação energética para a produção de um serviço de energia. O petróleo tem primeiro de ser transformado em gasolina e só depois é transformado em movimento, da mesma forma que o carvão ou a água têm de ser transformados em electricidade e só depois em iluminação.

A transformação de energia implica sempre uma perda do seu conteúdo energético. O calor libertado de uma lâmpada incandescente não é mais do que a transformação da energia eléctrica em luminosa. Os veículos convencionais convertem apenas cerca de 20% da energia contida na gasolina em movimento de rodas para fazer mover o veículo, enquanto os veículos eléctricos são capazes de converter 60%. Quanto menor for a perda, mais eficiente é a transformação. A ciência e a tecnologia têm conseguido aumentar consideravelmente a eficiência da transformação de energia, embora este não tenha sido historicamente um objectivo primordial.

2. Justiça energética e direito à energia

Evolução do sistema energético mundial

Antes da Revolução Industrial, as nossas necessidades energéticas eram modestas: tínhamos o Sol para nos aquecer ou queimávamos madeira, palha e esterco seco quando aquele falhava; os cavalos e a força do vento nas velas dos barcos conduziram-nos a todos os cantos do mundo; para o trabalho, usávamos animais quando o esforço necessário era superior ao humano; a água e o vento trituravam o grão e bombeavam a água.

Em meados do século XVIII, a moderna máquina a vapor abriu um mundo de possibilidades. Uma única máquina a vapor, alimentada a carvão, fazia o trabalho de dezenas de cavalos. As máquinas a vapor abasteciam locomotivas, fábricas e quintas agrícolas. Em 1880, nascia o primeiro gerador eléctrico a partir de uma máquina a vapor alimentada a carvão e logo a seguir a partir de uma central hídrica. No final do século XIX, o petróleo foi transformado em gasolina, que disparava motores de combustão interna. Com o automóvel de baixo custo e a propagação da electricidade, o uso de energia pelo homem mudou para sempre: grandes centrais de produção de electricidade e linhas de transporte por centenas de quilómetros entre cidades levaram electricidade a áreas rurais;

o carro permitiu os subúrbios, que por sua vez tornaram as pessoas dependentes dos carros, alimentando o ciclo de expansão suburbana que ainda hoje persiste.

O uso de energia cresceu vagarosamente no século XIX, passando de um consumo anual de 20 EJ[2] para 50 EJ, em cem anos. O século XX apresenta dois andamentos: na sua primeira metade, até 1950, o uso de energia duplicou até 100 EJ por ano; na segunda, o valor quadruplicou para mais de 400 EJ por ano[3], marcado pelos padrões de consumo dos países da Organização para a Cooperação e Desenvolvimento Económico (OCDE). Desde 2000, as economias emergentes, como a da China, fizeram disparar o consumo de energia, registando-se um aumento de 30% em apenas 15 anos. O consumo médio global de energia por habitante acompanhou este andamento, passando de 0,21 Tep[4] *per capita* em 1820 para 0,84 em 1950 e para 1,71 em 2003.

A tendência de consumo de energia desde a Revolução Industrial explica-se essencialmente por três ordens de razões: o aumento da população assistida por serviços de energia e as condições económicas da sociedade, sobretudo depois da Segunda Guerra Mundial; o declínio sistemático do custo da produção de energia; o aparecimento constante de novas tecnologias de uso pessoal e na habitação, sobretudo a partir de meados do século XX. Desde 2012, regista-se uma dissociação do consumo de energia face à riqueza criada devido ao progresso tecnológico, a políticas de promoção da eficiência energética e, sobretudo, à transição de economias intensivas em materiais destinados à produção de bens para economias mais intensivas em conhecimento para produção de serviços.

---

[2] EJ – Exajoule (10^{18} Joule).

[3] SMIL, Vaclav, *A Brief History of Energy Use in Human Societies*, Connecticut, EUA, Praeger, 2010.

[4] Tep – Tonelada equivalente de petróleo.

Historicamente, as políticas públicas de energia têm por missão desenvolver o sistema energético dos países no sentido de assegurar o fornecimento da energia às populações e à economia. O Estado pode deter toda a infra-estrutura de produção, as redes de transporte e a distribuição de energia final (electricidade, derivados de petróleo, gás natural) ou regular as companhias privadas que detêm as várias componentes do sector, como tem acontecido recentemente com a liberalização do sector energético. Em qualquer dos casos, a segurança do abastecimento energético de um país é função dos Estados, ou seja, este deve assegurar a todos os cidadãos condições para acederem aos serviços de energia, quer em termos de infra-estruturas físicas quer em termos económicos.

Acesso a energia e justiça energética

Embora o consumo global de energia tenha disparado, a sua distribuição pelos vários habitantes do planeta é muito desequilibrada, o que explica grande parte das diferenças de competitividade que sustentam a crescente desigualdade entre países. Um pouco mais de mil milhões de pessoas nos países industrializados (cerca de 20% da população mundial) consomem 60% da oferta total de energia, enquanto pouco menos de cinco mil milhões de pessoas em países em desenvolvimento consomem os outros 40%. Mesmo descontando factores específicos, como temperaturas mais baixas em alguns países industrializados, este desequilíbrio é muito significativo, como se constata em 2013: o Bangladesh e as Filipinas consumiram, respectivamente, 0,2 e 0,4 tep por habitante, enquanto a União Europeia, o Canadá e o Qatar usaram 3,2, 7,2 e 19,1[5], respectivamente.

---

[5] Banco Mundial (acesso *online* em http://data.worldbank.org/indicator/EG.USE.PCAP.KG.OE).

A disparidade do consumo de energia justifica-se em primeiro lugar pela falta de acesso a infra-estruturas e não por falta de recursos. Actualmente,1,2 mil milhões de pessoas não têm acesso a electricidade, e mais de 2,7 mil milhões de pessoas dependem do uso tradicional da biomassa para cozinhar, facto que se provou estar associado a mais de 3,5 milhões de mortes anuais devido à poluição do ar interior[6]. Mais de 95% dos que vivem sem electricidade e combustíveis modernos para cozinhar estão sobretudo nas áreas rurais de países da África Subsariana e nos países em desenvolvimento da Ásia. Uma população equivalente à da União Europeia e dos Estados Unidos combinadas (840 milhões de pessoas) vive na Índia sem instalações aceitáveis e com energia moderna para cozinhar. Na China, apesar de ter já sido alcançado o acesso universal à electricidade em 2015 – uma conquista importante –, cerca de um terço da população ainda não tem condições de energia limpa para cozinhar.

O acesso à energia tem tendência para convergir se atentarmos no crescimento do consumo de energia primária na última década nos países da OCDE (-3%) e não OCDE (+45%): em 1973, o consumo dos países da OCDE representava 61% do total mundial, enquanto, em 2014, passou para 38%, o que denota uma conquista significativa de acesso a energia em países tradicionalmente não industrializados. Apesar deste esforço, nomeadamente de iniciativas sob a égide das Nações Unidas, que tem permitido a um número crescente de pessoas aceder a energia moderna, a percentagem da população mundial sem acesso teima em não se reduzir, devido ao aumento populacional constante nos países não industrializados.

---

[6] International Energy Agency, *Energy and Air Pollution, World Energy Outlook Special Report*. Paris, IEA/OECD, 2016.

A justiça energética exige que todos os indivíduos, em todos os países, tenham acesso a energia segura, acessível e sustentável, tomando em consideração todo o sistema energético, da produção ao consumo. A justiça energética deve ser entendida como um pilar ético das políticas energéticas, apelando à não discriminação de populações, sob qualquer aspecto, seja de raça, religião ou estatuto social.

As políticas energéticas exigem cada vez mais considerar a justiça social nos sistemas energéticos. As situações mais prementes e desafiantes estão nos países sem qualquer infra-estrutura que disponibilize serviços de energia às populações. Nestes, as políticas energéticas devem ser capazes de promover a transferência de tecnologias energéticas dos países desenvolvidos, onde já são maduras e com custos baixos, para os países em desenvolvimento, a par da literacia energética dos seus agentes. A iniciativa Energia Sustentável para Todos, lançada pelas Nações Unidas em 2011, e o Objectivo de Energia do Desenvolvimento Sustentável, de Setembro de 2015 (visando, até 2030, assegurar o acesso universal, de confiança, moderno e a preços acessíveis aos serviços de energia), fornecem o contexto multilateral para a geração de políticas energéticas com ética. Nos países já infra-estruturados, não devemos ignorar ou minorar a existência de franjas relativamente extensas de populações (superiores a 20%) que não têm acesso a energia por razões económicas, como acontece na União Europeia. Mecanismos para avaliar e monitorizar a pobreza energética e atribuir tarifas sociais a populações vulneráveis são exemplos de consideração de aspectos éticos nas políticas energéticas.

O direito à energia

Vivemos num mundo em que praticamente nada se pode realizar sem energia, pelo que se declara o «direito universal à energia». Tal como o direito à água e ao saneamento, reconhecido na Assembleia-Geral das Nações Unidas de 28 de Junho de 2010, o direito à energia surge como um imperativo ético, na medida em que proporciona condições básicas de vida equivalentes a todos os habitantes do planeta e promove o combate às desigualdades. Acresce que a satisfação do direito à água, e à alimentação, está cada vez mais dependente de energia, como o uso de electricidade para bombear água de grandes profundidades ou a aplicação de fertilizantes para o aumento da produção dos alimentos. Alcançar níveis de educação, cuidados de saúde e melhoria da mortalidade infantil está intimamente dependente do consumo de energia. Qualquer consideração sobre os aspectos éticos destes direitos necessita de uma análise das respectivas necessidades de energia.

Sabendo que a disponibilidade dos serviços de energia, comparativamente com os serviços da água, requer mais esforço de transformação a partir de matérias-primas, e por isso mais investimento, podem levantar-se várias questões sobre o direito à energia: trata-se de um direito a todos os serviços de energia (aquecimento, arrefecimento, iluminação, mobilidade) ou apenas aos mais vitais? O direito à energia deve variar consoante o contexto, por exemplo em função de condições climáticas ou de horas de luz natural? Estas são algumas das questões a considerar. Trata-se de um direito ambivalente e complexo que levanta a discussão sobre os «serviços essenciais» em função de especificidades culturais, regionais e políticas, o que eventualmente fere o carácter de universalidade de que deve revestir um direito.

O reconhecimento do direito à energia pelos Estados coloca a responsabilidade sobre os respectivos governos, no sentido de criarem ou ajustarem o seu quadro legal para o desenvolvimento de políticas públicas que assegurem o acesso de todos aos serviços de energia. O modelo económico subjacente à oferta de energia segue, em muitos países, as regras do negócio de privados, que inclui aspectos que podem constituir factores limitantes à universalidade do acesso à energia, sobretudo se se tratar de um modelo assente em monopólio. As reformas regulatórias, em desenvolvimento desde a década de noventa do século passado, sobretudo nos países da OCDE, têm como objectivo a promoção da competitividade e transparência e a execução de preços que reflictam os custos de produção, sendo processos clarificadores para políticas e instrumentos que garantam o acesso à energia. Este reconhecimento da energia como direito universal obrigaria os Estados em que prevalece a oferta privada a reverem os modelos em vigor, no sentido de criarem condições de acesso universal. Nos países em que o Estado detém o monopólio da oferta de energia ou onde vigoram modelos públicos de oferta de energia, a garantia de acesso universal poderá estar, eventualmente, mais facilitada se fizer parte das prioridades de política, como tem acontecido na China.

3. Energia e alterações climáticas

Velho paradigma

Desde o choque petrolífero de 1973, na sequência do bloqueio das nações árabes produtoras de petróleo ao fornecimento de petróleo aos Estados Unidos e outras nações ocidentais – decorrente do apoio norte-americano a Israel na Guerra Israelo-Árabe e que fez triplicar os preços do petróleo –, até 2014, o consumo mundial de energia primária aumentou 125%. Em 1973, os combustíveis fósseis representavam 86% do total mundial, passando a 81% em 2016[7]. O enorme

[7] INTERNATIONAL ENERGY AGENCY, *Key World Energy Statistics*, Paris, IEA/OECD, 2016.

peso dos combustíveis fósseis justifica-se pelas vantagens consideráveis que oferece, como a facilidade de uso, de transporte e de armazenamento.

O século XX trouxe-nos o conhecimento sobre as consequências da queima de combustíveis fósseis e sobre as alterações climáticas do planeta, devido à emissão de gases com efeito de estufa. O 5.º Relatório do Painel Intergovernamental para as Alterações Climáticas (IPCC)[8] é peremptório ao afirmar que o aquecimento global é inequívoco e que, desde a década de cinquenta, muitas das mudanças observadas no sistema climático não têm precedente ao longo de décadas e milénios. O Goddard Institute for Space Studies, da National Aeronautics and Space Administration (NASA), aponta o aumento da temperatura global média na Terra em 0,8 °C desde 1880, tendo dois terços deste aquecimento ocorrido desde 1975. Em cada uma das últimas três décadas, a superfície da Terra tem apresentado valores de temperatura sucessivamente mais elevados do que qualquer outra década anterior desde 1850. A actual concentração de gases com efeito de estufa na atmosfera ultrapassa já uma das fronteiras do planeta, como definidas por Will Steffen e Johan Rockström: a atmosfera passou a ter características que não asseguram a estabilidade do clima, e, consequentemente, a vida no planeta, tal como a conhecemos até este momento.

O IPCC, fazendo eco da comunidade científica internacional, reconhece que a influência humana sobre o sistema climático é clara. Evidências do impacto da alteração do clima em todos os ecossistemas terrestres e marinhos – a base do equilíbrio da vida do ser humano no planeta – têm sido

---

[8] IPCC, «Summary for Policymakers», in *Climate Change 2013: The Physical Science Basis*. Contribution of Working Group I to the Fifth Assessment Report of the Intergovernmental Panel on Climate Change [STOCKER, T. F., *et al.* (dir.)]. Cambridge e Nova Iorque, Cambridge University Press, 2013.

exaustivamente documentadas. A crescente confiança nas análises prospectivas até 2100 reporta que, se nada for feito, a trajectória de aquecimento global continuará até mais 4 °C em 2100 face à situação anterior à Revolução Industrial, com consequências muito graves para todos, em particular para os países mais vulneráveis, que são também os mais pobres.

A interferência das actividades humanas no sistema climático global remete-nos para profundas questões éticas, que se agravam se as políticas energéticas mantiverem os procedimentos que constituem a sua causa principal, isto é, a queima de combustíveis fósseis. Limitar o aumento da temperatura global do planeta a mais 2 °C até ao final do século XXI, como ratificado no Acordo de Paris, em vigor desde Novembro de 2016, exige que as emissões acumuladas de carbono libertadas entre 2011 e 2050 não ultrapassem 1100 Gt[9,10]. Sendo as emissões aprisionadas nas reservas conhecidas de recursos fósseis cerca de três vezes aquele valor, é óbvia a obrigação ética de limitar o seu uso e inibir a exploração de novos depósitos. Entretanto, e uma vez que se antecipam necessidades crescentes de energia para o futuro (+30% até 2040, segundo a Agência Internacional de Energia[11]), a satisfação da procura universal de serviços de energia, evitando impactos negativos irreversíveis no planeta, é uma das questões éticas mais prementes deste século.

Stephen Gardiner, professor na University of Washington, em Seattle, descreveu as alterações climáticas como a «tempestade moral perfeita» porque reúnem três grandes desafios à

---

[9] Gt – Gigatonelada (10^9 tonelada).

[10] MGLADE, Christophe, EKINS, P., «The geographical distribution of fossil fuels unused when limiting global warming to 2 °C», in *Nature* 517, January 2015, pp. 187-190.

[11] *New Policies Scenario. International Energy Agency, World Energy Outlook, 2016.* Paris.

acção ética, que se reforçam mutuamente[12]: a dispersão de causas e efeitos através dos vários países e de gerações; a fragmentação da agência, já que o fenómeno é causado por um grande número de indivíduos e instituições não unificadas por uma estrutura abrangente de agência, o que constitui um desafio à capacidade de resposta da humanidade; e a capacidade institucional inadequada à natureza global da decisão.

As políticas públicas de energia dominantes no século XX acomodaram alguns dos impactos ambientais da queima de combustíveis fósseis, como aconteceu com a limitação de poluentes responsáveis pelas chuvas ácidas. Os impactos no sistema climático não foram levados em conta, dado que o conhecimento sobre a sua responsabilidade apenas se consolidou com a Convenção-Quadro das Nações Unidas para as Alterações Climáticas (UNFCCC), em 1992. Adicionalmente, a não existência de tecnologias de fim de linha que possam evitar a emissão dos gases com efeito de estufa tem impedido soluções de fácil adopção. Controlar estas emissões requer uma alteração do paradigma energético, oposto ao que veio sendo consolidado ao longo dos séculos XIX e XX. São necessárias mudanças estruturais nos modelos actuais de produção e consumo de energia, o que implica a mobilização de novos actores, a gestão de expectativas, interesses instalados e negócios alicerçados nos combustíveis fósseis e a aceleração da inovação para a transformação do sistema energético, em novos modelos de negócio e novos hábitos e padrões de consumo.

As actuais políticas de energia enquadram a estabilização climática como ambição para o século XXI e têm integrado

---

[12] GARDINER, Stephen M., «A Perfect Moral Storm: Climate change, intergenerational ethics and the problem of moral corruption», in *Environmental Values* 15, 2006, pp. 397-413.

objectivos parcelares a alcançar num futuro próximo, como energias renováveis, eficiência energética e redução de gases com efeito de estufa. O impacto societal destas políticas energéticas tem-se revelado até agora muito limitado e sobretudo a um ritmo demasiado lento face ao que o conhecimento científico demonstra ser necessário. A resistência das políticas públicas de energia à mudança, em âmbito, magnitude e velocidade necessárias a um novo paradigma energético, compatível com a salvaguarda do equilíbrio do planeta, tem permitido a continuação do *status quo* com consequências graves, ambientais, sociais e humanas. Por exemplo, em vários países, decisores políticos mantêm a intenção de explorar completamente e a curto prazo as reservas de fósseis e de aprovar novas reservas nos seus territórios, o que é manifestamente incompatível com o objectivo de limitar o aumento da temperatura média global do planeta. Urge uma mais clara explicitação dos aspectos éticos das políticas energéticas como pilar orientador de objectivos e instrumentos a adoptar.

Ética global

As alterações climáticas são um fenómeno verdadeiramente global já que, uma vez emitidos, os gases com efeito de estufa têm efeitos climáticos em qualquer parte do planeta, independentemente da sua fonte. Esta realidade está na base da designada «tragédia dos comuns» entre os Estados-nação. Embora colectivamente todos os países preferissem limitar as emissões globais de modo a reduzir o risco de impactos graves, ao agir individualmente, cada um prefere continuar a emitir sem entraves. As alterações climáticas originam igualmente vulnerabilidades distorcidas, porque muitos dos países e pessoas mais vulneráveis são os que, historicamente, emitiram menos e continuam a gerar emissões relativamente baixas.

Cedo se percebeu que a solução deve ser encontrada no quadro global, tendo a UNFCCC assumido o contexto principal para a concepção de políticas globais de mitigação com vista à estabilização do clima do planeta. Na formulação das políticas actuais, tem-se assumido, como obrigação moral, a herança do passivo dos nossos antepassados juntamente com os benefícios que aqueles nos transmitiram. No entanto, podemos perguntar se a responsabilização para a solução do problema deve recair apenas sobre os Estados que historicamente têm emitido mais, uma vez que a tecnologia da industrialização se espalhou por toda parte, beneficiando as pessoas em todo o mundo.

O Acordo de Paris evoluiu face ao Protocolo de Quioto pelo facto de não identificar grupos de países com e sem responsabilidades de redução de emissões a prazo. Considera que todos os países são responsabilizados pelas emissões futuras, tendo de demonstrar como pretendem evoluir no sentido de, conjuntamente, atingir o objectivo de limitação do aumento da temperatura média global do planeta até 2100. Todos os Estados devem adoptar políticas públicas consentâneas com a aceleração da transição energética, estando previsto o apoio aos países em desenvolvimento. Ao considerar objectivos voluntários de todos no controlo do sistema climático, a questão da ética global é razoavelmente acomodada, o que aumenta de forma significativa a probabilidade de sucesso para se atingir o objectivo em causa.

Para muitos países em desenvolvimento, coloca-se a possibilidade de aproveitamento de recursos endógenos fósseis, abundantes e disponíveis, como o carvão, para o fornecimento de serviços de energia básicos como iluminação e cozinha, à semelhança do que os países desenvolvidos fizeram ao longo do século XX. A forma de resolver este dilema ético – fornecer serviços básicos de energia ou proteger o clima – é exigir às políticas públicas a aceleração de tecnologias limpas de forma a baixar o seu custo para serem adoptadas por todos. De certa forma, a evolução da tecnologia solar fotovoltaica segue este paradigma. O preço de sistemas fotovoltaicos caiu, em média, 6 a 12% por ano, de 1998 a 2014, e 9 a 21% de 2013-2014, dependendo do tamanho[13]. Compete às políticas públicas nacionais, sobretudo dos países com recursos firmados em ciência e tecnologia suficientes, contemplar abordagens económicas que valorizem a redução das emissões de carbono, através da inovação em tecnologias e práticas sem emissões de carbono. A ajuda à ciência e tecnologia nos países em desenvolvimento em matéria de energias limpas deve igualmente ser um imperativo de uma ética global de políticas energéticas.

Ética intergeracional

As alterações climáticas são um fenómeno com efeitos intergeracionais profundos. As emissões de gases com efeito de estufa persistem na atmosfera por muito tempo, contribuindo para os impactos negativos do clima durante séculos. As pessoas responsáveis pelos impactos já visíveis das alterações climáticas foram os nossos antepassados, que já não estão disponíveis para pagar, e muitas das vítimas das alterações climáticas ainda não nasceram. Trata-se de um problema de acção colectiva em que as gerações anteriores tomam benefícios para si enquanto passam custos potencialmente catastróficos para mais tarde, para as gerações que se seguem.

O compromisso da estabilidade climática do planeta para as gerações futuras, especialmente se os impactos negativos futu-

---

[13] Feldman, David, *et al.*, *Photovoltaic System Pricing Trends Historical, Recent, and Near-Term Projections,* 2015 Edition, Colorado, USA, National Renewable Energy Lab, Lawrence Berkeley National Lab. Golden, 2015.

ros forem graves e cumulativos, parece ser o ponto ético mais crítico da actual geração. A dimensão temporal da mudança climática é um problema de acção colectiva ética porque os mecanismos normais de cooperação não parecem ser possíveis de aplicar entre gerações, deixando todo o dever moral de agir à geração então actual.

A concretização de uma meta a atingir em 2100 é a forma encontrada no quadro global (Acordo de Paris) para lidar colectivamente com a questão intergeracional. As políticas públicas de energia e clima, embora possam incluir referências a esta questão, não contêm elementos concretos para lidar com ela. Alguns países têm adoptado documentos com visões de longo prazo, de que são exemplo os roteiros de baixo carbono (nomeadamente na União Europeia, no Reino Unido e em Portugal) com objectivos concretos de redução de emissões de carbono e opções energéticas até 2050. Embora estes documentos não constituam compromissos políticos firmes, têm a função de fornecer orientações para o investimento em produção de energia, que, como sabemos, tem um tempo de vida muito longo, usualmente 30 a 50 anos.

As políticas públicas têm compromissos, no máximo, para uma década, o que significa incluir um conjunto muito reduzido dos impactos relevantes esperados das mudanças climáticas. Os mais importantes e, potencialmente, os mais catastróficos ficam assim descartados. Acresce que, em muitos casos, assiste-se à continuação de políticas públicas energéticas que aprofundam os impactos negativos intergeracionais, seja por razões financeiras de curto prazo, como o controlo de défices públicos dos países, razões circunstanciais, como a actual postura sobre a «optimização» económica de centrais térmicas devido ao baixo custo do carvão e das licenças de emissão de carbono associadas, ou razões políticas, como a prospecção e exploração de novas reservas de fósseis. Qualquer destes casos representa políticas com graves problemas de ética. Dado que a ética requer que as futuras gerações não devam ser afectadas pelos danos causados pelos actuais sistemas de energia, as decisões devem assentar em conhecimento sobre quantos e em que tipos de danos ambientais podemos incorrer, a fim de obtermos mais energia. O problema está na incapacidade, sobretudo institucional, para lidar, de forma objectiva e efectiva, no presente com os impactos esperados a muito longo prazo.

(in)Suficiência e (in)capacidade das ferramentas

É reconhecida a limitada robustez das ferramentas que actualmente podem ser chamadas para lidar com as implicações éticas das políticas públicas de energia, como a justiça internacional, a ética intergeracional, a incerteza científica e a relação adequada entre os seres humanos e a natureza. A mudança climática, por exemplo, suscita questões sobre o valor (moral) da natureza não humana, associada à nossa obrigação de proteger animais, lugares únicos ou a natureza como um todo, e de que forma essa obrigação se impõe e cumpre.

A incerteza científica e o potencial de resultados catastróficos colocam pressão sobre a abordagem económica que tem sido adoptada para os problemas ambientais, exigindo a internalização de custos até agora desprezados, bem como sobre o princípio de precaução aplicado à legislação e política ambiental. A ferramenta básica para avaliar políticas energéticas e climáticas tem sido a análise custo-benefício ou a análise de custo-eficácia. Estas lentes económicas dão por garantidos aspectos *a priori* sobre o que está em jogo, o que limita desde logo a base para a formulação das políticas necessárias. Acresce o facto de o sistema energético ter sido sempre abordado pela componente tecnológica, desprezando os aspectos sociais, afinal determinantes dos padrões de consumo e fim último das políticas energéticas.

Devemos também sublinhar a debilidade das instituições e dos mecanismos de colaboração entre instituições distintas em formular orientações éticas na tomada de decisão. No caso da União Europeia, podemos apontar positivamente o papel central dos objectivos de política climática (redução de emissões de gases com efeito de estufa) como denominador comum de várias políticas sectoriais, como a da energia (incentivos às formas de energia renováveis), da mobilidade (apoio à mobilidade sustentável), da habitação (intensificação da eficiência energética dos edifícios), da solidariedade (apoio às famílias de baixo rendimento com medidas de eficiência que reduzam os custos), da agricultura (promoção de uma agricultura menos intensiva em energia) e da ciência e tecnologia (aceleração de novas tecnologias com impacto no sistema energético).

No entanto, esta abordagem meritória não garante, por si só, a colaboração e a coerência entre as políticas públicas sectoriais, muito dependentes de práticas estabelecidas e de velhos hábitos nos vários Estados-membros. A concretização institucional da coerência das políticas públicas, para evitar efeitos contraditórios e promover sinergias, tem ficado muito aquém do desejado e do necessário. A dimensão temporal do efeito das várias políticas públicas, que exige um conhecimento prospectivo a mais de 20 ou 30 anos, é um dos factores que mais contribuem para a debilidade das relações institucionais.

Ética do investimento

Em Junho de 2014, a *chair* do Rockefeller Brothers Fund referiu que combater as alterações climáticas é uma obrigação moral e em Setembro anunciou que o fundo iria eliminar as suas participações em projectos de carvão e areias betuminosas, retirar-se gradualmente da exploração de petróleo e gás e investir em novos projectos de energia limpa. Sendo uma referência no mercado de energias fósseis, este anúncio veio dar visibilidade à mudança de paradigma energético, com base em razões morais.

Em 2015, o volume mundial de investimento no petróleo e gás (583 mil milhões de dólares) continuou a ser o mais elevado da área da energia, apesar de representar um decréscimo de 25% face ao ano anterior, sobretudo devido ao baixo preço do barril de petróleo, seguindo-se os projectos de renováveis (313 mil milhões de dólares) e de eficiência energética (221 mil milhões de dólares), estes devido a políticas dos governos[14]. No sector de produção de electricidade, o investimento global em nova produção renovável (262 mil milhões de dólares) representou apenas 38% do total. As emissões geradas na produção de electricidade ficaram em cerca de 420 kg CO_2/MWh, contrastando com o objectivo de 100 kg/MWh requerido para atingir a estabilização do clima da Terra. Redireccionar os fundos de investimento para projectos de energia limpa é uma escolha económica, política e ética. Os valores de 2015 ilustram o papel primordial reservado à política pública neste propósito. Em 2016[15], a estrutura do investimento em petróleo e gás, nas renováveis e na eficiência energética manteve-se equivalente a 2015, embora globalmente se tenha assistido a um decréscimo de 25% no investimento global em fósseis, incluindo carvão, e um aumento de 9% em eficiência energética.

---

[14] INTERNATIONAL ENERGY AGENCY, *World Energy Investment 2016*, Paris, IEA/OECD, September 2016.

[15] International Energy Agency, *World Energy Investment 2017*, IEA/OECD Paris, July 2017.

4. Ética da transição energética

A evolução a que temos assistido desde o início do século XXI está a demonstrar a possibilidade de acesso a formas de energia renováveis disponíveis de forma abundante, como o vento e o sol, para a produção de electricidade e calor nos locais onde o recurso está disponível, a custos razoavelmente baixos. Pressionadas pela necessidade de acção climática, as políticas públicas têm incentivado a inovação tecnológica para transformações em grande escala dos sistemas energéticos: a produção de energia limpa, a construção de redes inteligentes de electricidade e a disponibilidade de grandes volumes de dados sobre consumos de energia a partir de contadores inteligentes, bem como a ascensão de petróleo e gás não convencionais. Embora o maior volume de investimento global continue a dar prioridade aos fósseis, o paradigma energético parece estar a alterar-se, suportado por inúmeros movimentos sociais que exigem um futuro de energia limpa.

Um dos exemplos paradigmáticos da transição refere-se à produção descentralizada de electricidade levada a cabo por milhões de pequenos produtores e famílias, distribuídos por extensas regiões rurais e cidades. A produção de electricidade, tradicionalmente concentrada em grandes centrais de produção, tem vindo a ser apropriada por consumidores individuais, libertando-os, em grande medida, do modelo económico privado e centralizado em companhias, nacionais e multinacionais. Assiste-se à democratização da electricidade, em que todos podem produzi-la, seja para autoconsumo – em que uma família ou organização produz a electricidade de que precisa – seja em cooperativas – em que várias famílias e/ou organizações se juntam para a produção conjunta de electricidade. Estes modelos constituem um factor positivo para a concretização do direito à energia, na medida em que o Estado vê facilitado o acesso da população a recursos energéticos endógenos, através de modelos de negócio dispersos.

As transições de energia levantam questões significativas de ética e justiça, porque têm o potencial de influenciar não só a produção e o fornecimento de energia, mas também a organização social, económica e política do sector de energia. As transições de energia não são simplesmente mudanças no combustível ou na base tecnológica da produção e/ou consumo de energia; são também mudanças de valores, decisões, comportamentos, relacionamentos, práticas e instituições. As transições passadas mostram que as alterações sociais e económicas e a reorganização política que originam são os aspectos mais importantes.

As transições do sistema energético redistribuem o poder, a riqueza, o risco, a vulnerabilidade e a resiliência. A ética das transições energéticas está assim ligada à realocação de importantes resultados societais. Ao planear e modelar sistemas de energia para o futuro, é crucial abordar sistemas sócio-energéticos integrados e não apenas sistemas tecnológicos. Lamentavelmente, mantemo-nos longe desta prática, tanto na engenharia como na política energética.

Quem beneficia?

Escolher construir uma central a carvão ou uma central solar irá gerar distribuições muito diferentes de benefícios, custos e riscos entre os respectivos ciclos de combustível, cadeias de fornecedores e vizinhança. Estas diferenças são ampliadas quando estão em jogo não apenas as centrais individuais, mas formas inteiras de organização da energia, como é o caso actual. Os sistemas de energia solar encaixam mal nas estruturas operacionais e no modelo das grandes empresas fornecedoras de serviços públicos. A indisponibilidade da energia solar durante a noite desafia a inovação para a sua integração em redes de electricidade, especialmente em grandes quantidades. A expectativa de uma grande penetração de sistemas solares para produção de electricidade nos telhados dos edifícios ameaça transformar o actual modelo de negócio, baseado na produção centralizada de electricidade: milhões de famílias passam a ser donas da produção de electricidade, substituindo as atuais grandes empresas. A adopção generalizada desta produção distribuída de electricidade – se acontecer como esperado – terá consequências que vão muito além dos proprietários dos sistemas descentralizados, abarcando igualmente os que continuam a depender da electricidade fornecida pela concessionária e os que trabalham e investem nas empresas de serviços públicos, os quais podem ver os seus empregos desaparecer e as acções diminuir de preço.

Todos os sistemas de energia distribuem benefícios, custos e riscos entre indivíduos e grupos. As políticas públicas de energia devem atender a questões éticas quando promovem determinados sistemas. Por exemplo, o apoio público à compra de determinada tecnologia, como veículos eléctricos, favorece em primeiro lugar aqueles que têm um poder de compra superior para adquirir a tecnologia, reservando só para si o benefício directo do seu uso. Da mesma forma, incentivos que requeiram uma elevada literacia para preencher candidaturas que darão acesso a subsídios não beneficiam por igual todos os membros de uma comunidade. A escolha de sistemas energéticos pode ser mais ética, quando opta por certos projectos tecnológicos ou quando ajusta a organização social, económica e política dessas tecnologias, no sentido de beneficiar todos os intervenientes.

Quem decide?

A história do desenvolvimento energético em grande parte do mundo, durante a segunda metade do século XX, mostra as decisões de energia a passarem pelas mãos de um grupo restrito de especialistas em energia e líderes empresariais e políticos, o que decorre da estabilidade dos sistemas energéticos durante este período.

Actualmente, um pouco por todo o mundo, novos projectos de exploração de petróleo e gás, de turbinas eólicas e de oleodutos têm gerado episódios significativos de protesto social. O desafio é maior do que estes episódios públicos sugerem. Dada a reestruturação social e económica que acompanha a mudança dos sistemas de energia, uma questão ética fundamental prende-se com a responsabilidade do sector energético de envolver as comunidades nas deliberações sobre o seu futuro energético e, na medida em que tem essa responsabilidade, como o fazer de forma eficaz. Os processos reguladores e de licenciamento actuais são concebidos para excluir a participação pública no planeamento energético, excepto em formas estreitas e estruturadas que limitam consideravelmente a influência da comunidade. Um tempo limitado para a contribuição do público, estruturas que limitam as contribuições não técnicas e a crença de que os não especialistas não sabem o suficiente para contribuir significativamente para as decisões de energia caracterizam os processos actuais.

Os desafios da energia e do clima são, em primeiro lugar, éticos. As considerações de justiça, direitos, bem-estar, virtude, legitimidade política, participação da comunidade e relação da humanidade com a natureza estão no cerne das decisões políticas a serem tomadas. Se a política pública negligencia estas preocupações, as soluções associadas rapidamente se tornam grosseiramente inadequadas. A inércia política em torno da acção climática sugere que, até agora, estamos a falhar no teste da ética, enquanto as iniciativas sobre o acesso à energia limpa têm permitido alcançar objectivos esperançosos. A expectativa da actual transição energética permite aspirar a novos modelos, demonstrando que, se a ordem global não tem poder para assumir as suas responsabilidades, os indivíduos localmente podem fazer a diferença, como afirma o Papa Francisco na encíclica *Laudato si'*. As políticas públicas energéticas são hoje um terreno fértil para incluir a ética como cerne para a nova geração de sistemas energéticos até ao final deste século. Não o compreender colocará os políticos em confronto com as populações.

Referências e leituras recomendadas

FRANCISCO, PAPA, *Laudato si'*. Pope Francis' encyclical on the environment and human ecology, 2015 (disponível em https://laudatosi.com/watch).

GARDINER, Stephen M., *A Perfect Moral Storm: The Ethical Tragedy of Climate Change*, Oxford, Oxford University Press, 2011.

MILLER, Clark, *The Ethics of Energy Transitions*. 2014 IEEE International Symposium on Ethics in Science, Technology and Engineering, Chicago, 2014.

SMIL, Vaclav, *A Brief History of Energy Use in Human Societies*, Connecticut, Praeger, 2010.

SOVACOOL, Benjamin K., e DWORKIN, Michael H., *Global Energy Justice: Problems, Principles, and Practices*, Cambridge, Cambridge University Press, 2014.

YERGIN, Daniel, *The Prize: The Epic Quest for Oil, Money, and Power*, Nova Iorque, Free Press, 2009.

Implicações éticas das políticas agrícolas: para uma intensificação sustentável

José Lima Santos

Instituto Superior de Agronomia da Universidade de Lisboa

Alimentar um mundo de nove a 10 mil milhões de pessoas com padrões de consumo médios bastante mais exigentes do que os actuais é um desafio com que nos defrontaremos globalmente até 2050. Este terá uma tripla dimensão – ética, política e tecnológica –, a qual iremos abordar de modo agregado neste capítulo. Vencer este múltiplo e complexo desafio implica garantir o acesso das pessoas aos alimentos, objectivo que estamos longe de atingir actualmente e que, por isso mesmo, constitui uma tarefa urgente. Implica reduzir o desperdício alimentar, do campo até ao prato, e aumentar consideravelmente a produção global de alimentos.

Obter o necessário aumento de produção por simples expansão da área de terras cultivadas teria custos inaceitáveis em termos de desflorestação tropical, perda de biodiversidade, destruição de serviços cruciais dos ecossistemas e emissões de CO_2. Deste modo, qualquer solução aceitável passará sempre pela intensificação agrícola, ou seja, pelo aumento da produção agrícola por hectare, nas terras já actualmente cultivadas, de modo a reduzir a pressão para converter ecossistemas naturais em novas terras de cultivo.

A intensificação agrícola do passado poupou muita terra para a natureza, para a conservação da biodiversidade e para a manutenção e continuidade de processos ecológicos de que dependemos e a que hoje chamamos «serviços de ecossistemas». De facto, sem a intensificação agrícola do passado, estaríamos hoje provavelmente bem pior no que se refere quer a segurança alimentar quer a biodiversidade e serviços dos ecossistemas. No entanto, a intensificação agrícola do passado foi baseada no uso crescente de *inputs* (factores de produção) industriais, tais como adubos químicos de síntese, pesticidas, energia e água de rega, utilizados para transformar o meio agronómico e para o tornar mais favorável ao crescimento de meia dúzia de variedades de plantas geneticamente melhoradas para aumentar a produtividade da terra, as quais requerem agro-ecossistemas mais artificializados do que as variedades tradicionais. Esta intensificação baseada em *inputs* industriais alcançou o desejado aumento da produtividade da terra cultivada, mas à custa de um uso cada vez mais ineficiente destes *inputs*, de que resultaram perdas excessivas dos mesmos, as quais, por sua vez ampliaram as emissões poluentes de nitratos, fosfatos, gases com efeito de estufa e pesticidas persistentes e aceleraram o esgotamento de recursos naturais úteis, como água, solo, biodiversidade, energia e múltiplos serviços de ecossistemas.

Assim, defrontamo-nos hoje com o dilema da intensificação: por um lado, a redução da superfície cultivada por degradação dos solos ou por urbanização, os custos ambientais inaceitáveis da expansão da área cultivada à custa dos ecossistemas naturais que restam e a necessidade de aumentar a produção agrícola – para fazer face ao crescimento demográfico, à mudança nas dietas nos países em desenvolvimento e à procura de matérias-primas agrícolas para fins não alimentares, como os biocombustíveis – requerem produzir mais por hectare de superfície cultivada, ou seja requerem intensificar; por outro lado, a forma como intensificámos no passado, com base no acréscimo do uso de *inputs* industriais por hectare de terra cultivada, não é mais possível e/ou desejável, porque se defronta hoje com claros limites, os quais decorrem de problemas ambientais que não se podem continuar a agravar.

Um primeiro problema é o da necessidade de redução da pegada ambiental (ou quantidade de recursos naturais utilizados, neste caso, para suportar a intensificação agrícola) da intensificação baseada em *inputs*, no que se refere quer a poluição química quer a perda de biodiversidade à escala planetária. Um segundo é o da estratégia de melhoramento genético das plantas, utilizada no passado, que parece estar a encontrar também sérios constrangimentos face ao desejado aumento da resposta das plantas aos fertilizantes e pesticidas usados para favorecer a produtividade da terra, reduzir custos e controlar poluições. Estes problemas decorrem da via anteriormente seguida para aumentar a produtividade da terra: concentrar a maior parte do produto da fotossíntese da planta cultivada no grão, utilizando plantas com muito grão e pouca palha, e não tanto aumentar a produção fotossintética do agro-ecossistema no seu conjunto. Acontece que as plantas necessitam de raízes, caules e folhas e não podem ser constituídas apenas por espiga e grão. Portanto, a poderosa via de melhoramento percorrida até aqui está a esgotar-se, sem que tenham aparecido alternativas com igual potencial a curto e médio prazo (Brown, 2004).

Um terceiro problema é o do esgotamento de recursos hídricos afectar hoje numerosas áreas agrícolas, particularmente nas regiões mais povoadas do planeta, como a China e a Índia (Brown, 2004). Um quarto é o de os impactos esperados das alterações climáticas na produtividade das culturas agrícolas e nos recursos hídricos, sobretudo em zonas que têm já hoje uma reduzida produtividade, como a África Subsariana ou a bacia mediterrânica, lançarem dúvidas sobre a nossa capacidade agrícola global no futuro.

Finalmente, um quinto problema é o da dependência de energia fóssil barata, induzida pelo facto de o modelo de intensificação baseada em *inputs* ter originado uma significativa vulnerabilidade da produção agrícola face aos preços da energia, o que é particularmente relevante no presente ambiente estrutural de subida de preços da energia.

Resolver o dilema da intensificação implicará assim produzir mais por hectare de superfície cultivada, sem para tal ter de aumentar a utilização de *inputs* por hectare, o que requer uma mudança de modelo tecnológico na agricultura. Por isso, analisamos, em seguida, algumas características do modelo tecnológico vigente – o químico-mecânico –, em que se baseou a intensificação agrícola do passado, e identificamos os contornos da transição requerida deste modelo químico-mecânico para um novo, o da intensificação sustentável.

Contudo, a resolução do dilema da intensificação requer mais do que uma mudança de modelo tecnológico; requer mudar o comportamento das pessoas, dos produtores de bens alimentares, dos consumidores e dos produtores de ciência e tecnologia, o que nos remete para o domínio das políticas públicas. A necessidade de novas políticas exige, por sua vez, que actuemos não só como consumidores, produtores ou cientistas, mas também como cidadãos que pedem novas políticas. Por isso, na secção final deste artigo, voltamo-nos para o tema da necessidade de novas políticas públicas para promover a intensificação sustentável.

1. O modelo tecnológico químico-mecânico

O modelo tecnológico em agricultura inclui a base de conhecimentos usada para gerar novas técnicas agrícolas e o modo como estas técnicas se articulam entre si para responder a novos desafios (Bonny e Daucé, 1989).

Na Europa, na generalidade dos países mais desenvolvidos e, mais tarde, também em muitos países em desenvolvimento, difundiu-se um então novo modelo tecnológico na agricultura, num quadro caracterizado pela rápida diminuição da população activa agrícola, absorvida pela expansão dos sectores da indústria e dos serviços. A progressiva escassez de força de trabalho e o consequente aumento do respectivo custo de oportunidade[1] colocaram a necessidade de expandir a produtividade do trabalho agrícola no centro deste modelo tecnológico.

A produtividade do trabalho na agricultura é o resultado de duas componentes: a superfície cultivada por trabalhador e a produção realizada por hectare de superfície cultivada. Assim, para aumentar a produtividade do trabalho, o novo modelo agiu sobre estas duas componentes com base numa dupla substituição:

- de trabalho humano e tracção animal por máquinas e motores, de modo a aumentar a superfície cultivada por trabalhador (componente mecânica do modelo);
- de processos biológicos que ocorrem no agro-ecossistema (por exemplo, fixação do azoto atmosférico pelas bactérias do solo ou controlo de pragas por interacções bióticas) por *inputs* químicos de origem industrial (por exemplo, adubos azotados ou pesticidas), de modo a aumentar a produtividade por hectare de superfície cultivada (componente química do modelo).

[1] O custo de oportunidade decorre da escolha de utilização de um recurso escasso que tem possibilidades de utilização alternativas e consiste precisamente no benefício que o mesmo recurso geraria se utilizado na melhor dessas alternativas. Assim, a criação de oportunidades de emprego fora da agricultura, com produtividades crescentes do trabalho, aumenta o custo de oportunidade do trabalho empregue na agricultura.

Devido à importância destas duas componentes, este modelo tem vindo a ser designado por químico-mecânico (Bonny e Daucé, 1989). Ambas as componentes assentaram em sólidos avanços globais no domínio da ciência e da agronomia e no uso de enormes quantidades de energia fóssil barata para produzir os *inputs* mecânicos (máquinas e combustíveis) e químicos (fertilizantes industriais e pesticidas) necessários. Como resultado, a agricultura tornou-se extremamente dependente deste subsídio energético: por exemplo, em Portugal, o consumo de energia fóssil necessário para produzir uma quilocaloria de energia alimentar multiplicou-se por dez entre 1953 e 1989, subindo de 0,17 para 1,70 quilocalorias (Santos, 1996).

As novas variedades de plantas melhoradas no âmbito do modelo químico-mecânico são, em geral, muito produtivas. Contudo, este potencial produtivo apenas se manifesta quando estas plantas estão integradas em agro-ecossistemas profundamente modificados em que encontram água e nutrientes em abundância e um ambiente asséptico no qual pragas, doenças e outras plantas competidoras estão suprimidas pela utilização sistemática de pesticidas. Um número reduzido destas novas variedades de plantas altamente produtivas, geradas pela moderna ciência agronómica, foi substituindo, um pouco por todo o lado, múltiplas variedades adaptadas ao agro-ecossistema regional, as quais haviam sido geradas ao longo de séculos pelos conhecimentos locais de muitas gerações de agricultores. A base genética do modelo químico-mecânico foi-se assim estreitando, o que tornou o modelo, no seu conjunto, cada vez mais dependente da disponibilidade de energia barata e, portanto, vulnerável face ao aumento do preço da energia.

A difusão do modelo químico-mecânico implicou, no plano socioeconómico, uma progressiva integração dos sistemas de produção agrícola na economia de mercado, nomeadamente em: mercados dos produtos agrícolas, mercados dos novos *inputs* de origem industrial e ainda mercados de crédito para comprar os novos *inputs*. Desenvolveu-se, neste quadro, uma profunda dependência dos agricultores – até então, os principais agentes da criação dos conhecimentos locais em que assentavam os seus sistemas de produção – face a saberes científicos globais, primeiro na posse do Estado e do seu aparelho de investigação e extensão rural e, depois, na posse dos fornecedores comerciais dos novos *inputs*.

A dupla substituição operada pelo modelo químico-mecânico permitiu uma maior produção de alimentos por trabalhador agrícola e, assim, a transferência de muitas pessoas da agricultura para os sectores emergentes da indústria e dos serviços. Deste modo, deu-nos uma liberdade de escolha ocupacional que hoje muito prezamos. Além disso, reduziu o risco global de insuficiência alimentar, que, no mundo contemporâneo, resulta mais da desigualdade na repartição do rendimento e não tanto da insuficiência do potencial tecnológico de produção de alimentos.

Os agro-ecossistemas tocados pelo modelo químico-mecânico estão hoje profundamente modificados: são mais produtivos, em termos de produção de alimentos por hectare, mas também mais dependentes do subsídio energético exterior para assegurar o seu próprio funcionamento e estabilidade. A artificialização dos agro-ecossistemas permitiu aumentar a produção agrícola ao longo da segunda metade do século XX principalmente através do aumento da produção por hectare (intensificação) e não tanto pela expansão da área cultivada, o que teve evidentes vantagens em termos de uma menor pressão para converter *habitat* natural em terra agrícola. O uso ineficiente de *inputs* químicos conduziu, no entanto, a graves problemas de poluição, que estão longe de serem apenas locais. O uso de fertilizantes azotados duplicou o ciclo global do azoto (Vitousek *et al.*, 1997), e a presença de pesticidas bioacumuláveis é hoje detectável em zonas relativamente remotas, onde nunca foram utilizados, como a Antárctida.

A nível global, a generalização do modelo químico-mecânico, mesmo nos países em desenvolvimento (a chamada «revolução verde»), permitiu triplicar a produção global de cereais desde 1950, com base na adopção de variedades de trigo, arroz e milho de alto rendimento, na triplicação da área irrigada e na multiplicação por onze do uso global de fertilizantes de origem industrial (Brown, 2004).

2. Um novo modelo tecnológico: intensificação sustentável

A necessidade de aumentar a produtividade do trabalho esteve, como vimos, na origem do modelo tecnológico químico-mecânico em agricultura. Do desenvolvimento deste modelo resultou o acréscimo da produtividade da terra (intensificação agrícola), através de uma maior utilização de *inputs* industriais, geralmente acompanhada de redução da eficiência com que os mesmos são utilizados.

Hoje, a resolução do dilema da intensificação implica aumentar a produtividade da terra (a parte boa da intensificação) sem acrescer o uso de *inputs* por hectare (a parte má), o que requer ganhos muito significativos na eficiência de utilização destes *inputs* (*more crop per drop*, mais colheita por gota). De facto, definida como nível de produção por hectare, e não como nível de *inputs* por hectare, a intensificação agrícola pode ser, como vimos, a chave para satisfazer a procura crescente de alimentos, bioenergia e biomateriais, evitando, ao mesmo tempo, a conversão maciça de *habitat* natural em terras agrícolas, a qual teria um custo ambiental insustentável.

No âmbito do modelo químico-mecânico, os aumentos de produção por hectare foram geralmente conseguidos à custa de acréscimos do nível de *inputs* por hectare. Deste modo, os consumos agrícolas de adubos, pesticidas, água ou energia multiplicaram-se globalmente por diversos factores ao longo das últimas décadas. Este crescimento no uso de *inputs* determinou uma redução da eficiência com que os mesmos são utilizados na produção agrícola, sendo necessárias doses crescentes de *inputs* para obter acréscimos sucessivos idênticos do nível de produção (lei dos rendimentos decrescentes). Esta redução de eficiência, conjugada com o incremento generalizado do consumo de *inputs*, deu origem a uma diversidade de problemas ambientais, como a eutrofização (acumulação de excesso de nutrientes numa massa de água) dos ecossistemas aquáticos, o envenenamento das cadeias alimentares, o declínio dos aquíferos e caudais e ainda a emissão maciça de gases com efeito de estufa pela agricultura. Além disso, traduziu-se também, frequentemente, em custos mais elevados, menor qualidade e segurança dos alimentos, menor competitividade e maior vulnerabilidade face ao fim da era da energia barata.

Assim sendo, o novo modelo tecnológico deverá centrar-se em desligar, tanto quanto possível, o aumento da produção por hectare do nível de utilização de *inputs* industriais por hectare. Esta orientação permitir-nos-á criar uma agricultura ao mesmo tempo mais competitiva, mais amiga do ambiente e mais resiliente face ao agravamento da escassez de água e à subida do preço da energia. Esta tendência poderá vir a configurar-se num modelo tecnológico alternativo ao modelo químico-mecânico e tem vindo a ser designada como intensificação sustentável (Royal Society, 2009).

O grau em que conseguiremos desligar, no futuro, produção por hectare de nível de *inputs* por hectare não é ainda muito claro. Há certamente limites a esta estratégia tecnológica para produzir mais com menos e, assim, reduzir *trade offs* (conflitos entre objectivos que requerem compromissos) entre ambiente e economia, ao mesmo tempo que se aumenta a produção por hectare. Estes limites são mais evidentes a curto prazo e devem-se sobretudo aos chamados *lock-ins* tecnológicos (enquanto restrições à mudança numa técnica individual, antes de se mudar o sistema técnico no seu conjunto, os *lock-ins* tecnológicos são a prova mais evidente da existência de modelos tecnológicos). Por exemplo, a total expressão do potencial genético das variedades de plantas que hoje usamos na agricultura depende de agro-ecossistemas simples, com reduzida competição, mas também com reduzida ajuda de predadores e parasitóides e, consequentemente, com maior necessidade de utilização de pesticidas. Depende igualmente de elevados níveis de nutrientes disponíveis no solo e, assim, de adubações copiosas. Este exemplo ilustra a «resistência» do modelo tecnológico vigente: não é possível mudar as técnicas uma a uma; a mudança requer a emergência de um novo modelo tecnológico alternativo ao vigente, em que novas técnicas – baseadas em determinadas áreas do conhecimento, frequentemente não privilegiadas no modelo corrente – se articularão entre si de modo a responder a novas necessidades e desafios.

Antevemos hoje pelo menos duas vias estratégicas para a transição de modelo tecnológico na agricultura, as quais nos podem conduzir à desvinculação do crescimento da produção por hectare face aos níveis de utilização de *inputs* por hectare. A primeira baseia-se no aumento da eficiência na utilização dos *inputs*, por aplicação dos mesmos de um modo mais preciso, no tempo e no espaço – o que é designado por agricultura de precisão, num sentido genérico do termo, porque inclui também novos métodos de rega, bem como muitas outras tecnologias associadas, tais como a protecção integrada e a utilização sustentável de pesticidas.

A segunda via (que não é necessariamente alternativa à primeira) baseia-se na cópia e utilização de processos ecológicos – predação, parasitismo e doença, fixação simbiótica de azoto, micorrizas (associações simbióticas entre plantas e fungos com benefícios recíprocos), em combinações de culturas permanentes e anuais, como nos sistemas agro-florestais – para substituir *inputs* comprados de origem industrial (pesticidas, fertilizantes e energia).

É possível conceber técnicas que potenciam as duas vias. Por exemplo, a utilização dos «níveis económicos de ataque» como critério para a realização de tratamentos com pesticidas substitui, na produção integrada, os tratamentos por «calendário» (isto é, independentes da verificação do nível de ataque) característicos do modelo químico-mecânico. Os níveis económicos de ataque implicam não tratar, excepto quando o nível de ataque da praga permita prever que o custo dessa opção, em termos de perda de produção, vai ultrapassar o custo do tratamento. Esta técnica possibilita, simultaneamente, aumentar a eficiência do *input* pesticida, aplicando-o de forma mais criteriosa (primeira via), e, pelo facto de agredir menos as populações de auxiliares predadores e parasitóides (frequentemente mais vulneráveis ao pesticida do que a praga), potenciar os processos ecológicos, que, de forma gratuita, fazem o mesmo trabalho que o pesticida – existindo, portanto, também uma lógica de substituição de *inputs* por processos ecológicos (segunda via).

A primeira via – eficiência no uso de *inputs* através de uma aplicação mais precisa ou criteriosa – depende sobretudo das novas tecnologias da informação, incluindo os sistemas de informação geográfica (SIG), bem como as tecnologias de sensores e de detecção remota. A segunda via – substituição de *inputs* por processos ecológicos – assenta num melhor conhecimento da forma como os agro-ecossistemas funcionam. Ambas poderão vir a utilizar também as biotecnologias para resolver problemas de precisão ou de substituição, respectivamente.

A intensificação de base ecológica (segunda via) depende de uma provisão reforçada e resiliente de serviços de polinização, controlo biótico de pragas e doenças, fertilidade do solo e outros serviços de ecossistemas. Está, portanto, sujeita a ecossistemas saudáveis e funcionais, em que se apoia para reduzir a actual dependência da produção de alimentos face a *inputs* industriais ricos em energia, cujo preço está a aumentar. A protecção dos ecossistemas radica aqui não no seu valor intrínseco, mas no reconhecimento da nossa dependência face aos mesmos para assegurar a produção de alimentos numa nova era de energia mais cara, em que é necessário reforçar a sustentabilidade ambiental.

Note-se ainda que muitas das novas técnicas discutidas já existem ou estão em desenvolvimento. O que ainda não existe é um modelo tecnológico alternativo que potencie um desenvolvimento mais rápido destas técnicas e promova a sua articulação, complementaridade e sinergia.

É importante salientar ainda uma diferença relevante entre as duas vias estratégicas de transição para o novo modelo, no que se refere ao respectivo desenvolvimento científico e tecnológico. O melhor conhecimento da forma como os agro-ecossistemas funcionam (segunda via) é um bem público no sentido económico do termo[2]. Este, uma vez disponível, pode ser utilizado gratuitamente por qualquer agricultor para melhorar o seu sistema produtivo, sendo, portanto, difícil a quem produziu o conhecimento remunerar o seu esforço de investigação e desenvolvimento tecnológico. Tratando-se apenas de conhecimento, é difícil patenteá-lo, ou seja, restringir-lhe o acesso para cobrar um preço pelo seu uso. Por esse motivo, o investimento privado em investigação e desenvolvimento tecnológico asso-

---

[2] Um bem público é simultaneamente não exclusivo e não rival no consumo: não exclusivo no consumo quer dizer que, uma vez produzido o bem, é técnica ou economicamente impossível excluir quem quer que seja de o utilizar; não rival no consumo quer dizer que o uso do bem por um indivíduo não reduz a quantidade ou qualidade desse disponível para terceiros. Um exemplo clássico de bem público é o de um farol costeiro.

ciados à segunda via estratégica será sempre inevitavelmente limitado.

Por outro lado, o aumento da eficiência na utilização dos *inputs* por aplicação mais precisa dos mesmos (primeira via) implica geralmente artefactos, equipamentos, *software* ou sementes, tais como equipamento de rega gota-a-gota, sementes OGM (geneticamente modificadas), semeadores de precisão, *software* SIG (sistemas de informação geográfica), ou seja, bens privados, que podem ser mais facilmente patenteáveis e vendidos para remunerar o esforço de investigação e desenvolvimento tecnológico. A primeira via é assim naturalmente mais atractiva para o investimento privado em investigação e desenvolvimento. Esta diferença entre a natureza pública ou privada do produto final do processo de investigação e desenvolvimento tecnológico explica o desigual nível de desenvolvimento de diversos ramos da ciência e tecnologia agronómicas, quando o essencial do investimento em investigação e desenvolvimento tecnológico é privado.

Verifica-se, ainda que, de modo surpreendente, as prioridades de investimento público em ciência coincidem frequentemente, muito de perto, com as do sector privado, pelo que, ao contrário do que seria de esperar, não se desenvolve a desejada complementaridade (divisão do trabalho) entre o público e o privado no financiamento da investigação e desenvolvimento tecnológico. Esta complementaridade implicaria que o Estado financiasse prioritariamente a investigação que gera sobretudo bens públicos (como o conhecimento sobre o funcionamento dos agro-ecossistemas), em que o sector privado não vai estar interessado em investir. O sector privado apostaria, por seu turno, tal como acontece na realidade, na investigação que produz sobretudo bens privados, patenteáveis (predominantes na primeira via, a da precisão no uso de *inputs*). G. Vanloqueren e P. V. Baret (2009) baseiam-se exactamente nesta lógica de ausência de complementaridade para explicar o incipiente desenvolvimento da inovação agro-ecológica, quando comparada com o estado avançado da engenharia genética no contexto do sistema de investigação agronómica. A conclusão evidente é que falta dar a devida prioridade na política de investigação às áreas da investigação que produzem essencialmente conhecimento não patenteável, como aquele que se refere ao funcionamento dos agro-ecossistemas.

3. Políticas públicas: proteger e remunerar bens públicos

A produção agrícola ocorre no seio de ecossistemas modificados (agro-ecossistemas) e não num contexto fabril totalmente separado do meio natural. Deste modo, as técnicas agrícolas têm profundos efeitos sobre a qualidade ambiental. Alguns destes efeitos são positivos – por exemplo, biodiversidade associada aos sistemas de produção de baixa intensidade produtiva –, outros são negativos – por exemplo, poluição, conversão de *habitat* natural e erosão do solo.

Ao contrário dos alimentos produzidos, os efeitos ambientais da agricultura não estão à venda no mercado. Os agricultores e os sistemas privados de investigação e desenvolvimento tecnológico reagem sobretudo àquilo que tem um preço de mercado, que possa remunerar o seu esforço. Tudo o resto – qualidade da água, biodiversidade, enfim, toda a sustentabilidade ambiental – é um efeito lateral de decisões tomadas em função daquilo que tem um preço. Deste modo, o mercado falha sistematicamente na regulação ambiental da agricultura. A ideia de Adam Smith segundo a qual o mercado transforma as decisões interesseiras de cada um de nós no máximo de bem comum (a que deu o nome de «mão invisível») só funciona se todas as consequências das nossas decisões tiverem um preço de mercado (ou um incentivo, positivo ou negativo, que regule as nossas escolhas). Uma vez que algumas destas consequências, como é o caso dos impactos ambientais da agricultura, não são trocadas no mercado ou reguladas por outros incentivos, a «mão invisível» já não nos conduz ao máximo de bem comum, como antevia Adam Smith – resultado conhecido como falha de mercado. Daqui resulta uma privatização dos benefícios (sob a forma de lucros privados, a que não são deduzidos os custos ambientais), com a colectivização dos custos ambientais (que acabam por ser suportados por terceiros), que não é justa e, sobretudo, eficiente.

A falha de mercado, aceite pelos economistas das mais diversas tendências, requer intervenção do Estado. No caso que agora nos interessa, requer políticas públicas para lidar com as questões de sustentabilidade ambiental em agricultura. Estas políticas podem assumir diversas formas: desde a simples regulamentação ambiental à diferenciação dos produtos conforme a sua pegada ecológica, para melhor guiar os comportamentos de compra dos consumidores, passando pelos incentivos económicos directos à produção de bens públicos ambientais pela agricultura.

Torna-se assim necessária alguma intervenção pública, assumindo uma das modalidades acima referidas, para proteger os serviços de ecossistemas em que se baseia a intensificação sustentável. Também na área da política de investigação e desenvolvimento tecnológico, como vimos, o argumento do carácter público de grande parte do conhecimento agro-ecológico implica um aumento significativo do investimento público para viabilizar o desenvolvimento da base científica necessária para uma intensificação de base ecológica. Desta forma, este novo modelo tecnológico poderia assumir-se como o instrumento de um duplo intento de justiça, ética e política: satisfazer, com equidade, as necessidades alimentares de todos, sem o que a dignidade humana fica comprometida; equilibrar a pegada ecológica exigida ao planeta pela nossa demografia e estilo de vida, sem destruir a frágil biodiversidade em que se abriga o segredo da sustentabilidade da existência, em geral, e da continuidade da história humana, em particular.

Referências e leituras recomendadas

BONNY, S., e DAUCE, P., «Les nouvelles technologies en agriculture: une approche technique et économique», in *Cahiers d'Economie et Sociologie Rurales*, 13, 1989, pp. 5-33.

BROWN, L., *Outgrowing the Earth: The Food Security Challenge in an Age of Falling Water Tables and Rising Temperatures*, Nova Jérsia, Earth Policy Institute, Rutgers University, 2004 (disponível em www.earth-policy.org/index.php?/books/out).

ROYAL SOCIETY, *Reaping the Benefits: Science and The Sustainable Intensification of Global Agriculture*, Londres, The Royal Society, 2009.

SANTOS, J. L., «Modelo técnico, espaço e recursos naturais. Os balanços energéticos da agricultura portuguesa (1953 e 1989)», in *Anais do Instituto Superior de Agronomia*, 45, 1996, pp. 263-288.

VANLOQUEREN, G., e BARET, P. V., «How Agricultural Research Systems Shape a Technological Regime that Develops Genetic Engineering but Locks out Agroecological Innovations», in *Research Policy*, 38, 2009, pp. 971-983.

VITOUSEK, P. M., *et al.*, «Human Domination of Earth's Ecosystems», in *Science*, 277, 1997, pp. 494-499.

Implicações éticas dos organismos geneticamente modificados

Margarida Silva

Centro de Biotecnologia e Química Fina/CBQF da Escola Superior de Biotecnologia da Universidade Católica Portuguesa

> When the same mistakes are repeated over and over again, it's time to consider the possibility that they are not mistakes at all.
>
> Naomi Klein, *The Shock Doctrine*

O ano de 1994 trouxe-nos as primeiras eleições multirraciais na África do Sul (Azevedo-Harman, 2016), as primeiras mulheres ordenadas sacerdotisas na Igreja Anglicana (Agência Lusa, 2007) e o Óscar de melhor filme para *A Lista de Schindler* (Anon, 1994); este foi também o ano em que, com grande fanfarra, se comercializou nos Estados Unidos o primeiro alimento geneticamente modificado (Martineau, 2001): o tomate «Flavr Savr». Este revelou-se um fracasso comercial e viria a desaparecer poucos anos depois, em 1997, mas estava dado o primeiro passo para a engenharia genética na produção alimentar se generalizar e transformar profundamente a agricultura e a sua relação com a sociedade (Martineau, 2001). Duas décadas depois, a área cultivada com organismos geneticamente modificados (OGM ou transgénicos) atinge já, de acordo com dados da indústria, cerca de 180 milhões de hectares, mais de 90% dos quais estão concentrados em apenas seis países: Estados Unidos, Brasil, Argentina, Índia, Canadá e China (James, 2015).

Os OGM, mais do que uma aposta planeada de melhoramento vegetal, representam uma evolução agronómica fortuita. O glifosato, o princípio activo dos herbicidas mais vendidos no mundo e uma fonte de rendimento considerável da multinacional Monsanto, que o produzia em exclusivo, deixou de estar sob protecção de patentes desde o ano 2000 (European Glyphosate Task Force, 2013). A Monsanto, para obviar à previsível quebra drástica da sua posição no mercado, começou a apostar na manipulação do ADN de sementes, processo que abre as portas ao patenteamento das respectivas variedades (de que as plantas convencionais estão normalmente protegidas) (Then, 2012). A característica adicionada nas variedades transgénicas foi precisamente a tolerância ao glifosato, o que permite efectivamente estender a protecção sobre o químico – pelo menos para os produtores que pretendam usar essas sementes, visto que a única opção disponível passou a ser a aquisição do pacote semente + herbicida (Moeller e Sligh, 2005). Uma mais-valia adicional é a garantia legal de que as sementes geneticamente modificadas (GM) não podem ser ressemeadas, obrigando a comprar semente nova todos os anos (o que, sem obrigação legal, já era prática corrente no milho devido às suas características híbridas, mas desnecessário, por exemplo, na soja).

A adesão à engenharia genética agrícola foi imediata. Segundo dados de 2015, a produção convencional das quatro espécies em que a penetração de versões transgénicas é significativa apresenta-se da seguinte forma: 17% da soja, 25% de algodão, 71% do milho e 76% de colza do total à escala mundial (James, 2015). Entretanto, mais de 80% da área dedicada aos OGM apresenta a tolerância a herbicida como característica transgénica; os restantes correspondem a variedades em que o transgene codifica uma toxina contra insectos (conhecida por Bt). Recentemente, estão a ser comercializados cada vez mais OGM com múltiplos transgenes: por exemplo, o Smartstax, em circulação na União Europeia, envolve oito, o que lhe confere múltiplas resistências a insectos e tolerância a dois herbicidas (glufosinato, além do glifosato) (GMO Compass, 2013).

Para além do lucro acrescido para a Monsanto (entretanto acompanhada da Bayer, da Syngenta, da Dow, da DuPont e da BASF, embora mais de 80% das patentes pertençam à Monsanto – Leonard, 2009), a produção transgénica traz vantagens imediatas evidentes do ponto de vista agronómico (Europabio, 2013). As culturas GM, consoante o caso, sobrevivem à aplicação de herbicida ao longo do seu ciclo de crescimento (o que permite aplicá-lo mais vezes e assim eliminar a concorrência das infestantes) e/ou evitam a aplicação de insecticida (que passou a ser produzido em todos os tecidos da planta GM), sendo pois ilusória a pretensão de que se diminuiu a quantidade de pesticidas envolvidos com o recurso aos OGM (Benbrook, 2012). Além disso, as vantagens não são duradouras, como se verá adiante, embora representem ainda assim uma atracção significativa que perdura nos dias de hoje e leva os produtores a pagarem o acréscimo de preço envolvido.

Traçado este quadro, muito sucintamente, apresentam-se abaixo dados e situações em que a prática dos promotores e defensores dos OGM na agricultura se confronta com requisitos éticos evidentes para o cidadão comum. Apontam-se ainda contextos da prática industrial, comercial, jurídica, económica e política que cruzam e atropelam diferentes valores transversais que a humanidade faria por bem proteger sem beliscar.

1. A questão do bem comum

A atribuição de uma patente pressupõe o cumprimento de três requisitos básicos: novidade, passo inventivo e aplicabilidade comercial (Associação Industrial Portuguesa, 2014). Uma planta GM é pois considerada uma invenção, muito embora no caso, por exemplo, da soja transgénica a alteração se reduza a um gene novo em cerca de 66 mil – 0,0015% do genoma, o que, por sua vez, representa apenas uma pequena fracção do núcleo e uma fracção ainda menor da célula vegetal (U.S. Department of Energy Joint Genome Institute, 2008). Igualmente digno de nota é o facto de não existir ainda tecnologia que permita criar uma célula viva a partir dos seus constituintes inertes. Os próprios transgenes são obtidos a partir de outros seres vivos, e, embora passem por alguns ajustes durante o processo de manipulação molecular, também não são inventados no sentido comum do termo. É, portanto, argumentável que apenas as técnicas laboratoriais possam ser efectivamente inventadas. Não tem no entanto sido este o entendimento de legisladores e juristas, tanto europeus como americanos, o que efectivamente generalizou a privatização de variedades vegetais que eram até então (quase todas) livremente utilizadas e resultavam já do trabalho de gerações incontáveis de agricultores e melhoradores (Howard, 2015).

A introdução do direito de propriedade privada num sector básico para a sobrevivência de toda a humanidade suscita naturalmente a questão do direito à alimentação. Através de fusões e aquisições sucessivas, as seis multinacionais referidas controlam acima de 60% do mercado mundial de sementes dos vários tipos (Genetic Literacy Project, 2016).

A intenção, demonstrada pela sua supressão progressiva de variedades convencionais, é conduzir a agricultura na direcção irreversível das sementes patenteadas e terminar com a agricultura tal como praticada desde os seus primórdios (Howard, 2009). O momento em que os agricultores deixam de poder guardar e reutilizar as sementes que produzem marca o fim do direito à soberania alimentar. São os accionistas, através dos CEO (administradores) e dos seus representantes, os intermediários da cadeia agro-industrial, que passam a decidir quem come, o que come e a que preço. A concorrência entre as multinacionais dificilmente poderá neutralizar esta tendência, tendo em conta as fusões adicionais previstas (Syngenta com ChemChina e Monsanto com Bayer, entre outras), que apenas irão reforçar o oligopólio e sua articulação interna (ETC Group, 2016).

Os bancos de germoplasma onde se guardam variedades hortícolas e florestais são a principal resposta organizada de preservação de sementes de interesse agrícola ou florestal para benefício público. Trata-se essencialmente de iniciativas públicas tornadas urgentes pelas centenas de milhar de variedades já desaparecidas. A mais conhecida e ambiciosa é a do Silo Global de Sementes de Svalbard, na Noruega, que guarda duplicados de colecções de todo o mundo. Acontece que também aqui está em vigor um acordo (o Tratado Internacional sobre os Recursos Fitogenéticos para a Alimentação e a Agricultura) que não se opõe à manipulação genética e respectivo patenteamento de derivados desses recursos genéticos para lucro privado (Center for Food Safety, 2011).

Sementes viáveis pressupõem o cultivo regular em cada *habitat*, onde a sua adaptação se ajusta com cada geração ao conjunto de condições edafoclimáticas. As variedades autóctones não comerciais, usadas ainda por populações nativas e na pequena produção familiar, sobretudo em países em desenvolvimento, representam por isso o expoente máximo de real diversidade agrícola e a melhor linha de resposta quando as sementes comerciais se revelarem incapazes perante pragas, doenças ou extremos climatéricos (como já tem acontecido no passado) (Siebert, 2011). E, no entanto, ao arrepio do bom senso, são múltiplos os sinais de que os OGM não vão ser alvo de controlo para evitar a contaminação dessas sementes livres.

O México, reconhecido como um centro de biodiversidade para o milho, é um dos exemplos desse grave problema. Desde 2001 que tem vindo a ser documentada a contaminação das plantas locais por parte de milho transgénico para fins alimentares, proveniente dos Estados Unidos (Quist e Chapela, 2001). Ainda assim, o governo federal mexicano autorizou o cultivo parcial desses OGM no seu território, e três multinacionais (Monsanto, DuPont e Dow) mobilizaram o seu poder de lóbi para a abertura total da agricultura, o que resultou num litígio com a sociedade civil que os tribunais demorarão anos a resolver (Sustainable Pulse, 2016).

Em Portugal, o cultivo de milho GM é permitido no âmbito de um enquadramento legal com regras de coexistência que minimizam (mas não evitam) a contaminação (Decreto-Lei 160/2005). Se algum produtor for prejudicado por contaminação GM proveniente de terrenos vizinhos, pode recorrer, através de um processo complexo, dispendioso e com numerosas exclusões, a um mecanismo de indemnização previsto para o efeito. Uma das exclusões previstas logo à cabeça é precisamente a das sementes regionais: a sua contaminação não permite activar o Fundo de Compensação, nem existem quaisquer medidas para reposição da sua pureza varietal (Decreto-Lei 387/2007).

A dificuldade de evitar a contaminação transgénica faz-se sentir também a nível da produção de sementes comerciais não GM. Tornou-se uma realidade comum a detecção de transgenes em lotes de milho, colza ou soja à venda supostamente não transgénicos (Mellon e Rissler, 2004). O acesso a sementes garantidas sem OGM é já difícil ou impossível em alguns países e para algumas espécies, marcando uma transição progressivamente irreversível para um mundo desprovido de alternativas aos transgénicos.

Nos ecossistemas selvagens, o estabelecimento e persistência de transgenes agrícolas (sobretudo de colza) está igualmente descrito na literatura, com casos na Europa, na Ásia e nas Américas (Bauer-Panskus *et al.*, 2013). As implicações de tal introdução estão repletas de incertezas, com uma única evidência: mesmo que a remoção das plantas contaminadas se revele necessária, pode ser simplesmente impossível.

Na medida em que as opções agrícolas actuais condicionam as oportunidades legadas às gerações vindouras, é a sustentabilidade alimentar que está em causa. Até que ponto o futuro da agricultura deve incluir os OGM, considerando os argumentos de um e do outro lado da balança? O IAASTD – International Assessment of Agricultural Science and Technology for Development –, o maior empreendimento internacional na sua área (iniciativa da FAO, da Organização Mundial de Saúde e do Banco Mundial, entre outros) e análogo no domínio agrícola ao IPCC – Intergovernmental Panel on Climate Change –, conjugou os esforços de quatro centenas de especialistas de todo o mundo durante três anos (até 2008) para encontrar a resposta à questão vastíssima de garantir que a agricultura não se limite a produzir comida, mas proporcione igualmente uma solução adequada para a fome, a pobreza, a degradação ambiental e as múltiplas desigualdades que teimam em alastrar no seio das sociedades tecnologicamente mais desenvolvidas que alguma vez floresceram no planeta. Sem qualquer dúvida, o IAASTD considerou os OGM sem relevância para os desafios em apreço (Global Agriculture, 2015).

2. A questão da justiça

Na Directiva europeia 2001/18 reconhece-se o potencial de ignorância associado à engenharia genética e que impede o cálculo do risco – um valor que exige conhecimento profundo do perigo de uma tecnologia e da probabilidade de que esse perigo se manifeste. Daí ter criado a obrigatoriedade de monitorizar as culturas GM durante a comercialização, visto que não pode ser excluída a possibilidade de surpresas desagradáveis não antecipadas, muito embora as plantas já tenham sido avaliadas e consideradas como suficientemente seguras pelas agências oficiais.

Essa característica problemática levara anteriormente Robert Shapiro, à data CEO da Monsanto, a reconhecer, num momento de grande candura durante uma entrevista, que a engenharia genética era uma tecnologia «com efeitos desconhecidos e, até certo ponto, por definição, impossíveis de antecipar» (Thompson, 1998). Também Pedro Fevereiro, um dos mais visíveis proponentes dos OGM em Portugal, admitiu, durante o seu mandato como bastonário da Ordem dos Biólogos, que uma avaliação de risco completa poderia levar 50 a 60 anos para cada OGM (Fevereiro, 2000).

Raciocínios semelhantes terão conduzido empresas como a Groupama, a maior seguradora agrícola francesa, a excluir os OGM das suas coberturas (Barroux, 2012). A Swiss Re, a maior resseguradora do mundo, vê os OGM associados a um «desenvolvimento social incerto» (Swiss Re, 1998); e, até em Portugal, uma portaria conjunta dos Ministérios da Economia e da Agricultura regulamentadora da responsabilidade civil de empresas que aplicam pesticidas exclui activamente os riscos «causados por organismos geneticamente modificados, mesmo quando incorporados noutros produtos» (Portaria 1364/2007).

A tendência exposta contradiz efectivamente o princípio do poluidor pagador, em que se prevê uma atribuição de responsabilidades que permita a manutenção das condições naturais. Na ausência de seguros, os custos associados a qualquer sinistro (admitindo que é possível repor a situação inicial, algo que fica por garantir) estão tipicamente cobertos apenas até ao valor do capital da empresa envolvida. O remanescente, se existir, tem de ser assumido pela sociedade, actual e futura, o que acarreta o princípio oposto: o do não poluidor pagador.

A socialização das responsabilidades não é assumida no discurso dos decisores políticos, que se refugiam numa leitura simplista e incorrecta da ciência, apresentando-a como garante definitivo da inocuidade dos OGM autorizados para comercialização numa fase em que na verdade ainda está longe de se poder concluir sobre as múltiplas questões de segurança que se colocam.

O facto é que o método científico não pode sequer, por definição, provar a segurança de uma tecnologia ou produto. Ou seja, não se demonstra a ausência de risco – pode apenas demonstrar-se que existe impacto negativo... se for encontrado. De forma simplificada, uma experiência que não encontre diferenças entre o grupo de teste e o grupo de controlo não pode apressadamente concluir que essas diferenças não existem. Cada experiência no laboratório permite, quando muito, deduzir inocuidade exclusivamente para o conjunto de parâmetros experimentais escolhidos. Face ao número infinito de desenhos metodológicos possíveis e à restrição criada pela sensibilidade limitada das técnicas disponíveis em cada momento, cientistas rigorosos circunscrevem-se a uma linguagem contida e ao arrepio do facilitismo pretensamente objectivo das posições políticas que abriram as portas aos OGM «seguros» na Europa e no resto do mundo.

Na medida em que a sociedade passa a fazer parte implícita do «contrato» que autoriza os OGM, sucede que é da mais elementar justiça ser chamada a pronunciar-se sobre os seus termos e, na prática, possuir também direito de veto sobre a autorização final. As alternativas (como as decisões tomadas à porta fechada em Bruxelas por comités técnicos ou pela burocracia da Comissão Europeia) representam um cheque em branco sem data, com lucros canalizados directamente para os interesses privados e eventuais prejuízos distribuídos pelo público de diferentes gerações. Até que ponto é tal não está já a acontecer é alvo de viva controvérsia científica. Aliás, a ausência de consenso entre cientistas, algo que se faz sentir nas várias facetas do comércio da engenharia genética, é um intenso sinal de alerta para o público e seus representantes políticos. Sem conhecimento científico sólido (ainda que incompleto) onde ancorar decisões, o potencial para falhas graves é real.

O mais representativo dos órgãos europeus de decisão, o Parlamento Europeu, não é chamado a pronunciar-se sobre as propostas de autorização de OGM. Estas são apresentadas pela Comissão Europeia e votadas em comités de representantes dos Estados-membros, após validação pelo painel de cientistas com assento na Autoridade Europeia de Segurança Alimentar (EFSA). Mas, muito embora as sondagens do Eurobarómetro apresentem uma rejeição maioritária por parte dos cidadãos (a mais recente da Comissão Europeia, de 2010, atribuía-lhe 67%), as regras em Bruxelas prevêem a decisão por maioria qualificada, o que, na prática, obriga a uma grande convergência de posições entre os Estados-membros – algo que raramente acontece. Em consequência disso, a decisão regressa à Comissão, o órgão menos representativo de toda a estrutura europeia, que, autisticamente, acaba por autorizar a sua própria proposta. A justificação, quando apresentada, é construída mais como uma desculpa: perante o parecer positivo da EFSA, deixam de existir razões substantivas para não aprovar (ver, por exemplo, European Commission, 2015).

Em Portugal, o já referido Fundo de Compensação constitui um dos exemplos de injustiça estrutural introduzido pela legislação nacional sobre OGM. Por exemplo, embora em modo biológico a presença de OGM acima de 0,1% seja suficiente para desclassificar a produção, a indemnização só pode ser requerida quando a contaminação ultrapasse os 0,9%. Além disso, os agricultores biológicos estão incompreensivelmente ausentes do Grupo de Avaliação previsto, que decide sobre cada pedido e é composto por elementos do Ministério da Agricultura, confederações de agricultura e... associações empresariais, incluindo a dos produtores de sementes transgénicas e a dos seus mais fidedignos clientes – os industriais de rações.

Igualmente digna de nota é a forma de financiamento do fundo, obtido através de uma taxa aplicada a cada saco de sementes GM vendido no país. O princípio do poluidor pagador parece devidamente aplicado até se verificar que, por um lado, os queixosos são obrigados a prescindir de recorrer a qualquer outro mecanismo de indemnização e, por outro, se o valor total a atribuir ultrapassar o disponível no fundo, os pagamentos são rateados na medida do valor disponível. No seu conjunto, estas regras criam efectivamente um seguro para os produtores de OGM, garantindo que o prejuízo a cobrir nunca excede a taxa já paga na compra das sementes, independentemente do seu real impacto económico. Se e quando for o caso, o público pagará o resto.

3. A questão da prudência

Um dos pilares centrais da engenharia genética enquanto tecnologia comercial consiste na estabilidade e replicabilidade da actividade génica: tal como um programa se comporta da forma esperada quando instalado em diferentes computadores, os transgenes são apresentados como estruturas estáveis que mantêm o comportamento inicial mesmo depois da mudança de ambiente molecular. Esta visão do gene como unidade autónoma e linear de informação que se pode cortar e colar sem alterações de maior há muito foi ultrapassada pelo conhecimento moderno do genoma, que o revela mais com um ecossistema do que como um mero colar de missangas (Ho, 2013). Com efeito, não só o processo de inserção do transgene é altamente mutagénico (localmente, no ponto de inserção e, aleatoriamente, no restante ADN), como a interacção do transgene com os outros genes e elementos do núcleo – todos eles regulados por uma complexa (e em grande medida desconhecida) rede tridimensional de moléculas e processos – pode resultar em actividade alterada, imprevisível e não controlável de, potencialmente, todos os genes do hospedeiro (Wilson *et al.*, 2006).

Tal nível de incerteza tornaria impossível a programação de *software* ou a utilização de um computador mesmo para as tarefas mais simples – cada aplicação iria funcionar de forma diferente consoante as demais aplicações instaladas em cada momento! Na prática, o problema na natureza é contornado por milhões de anos de coevolução. Nos OGM, o problema é essencialmente ignorado, vigorando em vez disso, de um lado e de outro do Atlântico, o conceito da equivalência substancial (ou avaliação comparativa), onde globalmente se estabelece que, sendo a composição bioquímica e o comportamento aparente de um OGM semelhantes aos da variedade não GM, então os riscos são equivalentes, e a realização de testes adicionais considerada redundante (Millstone *et al.*, 1999).

A validade da equivalência substancial não resulta de qualquer premissa científica; pelo contrário, demonstra-se facilmente o oposto. No caso da doença das vacas loucas (encefalopatia espongiforme bovina), por exemplo, os animais saudáveis e doentes são, do ponto de vista da equivalência substancial, realmente equivalentes (pelo menos numa fase inicial do processo degenerativo), muito embora os riscos associados ao consumo de uns e de outros sejam objectivamente diferentes. Este raciocínio óbvio não encontra eco na Autoridade Europeia para a Segurança Alimentar (EFSA), que não só permite comparações com a variedade não GM cultivada em condições diferentes, como aceita também variedades não GM diferentes da que deu origem ao OGM, negligenciando a ausência de comparação propriamente dita – como se verifica quando a indústria se limita a ir buscar dados históricos, por vezes de testes realizados há dezenas de anos. Aliás, por inacreditável que pareça, a EFSA chega a permitir, em certos casos, que a comparação seja realizada com dados de espécies diferentes (European Food Safety Authority Panel on Genetically Modified Organisms, 2011).

Trata-se, pois, de um desprezo pelo rigor científico no mínimo revelador de uma visão peculiar sobre o papel do decisor público e, mais provavelmente, de uma miopia arrogante no que toca ao valor e estádio do conhecimento científico actual. A história do amianto, da gasolina com chumbo, da talidomida e tantas outras está entretecida de garantias oficiais assentes nas melhores confirmações científicas. A todas faltou, talvez por lapso, mas mais provavelmente por opção, o reconhecimento dos limites e da qualidade do conhecimento disponível e a participação do público enquanto parte interessada nas decisões com que ia ter de viver (e morrer).

O princípio ético da precaução torna-se ainda mais fulcral em decisões tomadas sem um risco calculável, e a Directiva 2001/18 sobre a libertação de OGM no ambiente reconhece a sua importância e determina a sua aplicação, mas somente nos preâmbulos. No restante texto, apenas as provas científicas de efectivo impacto negativo na saúde e no ambiente, tal como avaliadas pela EFSA (e nunca pela Agência Europeia do Ambiente), detêm poder para justificar o chumbo de um pedido de autorização.

Encontra-se actualmente em discussão na União Europeia o estatuto legal dos OGM de segunda geração. Através de técnicas moleculares recentes (TALEN, *zinc fingers* e CRISPR-Cas9, entre outros) é possível alterar o funcionamento do ADN hospedeiro alterando a sua sequência linear, mas sem introduzir necessariamente transgenes. A indústria argumenta que o resultado já não deve ser legalmente classificado como um OGM e, como tal, pretende o acesso directo ao mercado sem qualquer tipo de avaliação prévia de segurança para além da que a empresa entenda como suficiente. Essa liberdade irrestrita ocorre actualmente com alimentos clonados e com nanotecnologia alimentar (e não só), pelo que a pretensão da indústria não é necessariamente descabida (embora colida com a letra da lei). No entanto, o bom senso diria que, havendo ainda tão pouca experiência com estas novas abordagens, seriam de evitar conclusões apressadas. Mas é possível que a indústria tenha noção de que o tempo não corre a seu favor. Começam a ser publicados estudos (por exemplo, CUMC, 2017) onde se apontam as alterações moleculares inesperadas e indesejáveis que estas técnicas podem induzir (além das alterações pretendidas). As potenciais implicações de tais mudanças adicionais para a saúde estão por avaliar, pelo que qualquer assunção de segurança terá de decorrer exclusivamente de uma postura de fé tecnológica. Portanto, a pretensão das empresas do ramo fundamenta-se, não na lógica do conhecimento, mas na da maximização do lucro, reduzindo o direito do público a decidir sobre o que come. Esse direito, que já custou às multinacionais duas décadas de boicote generalizado na Europa e milhões em investimentos não rentabilizados, é o troféu do confronto social actualmente em curso.

4. A questão da verdade

Uma das características mais frustrantes da ciência é a impossibilidade de derivar interpretações definitivas das observações realizadas. Com o passar do tempo, as hipóteses aparentemente mais sólidas podem revelar-se incompletas, mal definidas ou simplesmente erradas. Contudo, esse limite não justifica o anarquismo de perspectivas, e, em cada momento, o corpo comum de conhecimento científico privilegia uma explicação ao invés de outras, o que dá a aparência de verdade e é por vezes incorrectamente tratado como tal.

Outra propriedade do método científico, provavelmente menos reconhecida, é a notável facilidade com que – havendo inclinação para tal – se pode manipular o desenho experimental ou análise dos dados de modo a chegar aos resultados pretendidos e assim criar «verdades» adulteradas. Não se trata de fraude típica – como nos conhecidos casos de Diederik Stapel nas ciências sociais (que inventava os seus resultados em casa) ou de Hwang Woo-suk em clonagem humana (que forjou linhagens de células supostamente clonadas) –, e é preciso que outros laboratórios publiquem sobre o mesmo tópico para haver clarificação. A manipulação em si pode ser subtil e até inconsciente, mas já foi detectada em áreas que envolvem grandes interesses financeiros, como o tabaco, os medicamentos e a nutrição, para além da dos OGM. O processo é simples: os interesses da indústria, presentes sob a forma de financiamentos, com cientistas que são funcionários da empresa ou outros, enviesam a investigação e tornam mais provável que as conclusões sejam favoráveis aos objectivos económicos dessa mesma indústria.

Estes aspectos, em conjunto, mostram a importância de garantir uma reavaliação constante do conhecimento que vai sendo gerado sobre cada OGM. Todavia, e essencial para a credibilidade do processo, tanto o conhecimento como a sua reavaliação têm de estar isentos de conflitos de interesse que os possam condicionar. Lamentavelmente, no caso dos OGM, a União Europeia tem desprezado essa preocupação desde o início. A Directiva 2001/18 prevê, por exemplo, que os testes de segurança sejam realizados pela mesma empresa que desenvolveu o OGM e está empenhada na sua aprovação, muito embora fosse possível criar um sistema de laboratórios efectivamente independentes sem onerar o contribuinte.

A EFSA, que não repete os testes e tipicamente se limita a olhar para o dossiê entregue pela empresa, é ela própria um exemplo de sucessivos conflitos de interesses há muito criticados pelo Parlamento e pelo provedor europeu (Peter, 2012). De acordo com um levantamento das ligações dos cientistas nos diferentes painéis da Agência, foi possível encontrar quase 60%, em média, de casos com ligações directas ou indirectas às indústrias cujos produtos estão a ser avaliados. No painel que se debruça sobre os OGM, a situação é mais dramática, com ligações perigosas conhecidas para 79% dos casos (Corporate Europe Observatory, 2013). O remate perturbador é que os estudos da indústria não estão necessariamente disponíveis para avaliação por terceiros, não obstante a Directiva também estabelecer que dados sobre saúde e ambiente não podem ser mantidos confidenciais.

O direito à escolha assente na rotulagem positiva (isto é, há rotulagem quando o OGM está presente) constitui outra dimensão com implicações problemáticas que efectivamente negam o direito à verdade no tocante aos OGM comercializados. Existe de facto a obrigatoriedade de colocar no rótulo a indicação de que o alimento ou ração contém OGM. Mas saberão os portugueses interpretar a informação e usá-la como base de uma decisão informada sobre a compra do produto no supermercado? Pouco provável: de acordo com dados do Eurobarómetro, o nosso país é o segundo mais ignorante sobre o assunto em toda a União Europeia, sendo apenas ultrapassado pela Lituânia (European Commission, 2006). As limitações da rotulagem estendem-se a restaurantes e cantinas, onde não se aplica de todo. O mesmo se passa com a cadeia de produção, em que o grosso dos OGM que entram em Portugal é usado sob a forma de rações. Legislação adequada tem sido, mais de uma vez, discutida no Parlamento Europeu, mas ainda não foram estabelecidas regras que permitam aos consumidores saber se a carne, leite, ovos, etc., provêm ou não de animais alimentados com OGM. De acordo com os países, existem ainda restrições à rotulagem negativa, onde a indicação «Sem OGM» é colocada por iniciativa do comerciante (Verrière, 2015).

Decorrente da forma restritiva como os OGM são definidos no bloco europeu, a rotulagem também não abrange as enzimas produzidas por engenharia genética e usadas abundantemente no processamento alimentar ou as plantas obtidas por irradiação e mutagénese das suas sementes. Talvez o aspecto mais grave de todos seja a pouca informação disponibilizada pela rotulagem obrigatória, que não obriga sequer à indicação da espécie vegetal modificada (milho, soja, etc.) e ainda menos do nome do(s) evento(s) molecular(es) em causa. Não se pode afastar o cenário em que uma pessoa desenvolve alergia ao evento MON 810, mas não ao NK 603 – e não vai ter forma de saber que alimentos incluem um ou outro milho GM.

Um último aspecto merece menção, na medida em que diferencia de forma invisível e significativa os OGM dos produtos convencionais, o que por si só justificaria menção no rótulo: trata-se do teor de glifosato nos OGM tolerantes a este herbicida. Com o advento do cultivo desses OGM, a concentração de herbicida inevitavelmente aumentou nas respectivas sementes, as quais depois entram na alimentação animal e humana. Para evitar incumprimentos, e sem qualquer suporte científico, o nível permitido de resíduos de glifosato foi aumentado (no caso da soja) em 200 vezes na União Europeia (Bøhn e Cuhra, 2014). Informação quanto aos pesticidas efectivamente presentes nos alimentos, e sua concentração, é um direito à verdade até agora negado aos consumidores europeus e não só. Muitas razões haverá, mas uma delas é certamente a protecção dos OGM em circulação no mercado. Quanto a Hugh

Grant, actual CEO da Monsanto e possivelmente o consumidor mais bem informado do mundo no tocante à real natureza dos transgénicos, já admitiu publicamente que em sua casa se opta por alimentos biológicos (Ryssdal, 2008).

5. Conclusões

Muitos outros aspectos na interface da engenharia genética com a alimentação poderiam ser focados nesta análise, e sob outros critérios e valores. A biologia sintética, uma forma extrema de manipulação genética da vida, suscita um vasto conjunto de perplexidades específicas. Os animais transgénicos (já os há autorizados fora da Europa), as árvores transgénicas (em cultivo comercial nos Estados Unidos), os seres humanos transgénicos (já nasceu o primeiro) justificariam considerações alongadas. Só o padrão de agravamento na continuidade que os OGM vegetais trouxeram a tantas tendências desfavoráveis da agricultura convencional (e que, segundo as promessas, viriam resolver), como o crescendo em pesticidas sintéticos e a redução da biodiversidade, deveria ser suficiente para activar alertas aos vários níveis de decisão governativa. Mas a complexidade técnica envolvida tem impedido, no mínimo, um acompanhamento mais atento, e a situação não tende a melhorar.

Entretanto, os OGM vão continuar a criar uma diversão arriscada, na medida em que enfraquecem o foco nas medidas de real sustentabilidade e multifuncionalidade de que a sociedade tanto necessita (como as identificadas pelo IAASTD). Como qualquer solução em busca de problema, todas as (boas) razões para mudar a agricultura e a alimentação serão sucessiva e indevidamente apropriadas para justificar a sua suposta utilidade. E, no entanto, tal como os insectos e infestantes se adaptaram à guerra química convencional e evoluíram para a tornar obsoleta, num círculo vicioso em que agricultores, saúde e ambiente têm tudo a perder, os transgénicos trazem novas pressões selectivas cujo destino só podem ser mais resistências, seguidas de novas rodadas de mais e piores venenos. Esta é a frente de batalha onde se desenrola actualmente o xadrez pelo controlo da soberania alimentar de toda a humanidade.

Referências e leituras recomendadas

AGÊNCIA LUSA. Primeira Mulher Ordenada Arquidiácona de Cantuária. 2007.04.29 RTP, 2007 (retrieved 2017.03.01, from http://www.rtp. pt/noticias/mundo/primeira-mulher-ordenada-arquidiacona-de-cantuaria_n136550).

ANON. 66.º Oscar - 1994 (retrieved 2017.03.01, from http://www.cineplayers.com/premiacao?tp=oscar&id=12).

ASSOCIAÇÃO INDUSTRIAL PORTUGUESA. Patentes e Modelos de Utilidade, 2014 (retrieved 2017.03.01, from http://www.igf se.pt/upload/docs/2014/PI_Proteger_Inovacao_AIP.pdf).

AZEVEDO-HARMAN, E. África do Sul: 22 Anos de Democracia para Brancos e Não-Brancos. 2016.04.27 Público (retrieved 2017.03.01, from https://www.publico.pt/2016/04/27/mundo/noticia/africa-do-sul-22-anos-de-democracia-para-brancos-e-naobrancos-1730229).

BARROUX, R. Groupama ne Couvre pas le Risque «Génétiquement Modifié». 2012.06.09 Le Monde (retrieved 2017.03.01, from http://www.lemonde.fr/planete/article/2012/06/09/groupama ne-couvre-pas-le-risque-genetiquement-modifi e_1715607_3244.html#m3m1r5xcD6P5uhrb.99).

BAUER-PANSKUS, A., *et al.*, «Cultivation-Independent Establishment of Genetically Engineered Plants in Natural Populations – Current Evidence and Implications for EU Regulation» in Environmental

Sciences Europe, 25(1), 2013, pp. 1-9. doi: 10.1186/2190-4715-25-34.

Benbrook, C., «Impacts of Genetically Engineered Crops on Pesticide Use in the U.S. – The First Sixteen Years», in Environmental Sciences Europe, 24(1), 2012, pp. 1-24. doi 1-24. doi: 10.1186/2190-4715-24-24.

Bøhn, T., e Cuhra, M. How «Extreme Levels» of Roundup in Food Became the Industry Norm, 2014 (retrieved 2017.03.01, from http://www.independentsciencenews.org/news/how-extreme-le-vels-of-roundup-in-food-became-the-industry-norm/).

Center For Food Safety. Center for Food Safety Legal Memorandum on the Svalbard Global Seed Vault 12 pp., 2011.

Corporate Europe Observatory. Unhappy Meal – The European Food Safety Authority's independence problem, 2013 (retrieved 2017.03.01, from https://corporateeurope.org/efsa/2013/10/unhappy-meal-european-food-safety-authoritys-independence-problem).

CUMC – Columbia University Medical Center. CRISPR Gene Editing Can Cause Hundreds of Unintended Mutations, 2017 (retrieved 2017.06.01, from http://newsroom.cumc.columbia.edu/blog/2017/05/30/crispr-gene-editing-can-cause-hundreds-of-uninten ded-mutations/).

ETC Group. The Monsanto–Bayer Tie-up is Just One of Seven – Mega-Mergers and Big Data Domination Threaten Seeds, Food Security, 2016 (retrieved 2017.03.01, from http://www.etcgroup.org/content/monsanto-bayer-tie-just-one-seven-mega-mergers-and-big-data-domination-threaten-seeds-food).

Europabio. Pocket Guide to GM Crops and Policies, 2013 (retrieved 2017.03.01, from http://www.europabio.org/sites/default/files/english_pocket_guide.pdf).

European Commission. Eurobarometer 64.3 – Europeans and Biotechnology in 2005: Patterns and Trends, 2006 (retrieved

2017.03.01, from http://ec.europa.eu/public_opinion/archives/ebs/ebs_244b_en.pdf).

European Commission. Commission Implementing Decision (EU) 2015/695 of 24 April 2015 Renewing the Authorisation for Existing Genetically Modified Cotton MON 531 x MON 1445 (MON-ØØ531-6 x MON-Ø1445-2) Products and Authorising the Placing on the Market of Cottonseed oil Produced from Genetically Modified Cotton MON 531 x MON 1445 (MON-ØØ531-6 x MON-Ø1445-2). 2015.04.30 Official Journal of the European Union, L 112/156-L 112/159, 2015.

European Food Safety Authority Panel On Genetically Modified Organisms, «Guidance Document on Selection of Comparators for the Risk Assessment of GM Plants» in EFSA Journal, 9, 2011, 1-20.

European Glyphosate Task Force. History of Glyphosate, 2013 (retrieved 2017.03.01, from http://www.glyphosate.eu/glyphosate-basics/history-glyphosate).

Fevereiro, P. (2000). [Comunicação Pessoal].

Genetic Literacy Project. Do Monsanto and Big Ag Control Crop Research and World Food Supply?, 2016 (retrieved 2017.03.01, from http://gmo.geneticliteracyproject.org/FAQ/do-monsanto-and-big-ag-control-crop-research-and-world-food-supply/).

Global Agriculture. Genetic Engineering and Biotechnology, 2015 (retrieved 2017.03.01, from http://www.globalagriculture.org/report-topics/genetic-engineering-and-biotechnology/genetic-engineering-and-biotechnology.html).

GMO Compass. Maize MON89034 x 1507 x MON88017 x 59122, 2013 (retrieved 2017.03.01 from http://www.gmo-compass.org/eng/gmo/popups/402.maize_mon89034_x_1507_mon88017_59122.html).

Ho, M., «No Genes for Intelligence in the Fluid Genome», in Lerner, R., e Benson, J. (dir.), *Embodiment and Epigenesis: Theoretical and*

Methodological Issues in Understanding the Role of Biology within the Relational Developmental System Part B: Ontogenetic Dimensions, Academic Press, 2013, pp. 67-92.

Howard, P., «Visualizing Consolidation in the Global Seed Industry: 1996-2008», Sustainability, 1(4), 2009, pp. 1266-1287 (doi: 10.3390/su1041266).

—. «Intellectual Property and Consolidation in the Seed Industry», Crop Science, 55(6), 2015, pp. 2489-2495 (doi: 10.2135/cropsci 2014.09.0669).

James, C. *20th Anniversary (1996 to 2015) of the Global Commercialization of Biotech Crops and Biotech Crop Highlights* in 2015 (Vol. ISAAA Brief No. 51), 273 pp. Ithaca, Nova Iorque, 2015.

Klein, N. *The Shock Doctrine: The Rise of Disaster Capitalism* [*s.l.*], Picador ed., 2008.

Leonard, C. Monsanto Uses Patent Law to Control Most of U.S. Corn, Soy Seed Market, 2009 (retrieved 2017.03.01, from http://www.cleveland.com/nation/index.ssf/2009/12/monsanto _uses_patent_law_to_co.html).

Martineau, B. *First Fruit: The Creation of the Flavr Savr Tomato and the Birth of Biotech Foods*. [*s.l.*], McGraw-Hill Companies, 2001.

Mellon, M., e Rissler, J. Gone to Seed – Transgenic Contaminants in the Traditional Seed Supply. Union of Concerned Scientists, 2004 (retrieved 2017.03.01, from http://www.ucsusa.org/sites/default/files/legacy/assets/documents/food_and_agriculture/seedreport_fullreport.pdf).

Millstone, E., *et al.*, «Beyond <Substantial Equivalence>», Nature, 401, 1999, pp. 525-526 (doi: 10.1038/44006).

Moeller, D., e Sligh, M. Farmers' Guide to GMOs. The National Agricultural Law Center, 2005 (retrieved 2017.03.01, from http://nationalaglawcenter.org/wp-content/uploads/assets/articles/moeller_gmos.pdf).

PETER, L. Euro MPs Criticise Managers of EU Agencies, 2012 (retrieved 2017.03.01, from http://www.bbc.com/news/world-europe-18007004).

QUIST, D., e CHAPELA I., «Transgenic DNA Introgressed into Traditional Maize Landraces in Oaxaca, Mexico», in Nature, 414, 2001, pp. 541-543 (doi: 10.1038/35107068).

RYSSDAL, K. Interview transcript: Hugh Grant, 2008 (retrieved 2017.03.01, from http://www.marketplace.org/2008/08/20/world/interview-transcript-hugh-grant).

Siebert, C., «Food Ark», in National Geographic Magazine, 2011/07 (retrieved 2017.03.01, from http://ngm.nationalgeographic.com/print/2011/07/food-ark/siebert-text).

SUSTAINABLE PULSE, Mexico GMO Maize Ban Given New Life after Appeal Ruling – Sustainable Pulse, 2016 (retrieved 2017.03.01, from http://sustainablepulse.com/2016/03/09/mexicos-gm-maize-ban-set-to-continue-after-appeal-ruling/).

SWISS RE., Genetic Engineering and Liability Insurance – The Power of Public Perception. Swiss Re, 1998, 12 pp.

THEN, C. Stop Patents on Plants and Animals!, 2012 (retrieved 2017.03.01, from http://www.gmo-free-regions.org/fileadmin/files/gmo-free-regions/GMOFreeConf_2012/presentations_2012/2_Christoph_Then_background_no_patents_on_seeds.pdf).

THOMPSON, A. A Conversation with... Robert Shapiro, 1998 (retrieved 2017.03.01, from http://worldforum98.percepticon.com/technology/article_shapiro.html).

U.S. DEPARTMENT OF ENERGY JOINT GENOME INSTITUTE. Soybean Genome Sequenced, 2008 (retrieved 2017.03.01, from https://www.sciencedaily.com/releases/2008/12/081208124605.htm).

VERRIÈRE, P. UE – Vers une Définition Commune du «Sans OGM»?, 2015 (retrieved 2017.03.01, from https://www.infogm.org/5867-europe-vers-definition-commune-sans-OGM?lang=fr).

Wilson, A., *et al.*, «Transformation-Induced Mutations in Transgenic Plants: Analysis and Biosafety Implications», in Biotechnology and Genetic Engineering Reviews, 23(1), 2006, pp. 209-238 (doi: 10.1080/02648725.2006.10648085).

Implicações éticas das políticas hídricas

Luís Ribeiro

CERIS, Instituto Superior Técnico da Universidade de Lisboa

1. Factos e números

A água é essencial à vida. Onde existe água há vida. Cerca de 75% da superfície da Terra estão cobertos por água; destes, 97% correspondem a água salgada e somente 3% a água doce; da água doce, 69% encontram-se nos glaciares, 30% são água subterrânea e 0,3%, a água dos rios, lagos e albufeiras. Assim, 99% da água doce não estão acessíveis para as nossas necessidades e somente 1% poderá ser utilizado; desta, uma grande percentagem consiste em água subterrânea que se encontra armazenada a grandes profundidades e por isso é praticamente inacessível, sendo apenas 0,0067% água superficial.

O ciclo hidrológico descreve o movimento contínuo da água superficial e da água subterrânea. Para compreender os processos hidrológicos e gerir de uma forma adequada os recursos hídricos, o ciclo hidrológico deve ser observado a várias escalas espaciais e temporais. A precipitação, que é a fonte de praticamente toda a água doce no ciclo hidrológico, ocorre em quase todos os lugares, mas a sua distribuição é altamente variável, bem como as taxas de evaporação e de transpiração, as quais variam consideravelmente de acordo com as condições climáticas. Como resultado, devido ao escoamento superficial e subterrâneo, grande parte da precipitação nunca atinge os oceanos antes de a água ser devolvida à atmosfera.

O tempo de renovação da água no ciclo hidrológico é diferente para os vários componentes desse ciclo; estima-se que o tempo completo de renovação do oceano seja de 2500 anos, o da água subterrânea de 1400 anos, o do gelo polar de 9700 anos, o dos glaciares da montanha de 1600 anos, o dos lagos de 17 anos e o da humidade atmosférica de oito dias (Shiklomanov, 1996). As condições climáticas influenciam fortemente a extensão destes tempos de renovação.

O uso humano da água é multifuncional e pode ser classificado em: «abastecimento» (água para produção de alimentos, plantas e medicamentos), «regulação» (protecção contra inundações, controlo de erosão, tratamento natural da qualidade da água) e «uso cultural e social» (património cultural, paisagem, investigação científica).

Cerca de 15% da água doce disponível destinam-se a uso doméstico mundial, incluindo água potável, uso em banhos e na cozinha, saneamento e outros serviços domésticos. Gleick *et al.* (2006) estimaram os requisitos básicos de água para uso doméstico em cerca de 50 litros por pessoa por dia, excluindo água para jardins; destes 50 litros, dois litros seriam para beber, 20 litros para serviços de saneamento, 15 litros para higiene/banhos e 10 litros para cozinhar.

Para além das utilizações domésticas, a água tem um papel insubstituível na preservação dos ecossistemas. Este uso explícito de água no meio ambiente, considerado não consumptivo, é uma pequena mas crescente percentagem do uso total da água – tornando-se cada vez mais relevante à medida que a visão ecocêntrica[1] se destaca nas políticas de planeamento e gestão de recursos hídricos. O confronto entre uma visão antropocêntrica e uma visão ecocêntrica está no cerne da polémica em torno da ética da água e gera cada vez mais problemas éticos que a adopção de legislação específica tem ajudado a resolver, como é o caso da Directiva-Quadro da Água Europeia.

A disponibilidade de água para as necessidades humanas e ambientais é variável, podendo verificar-se situações em que a procura excede a capacidade de satisfação; diz-se de tais casos que estão em stresse hídrico. Têm sido utilizados vários indicadores para medir o stresse hídrico. Um dos mais empregados é o indicador Falkenmark (Falkenmark *et al.*, 1989), que – com base em estimativas de necessidades hídricas nos sectores doméstico, agrícola, industrial e energético e nas necessidades do meio ambiente – propõe como limiar o valor de 1700 metros cúbicos de recursos hídricos renováveis *per capita*, por ano. Assim, os países cujos suprimentos de água renováveis não podem sustentar esse número são tidos como encontrando-se em stresse hídrico; quando a oferta cai abaixo de 1000 metros cúbicos, o país é classificado como encontrando-se em estado de escassez de água; e, abaixo de 500 metros cúbicos, em escassez absoluta.

Segundo os Objectivos do Desenvolvimento Sustentável (ODS), de 1990 a 2015, 2,6 mil milhões de pessoas ganharam acesso a água potável, sendo que 663 milhões permanecem privados deste desejável acesso. Assim, embora entre 1990 e 2015 a proporção da população que tem acesso a uma fonte de água potável tenha aumentado de 76% para 91%, a escas-

---

[1] A visão ecocêntrica reporta-se a um sistema de valores centrado na natureza, em oposição à antropocêntrica, centrada no homem. Numa perspectiva ecocêntrica, o ser humano é visto como parte integrante da natureza, devendo comportar-se harmoniosamente e em equilíbrio com a mesma.

sez de água afecta ainda mais de 40% da população mundial. Acresce ainda que a qualidade da água disponível nem sempre reúne condições adequadas. Pelo menos 1,8 mil milhões de pessoas usam uma fonte de água potável onde ocorre contaminação fecal; mais de 1,7 mil milhões de pessoas vivem em bacias hidrográficas onde a extracção de água excede a recarga natural; 2,4 mil milhões de pessoas não têm acesso a serviços de saneamento básico. Por outro lado, mais de 80% das águas residuais provenientes de actividades humanas é descarregada em rios ou mares sem qualquer tratamento de remoção de poluentes, e todos os dias cerca de mil crianças morrem de doenças diarreicas relacionadas com a falta de água potável e de serviços de saneamento.

A 28 de Julho de 2010, através da Resolução 64/292, a Assembleia-Geral das Nações Unidas reconheceu explicitamente o direito humano à água e ao saneamento e reconheceu que a água potável e o saneamento básico são essenciais para a concretização de todos os direitos humanos. A Resolução apela aos Estados e organizações internacionais para que proporcionem recursos financeiros, facilitem a capacitação e a transferência de tecnologia para ajudar os países, em particular os países em desenvolvimento e forneçam água potável e saneamento seguros, limpos e acessíveis para todos.

Em Novembro de 2002, o Comité dos Direitos Económicos, Sociais e Culturais adoptou o Comentário Geral n.º 15 sobre o direito à água, em que se refere que «o direito humano à água é indispensável para levar uma vida digna, condição prévia para a realização de outros direitos humanos». Também definiu o direito à água como o direito de todas as pessoas a água suficiente, segura, aceitável e fisicamente acessível para uso pessoal e doméstico. De acordo com esse documento, devem ser considerados os seguintes aspectos:

- o fornecimento de água a cada pessoa deve ser suficiente e contínuo para uso pessoal e doméstico, o que inclui bebida, lavagem de roupas, preparação de alimentos, higiene pessoal e doméstica. De acordo com a Organização Mundial da Saúde (OMS), são necessários entre 50 e 100 litros de água por pessoa e por dia para garantir que a maioria das necessidades básicas seja satisfeita;

- a água necessária para o uso pessoal ou doméstico deve ser segura, portanto, livre de microrganismos e de substâncias químicas e radiológicas que possam constituir uma ameaça à saúde. As medidas de segurança da água potável são geralmente definidas por normas nacionais e/ou locais para a qualidade da água potável, e as Directrizes da OMS para a qualidade da água potável fornecem uma base para o desenvolvimento de padrões nacionais que, se devidamente implementados, garantirão a segurança da água potável;
- as características da água em termos de cor, odor e sabor devem ser aceitáveis para cada uso pessoal ou doméstico. Todas as instalações e serviços de água devem ser culturalmente apropriados e sensíveis tendo em conta as questões de género, ciclo de vida e privacidade;
- o acesso a um serviço de água e saneamento fisicamente acessível dentro ou nas imediações do agregado familiar, instituição de ensino, local de trabalho ou instituição de saúde é um direito universal. De acordo com a OMS, a fonte de água tem de estar a menos de mil metros da casa, e o tempo de recolha não deve exceder 30 minutos;
- o recurso a água e instalações e serviços deve ser acessível a todos. O Programa das Nações Unidas para o Desenvolvimento (PNUD) sugere que os custos da água não devem exceder 3% do rendimento familiar.

Em 2017, a população mundial é de 7,2 mil milhões e, em 2050, a ONU estima que será de 9,6 mil milhões de pessoas, com a maior parte do crescimento a ocorrer nos países em desenvolvimento. Perante este cenário, a implementação de medidas conducentes a uma adequada gestão integrada dos recursos hídricos e melhorias significativas na conservação e reciclagem deste recurso vital torna-se cada vez mais urgente.

Outra ameaça à acessibilidade à água são os impactos das alterações climáticas nos recursos hídricos com efeitos relevantes nas actividades humanas. Tais impactos podem ser directos (quando resultam directamente das alterações climáticas) ou indirectos, quando resultam de modificações do sistema económico-social induzidas pelas alterações climáticas. A relevância resulta da circunstância de as alterações climáticas terem impactos directos no regime de ocorrência e disponibilidade dos recursos hídricos, e também do facto de este regime condicionar, por sua vez e de forma importante, uma multiplicidade de sectores das actividades económica e social. A água é utilizada não só para satisfazer diversas actividades humanas, como, por exemplo, as domésticas, industriais, agrícolas, energéticas, piscícolas, recreativas, de navegação e de depuração de efluentes, mas também para assegurar uma boa qualidade ambiental e uma boa saúde dos ecossistemas. Na realidade, a disponibilidade de água de qualidade adequada e a ocorrência dos fenómenos extremos relacionados com a água – as cheias e as secas – condicionam a localização dos aglomerados urbanos, das áreas industriais e agrícolas, dos centros de produção de energia e das actividades comerciais.

Percebe-se, pois, a complexidade dos problemas em discussão, os quais, por conseguinte, requerem uma abordagem interdisciplinar. Neste contexto, o estudo das alterações climáticas tem vindo a ser objecto de várias iniciativas internacionais e nacionais que procuram quantificar cenários climáticos, estudar os seus impactos e propor medidas de mitigação e de adaptação.

A partilha de água entre países é outro aspecto que também pode originar problemas éticos. Segundo um estudo da Universidade do estado de Oregon, um total de 145 nações incluem território dentro de bacias internacionais; 21 nações estão integradas nas bacias internacionais; e um total de 33 países tem mais de 95% do seu território dentro dessas bacias (Wolf *et al.*, 2003). Os conflitos gerados pela má administração dos recursos hídricos partilhados por vários países têm ocasionado frequentemente catástrofes humanitárias de que o surto de migrações massivas é um dos casos paradigmáticos.

2. Princípios éticos

A aplicação de conceitos éticos tem uma relevância prática directa na gestão dos recursos hídricos, podendo apoiar o processo de tomada de decisão que envolve uma série de domínios científicos (hidrologia, hidrogeologia, precipitação e escoamento superficial, qualidade da água, etc.) e exige a consideração simultânea de diferentes áreas de uso da água, tanto da oferta como da procura. É, pois, necessária uma abordagem integrada da gestão dos recursos hídricos que inclui obrigatoriamente aspectos socioeconómicos e culturais, também sob uma perspectiva ética.

A UNESCO examinou a questão da ética da água através de reuniões de grupos de trabalho organizadas sob a égide da Comissão Mundial de Ética da Ciência e Tecnologia (COMEST) e do Programa Hidrológico Internacional (PHI), em 1998. O resultado foi a publicação de uma série de catorze ensaios (Delli Priscoli *et al.*, 2004) e do relatório *Best Ethical Practice in Water Use* (COMEST, 2004), em que foram identificados os seguintes princípios fundamentais:

- Dignidade humana – Não há vida sem água, e aqueles a quem é negado o acesso à água é negada a vida;

- participação – Todos os indivíduos, especialmente os mais desfavorecidos, devem ser envolvidos no planeamento e na gestão da água, devendo as questões de género e de pobreza ser reconhecidas;
- solidariedade – Da natural interdependência das diversas áreas de uma bacia hidrográfica resulta a necessidade de uma abordagem integrada de gestão da água;
- igualdade humana – Devem ser satisfeitas as necessidades básicas da vida para todos numa base equitativa;
- bem comum – A água é um bem comum, e, sem uma gestão adequada da água, o potencial humano e a dignidade diminuem;
- governança – Para o uso sustentável dos recursos hídricos, é necessário promover a equidade intergeracional e intrageracional;
- transparência – Sem acesso universal à informação de uma forma compreensível, haverá sempre oportunidade para que os interesses de uma parte da população se sobreponham a outra parte;
- inclusão – As políticas de gestão da água devem abordar os interesses de todos os que vivem numa bacia hidrográfica, devendo os interesses minoritários ser protegidos, bem como os dos pobres e de outros sectores desfavorecidos;
- capacitação (*empowerment* ou reforço da autonomia) – Necessária para facilitar a participação no planeamento e na gestão dos recursos hídricos por parte de um sector da população menos instruído, fortalecendo o sentido crítico.

Nos últimos anos, o conceito de Gestão Integrada dos Recursos Hídricos (GIRH) tornou-se um elemento essencial para assegurar uma gestão equitativa, economicamente sólida e ambientalmente sustentável dos recursos hídricos. A GIRH é a abordagem mais reconhecida na facilitação dos recursos hídricos, permitindo simultaneamente múltiplos usos da água para fins de agricultura, irrigação e produção de energia e requisitos dos ecossistemas, que têm tido uma enorme influência nos aspectos institucionais, legais e políticos da gestão da água.

3. Visões ecocêntrica e antropocêntrica

Os seres humanos são uma parte da natureza; não se encontram isolados ou dicotomizados da mesma. Simultaneamente, a natureza e os ecossistemas têm o direito de existir, de evoluir e de se desenvolverem por si próprios, de forma constante e harmoniosa. Este ecodireito deverá contribuir para diminuir desastres naturais como aquele que se verificou no caso do desaparecimento do mar de Aral[2].

Para exemplificar como duas visões do mundo podem ser determinantes na aplicação efectiva dos princípios éticos mencionados, importa referir a dicotomia entre uma cultura cosmogónica, ou cosmovisão, base do pensamento das civilizações ameríndias, e a cultura de matriz judaico-cristã, personificada pelas civilizações do Ocidente moderno, no que concerne aos

---

[2] O Aral era um lago endorreico que se encontrava entre o Norte do Cazaquistão e o Sul do Usbequistão, sendo um dos quatro maiores lagos do mundo, com uma área de 68 mil quilómetros quadrados. Devido à implementação de projectos de irrigação que provocaram o desvio de rios que antes alimentavam a sua área, tem vindo a diminuir desde os anos sessenta do século XX. Em 2007, o seu tamanho natural reduzira-se em 10%. Imagens de satélite captadas pela NASA em Agosto de 2014 revelaram que, pela primeira vez na história moderna, a bacia oriental do mar de Aral havia secado completamente. A bacia oriental é chamada agora o deserto de Aralkum. A pesca, que foi outrora uma actividade próspera na região, foi totalmente destruída, acarretando desemprego e recessão económica. A região do mar de Aral também está fortemente poluída, ocasionando graves problemas de saúde pública.

distintos significados que atribuem ao processo de desenvolvimento, assim como à concepção da natureza.

A cosmovisão é a maneira de sentir e viver a existência quotidiana que integra percepções, simbologias, explicações, interpretações, concepções, conhecimentos, tecnologias, valores e crenças construídos sobre o mundo natural, social, mental e espiritual. Tem como base a percepção do cosmos entendido como o mundo material e imaterial e englobante do universo. Diferencia-se da cosmologia do Ocidente, que estuda o Cosmos, sendo pois de ordem racional, sistematizada, conceptual e categorial; a cosmovisão, por seu lado, não o estuda, mas entende-se com ele porque está associada ao sentir da vivência quotidiana (Contreras *et al.*,1993). Por outras palavras, a cosmovisão expressa a maneira de ver, sentir e viver a vida, permitindo compreender o émico e o ético. Segundo Coombs Lynch (1987), o nível émico é a interpretação ou a análise do comportamento segundo as categorias semânticas das civilizações, distinguindo-se do ético, que é a análise do comportamento humano mediante o emprego de categorias semânticas usadas no mundo racional-científico.

Nesse sentido, a visão cosmogónica está mais próxima da visão holística da realidade do que a visão judaico-cristã, como se mostra nos critérios seguintes (Miranda, 2015):

1) Percepção da fonte da vida
   i) Culturas baseadas na cosmovisão – Mãe Terra = natureza.
   ii) Culturas baseadas na visão judaico-cristã – Deus todo-poderoso criador de tudo o que existe.
2) Percepção da natureza
   i) Culturas baseadas na cosmovisão – Origem e destino final do homem. O ser humano vive com a natureza, respeitando-a, protegendo-a e tendo como base princípios de reciprocidade.

   ii) *Culturas baseadas na visão judaico-cristã* – A natureza é um recurso explorável e susceptível de apropriação desmedida, usada para gerar riqueza com técnicas que a depredam, deterioram e a extinguem. O homem luta e domina a natureza.

3) Percepção sobre a produção
   i) *Culturas baseadas na cosmovisão* – O ser humano usa racionalmente o que a mãe Terra lhe oferece. O fim é a reprodução social e cultural sobre a base da reciprocidade.
   ii) *Culturas baseadas na visão judaico-cristã* – Uso intensivo dos recursos. Sistema de exploração de recursos para gerar lucro que permite a reprodução social, cultural, económica e política sobre a base do exercício do poder e do rendimento.
4) Percepção sobre as actividades produtivas
   i) *Culturas baseadas na cosmovisão* – Festividades e rituais associados a trabalhos produtivos para o bem comum que congregam e unem, existindo laços de reciprocidade entre os serviços.
   ii) *Culturas baseadas na visão judaico-cristã* – Produto do castigo divino «Comerás o pão com o suor do teu rosto». Sistema contatual baseado no mercado do trabalho, da exploração do ser humano, e meio de obtenção de lucro e mais-valias.

As sociedades indígenas não atribuem à água uma avaliação económica. Ao contrário daqueles que vêem na água um elemento para fins produtivos, especialmente para a indústria, para a agro-indústria ou para o desenvolvimento urbano e turístico, os povos indígenas consideram a água a origem da vida, das plantas, dos animais, dos seres humanos, de toda a criação. Este cenário coloca sobre a mesa a necessidade de reconhecer as representações cosmogónicas e espirituais das sociedades indígenas em torno da água e as suas contribuições para uma visão mais equilibrada da sua utilização e conservação. Neste sentido, embora as concepções ocidentais e indígenas dos recursos hídricos estejam na origem de conflitos, também podem ser um factor de complementaridade e cooperação, susceptíveis de induzir estratégias de desenvolvimento sustentável (Miranda, 2009).

Recentemente, a Encíclica *Laudato si'*, emanada da Igreja Católica, adoptou outra visão mais humana e ecocêntrica, propondo uma leitura diferente das relações do ser humano com a natureza. Inspirada no *Cantico delle creature* de São Francisco de Assis, o qual cita no seu início («Louvado sejas, meu Senhor, pela nossa irmã, a mãe terra, que nos sustenta e governa e produz variados frutos com flores coloridas e verduras»), a encíclica alerta para o esgotamento actual dos recursos naturais, denunciando os principais problemas que afectam a sociedade moderna no que respeita às políticas hídricas:

> A água potável e limpa constitui uma questão de primordial importância, porque é indispensável para a vida humana e para sustentar os ecossistemas terrestres e aquáticos.
>
> Grandes cidades, que dependem de importantes reservas hídricas, sofrem períodos de carência do recurso, que, nos momentos críticos, nem sempre se administra com uma gestão adequada e com imparcialidade.
>
> Em alguns países, há regiões com abundância de água, enquanto outras sofrem de grave escassez.
>
> Enquanto a qualidade da água disponível piora constantemente, em alguns lugares cresce a tendência para privatizar este recurso escasso, transformando-o numa mercadoria sujeita às leis do mercado. Na realidade, o acesso à água potável e segura é um direito humano essencial, fundamental e universal, porque determina a sobrevivência das pessoas e, portanto, é condição para o exercício dos outros direitos humanos.

Uma maior escassez de água provocará o aumento do custo dos alimentos e de vários produtos que dependem do seu uso.

Os impactos ambientais poderiam afectar milhares de milhões de pessoas, sendo previsível que o controlo da água por grandes empresas mundiais se transforme numa das principais fontes de conflito deste século.

É actualmente forçoso retirar algumas lições sobre as causas do desastre ambiental dos bens comuns essenciais para a vida, como a água, em particular, e reflectir sobre a hegemonia e o culto da tecnologia «moderna» como solução única para a gestão da água. A sua dissociação cultural das dimensões e dos contextos ecológicos e a fragmentação da matriz sociocultural da água comprometem uma visão holística e abrangente, privilegiando a privatização de um bem comum num cenário de globalização e mercado livre e submetendo a dimensão cultural à dimensão económica, ou seja, considerando a água como uma mercadoria e um bem privado (Vargas, 2006).

4. Quando os direitos da água se sobrepõem ao direito à água

É evidente que a distribuição dos recursos de água doce é desigual, espacial e sazonal, desafiando o acesso físico a tais recursos de modo fiável. Além disso, pode haver uma barreira legal ao acesso quando a terra a montante é propriedade privada ou está sob a jurisdição de outro país.

O princípio da vizinhança significa que, em caso de necessidade de água, a primeira opção é usar os recursos hídricos próximos. Este princípio dá às pessoas que vivem mais perto da água maior precedência em usá-la do que aqueles que vivem mais longe. Porém, esta precedência não é um privilégio, decorrendo meramente da sua situação favorável. Aqueles que estão mais perto da água e têm a conveniência de a usar têm também um dever especial de dela disporem de tal maneira que não afectem negativamente o interesse legítimo de outros utentes. Este dever inclui a prevenção da contaminação e a não destruição do fluxo natural. Há também deveres especiais para aqueles que usam a água a montante de outros, tanto para os recursos hídricos de superfície como para os subterrâneos, incluindo a obrigação de não causar danos significativos.

Paradigmático nesse sentido é o conflito que opõe Israel à Palestina. Segundo a legislação internacional, Israel tem o compromisso de fornecer incondicionalmente água potável aos palestinianos. A água que Israel recebe vem basicamente do rio Jordão, do mar da Galileia e de dois aquíferos. No conflito no Médio Oriente, existe uma clara ligação entre a ocupação e a escassez de oferta de água. Apesar do Acordo de Paz de Oslo de 1993 ter estipulado que os palestinianos deviam ter mais controlo sobre a água da região e mais acesso a recursos hídricos, Israel tirou proveito da sua ocupação da Cisjordânia para se apropriar de mais fontes de água e impedir os palestinianos de explorarem novas fontes, sendo inclusivamente a escassa infra-estrutura hidráulica palestiniana alvo de ataques israelitas.

O princípio da transacção significa que a água poupada e excedente da quantidade atribuída pode ser transaccionada como mercadoria no mercado de água através de bancos de água, trocas de água ou transferências.

Como exemplo paradigmático de práticas éticas reprováveis está a concessão de direitos de exploração de água a indivíduos ou entidades privadas que procedem à exploração de água subterrânea para engarrafamento e posterior venda. «A água engarrafada é o negócio do marketing do século», escreveu John Jewell em *The Week*, em 2014.

Multinacionais como a PepsiCo, a Coca-Cola e a Nestlé arrecadam anualmente 110 mil milhões de dólares vendendo água engarrafada em todo o mundo. Somente nos Estados Unidos, mais de metade da população bebe água engarrafada, o que representa cerca de 30% das vendas de bebidas líquidas, ultrapassando em muito as vendas de leite e cerveja (apenas os refrigerantes vendem mais). Mas essa água que a indústria de bebidas vende não é melhor – é possivelmente pior – do que a água que sai da torneira. Então como é possível convencer as pessoas a pagarem duas mil vezes mais do que por aquela que sai da torneira? A resposta é criando um clima de medo em relação à qualidade da água canalizada, a fim de maximizar os lucros da água engarrafada.

Na realidade, essas multinacionais gastam milhões em *marketing* para convencerem os consumidores de que a água da torneira é má e de que contém altos níveis de contaminantes, representando um perigo para a saúde humana. Assim sendo, a única maneira de beber água potável seria comprá-la engarrafada. Acontece que, em muitos casos, a água engarrafada é basicamente o mesmo produto que sai das torneiras, vendido por milhares de vezes o seu valor real.

Outra questão associada é a do impacto ambiental da exploração da água engarrafada. As garrafas de plástico, fabricadas a partir de combustíveis fósseis, não estão sujeitas em geral a processos de reciclagem, poluindo os rios, os lagos e os mares e afectando gravemente a saúde humana e dos ecossistemas.

Existem também locais em que os direitos à água são comprados, podendo ser comercializados como mercadorias, num ambiente caracterizado por pouca fiscalização governamental e escassa salvaguarda do meio ambiente, como é o caso do Chile. Em algumas áreas deste país sul-americano, a propriedade privada é tão concentrada que uma única companhia de electricidade, a Endesa, comprou até 80% dos direitos à água numa enorme região do Sul do país, provocando uma onda de protestos. No Norte, os produtores rurais estão a competir com companhias de mineração pelo aproveitamento dos rios e pela exploração das escassas reservas de água, deixando aglomerados urbanos completamente desertos ou sobrevivendo à custa do abastecimento por camiões-cisterna, os quais chegam diariamente e que são parcialmente financiados pelas companhias mineiras que os habitantes culpam pelos seus problemas.

Alguns economistas elogiam o sistema de comercialização de direitos à água criado no Chile, em 1981, durante a ditadura militar, afirmando que se trata de um modelo de eficiência do livre mercado que permite que a água seja utilizada pelos projectos de maior valor económico. Mas a realidade mostra que o sistema do Chile é insustentável porque promove a especulação, coloca o meio ambiente em risco e permite que os mais frágeis em termos económicos sejam esmagados por forças poderosas, como a indústria mineira. Segundo Fernando Dougnac, um advogado de Santiago do Chile, o equilíbrio de interesses é especialmente difícil porque «o mercado é capaz de promover a regulação para que haja mais eficiência económica, mas não promove mais eficiência socioeconómica».

Outro aspecto ético a considerar está expresso no princípio da frugalidade. De acordo com este princípio, deve usar-se apenas a quantidade de água indispensável para as necessidades básicas da vida, para o conforto e para manter o ecossistema local, de modo que a água não gasta possa ser usada por outras comunidades, noutros lugares em que esse recurso é escasso, e ainda mantida para futuras gerações. No entanto, por razões económicas, estruturais e sociais, os países desenvolvidos consomem muito mais água do que os subdesenvolvidos e emergentes, tanto nas práticas económicas quanto no uso directo individual. Por exemplo, nos EUA, um indivíduo consome em média 575 litros de água por dia, enquanto em países subdesenvolvidos a maior parte dos habitantes vive com apenas 15 litros, o que revela as grandes desigualdades económicas e sociais existentes em torno do globo.

5. Conclusões

A água não é tanto um «recurso», mas o cerne de toda a rede vital a nível planetário. Assim sendo, o foco da ética não está na água, vista isoladamente, mas no ciclo da água e no modo como este ciclo liga a Terra e a atmosfera. A noção de «bacia hidrográfica» possui esse significado, ligando a água, o solo e a comunidade biótica. Para vivermos numa sociedade eticamente responsável, necessitamos de modificar o planeamento e a gestão da água de modo a alcançar um acesso mais justo à água potável, bem como proporcionar respostas sociais eficazes às preocupações de saúde pública, sem pôr em risco os ecossistemas.

Quando apontamos os aspectos técnico-científicos relativos à gestão da água, não devemos ignorar que a água tem também um significado cultural, que não só sustenta a nossa vida biológica, mas também a nossa imaginação e espírito. Nenhuma cultura é indiferente à água. Esta é um símbolo de purificação, renascimento e reconciliação, ainda que seja igualmente uma fonte de animosidade e conflito. A água tem mesmo uma dimensão religiosa e metafísica, reflectida na forma como é representada e imaginada na maioria dos povos.

Nesta época contemporânea, são várias as lições que se podem retirar das causas do desastre ambiental e da perda de bens comuns essenciais para a vida, como a água, nomeadamente: a hegemonia e o culto da tecnologia «moderna» como única solução para a gestão da água e as suas dimensões de dissociação de contextos culturais e ecológicos; e a fragmentação da matriz sociocultural da água, que ameaça a visão integral e sagrada e favorece a privatização de um bem comum no contexto da globalização e do livre mercado, com o objectivo de submeter a dimensão cultural à económica – a água como mercadoria.

Referências e leituras recomendadas

COOMBES, Lynch David, *Todos somos iguales*, Cajamarca, Universidad Nacional de Cajamarca, Instituto Linguistico de Verano, 1987.

COMEST, *World Commission on the Ethics of Science and Technology (COMEST) and the International Hydrology Programme (IHP). Best Ethical Practice in Water Use*, Paris, UNESCO, 2004.

CONTRERAS, V., *et al.*, *Indicadores biológicos e meteorológicos en la cosmovisión campesina del valle de Mantaro*, Huancayo, Oficina General de Investigaciones, Universidad Nacional del Centro, 1993.

DELLI PRISCOLI, J., *et al.*, *Water and Ethics: Overview*, Paris, UNESCO Series on Water and Ethics, Essay 1, 2004.

FALKENMARK, M., *et al.*, «Macro-Scale Water Scarcity Requires Micro-Scale Approaches. Aspects of vulnerability in semi-arid development», in *Natural Resources Forum*, 13, 1989, pp. 258-267 (doi: 10.1111/j.1477-8947.1989.tb00348.x).

GARCÍA, P. A., *Comentario al libro Cultura hidráulica y simbolismo mesoamericano del agua en el México prehispánico de Teresa Rojas, José Luis Martínez y Daniel Murillo*, Jiutepec, Centro de Investigaciones y Estudios Superiores en Antropología Social (CIESAS) e Instituto Mexicano de Tecnología del Agua (IMTA), 2009, pp. 298.

GLEICK, Peter H., *et al.*, *The World's Water 2006-2007 – The Biennial Report on Freshwater Resources*, Washington, Island Press, 2006.

MIRANDA, J. J. Garcia, *La racionalidad en la cosmovisón Andina*, Los Olivos, UCH, 2015, pp. 246.

SHIKLOMANOV, I. A., *Assessment of Water Resources and Availability in The World. Scientific and Technical Report*, São Petersburgo, State Hydrological Institute, 1996.

Vargas, R., *La cultura del agua. Lecciones de la América Indígena*, Montevideo, UNESCO, Serie Agua y Cultura del PHI-LAC n.° 1, 2006.

Wolf, Aaron T., *et al.*, «International Waters: identifying basins at risk», in *Water Policy* 5.1, 2003, pp. 29-60.

Implicações éticas das políticas do mar

Tiago Pitta e Cunha
Fundação Oceano Azul

Emanuel Gonçalves
Fundação Oceano Azul, Marine and Environmental Sciences Centre/MARE, Instituto Universitário de Ciências Psicológicas, Sociais e da Vida/ISPA

1. A ética e a natureza

Durante muito tempo a ideia da ética ecológica ou ambiental, isto é, de que existe uma ligação entre a ética e a natureza, era pura e simplesmente desconhecida. As questões éticas levantavam-se apenas no domínio dos relacionamentos humanos, ou melhor, incidiam sobre relacionamentos entre humanos, entre pessoas. A ética subordinava-se exclusivamente ao primado da pessoa humana. O que a suscitava era a acção humana perante os nossos semelhantes, isto é, o modo como nos devemos comportar face aos outros. Aliás, o relacionamento do ser humano com a natureza não era sequer concebido como um verdadeiro relacionamento. Uma relação pressupõe dois pólos, e entre o ser humano e a natureza esses dois pólos não existiriam. Ao invés, portanto, de uma relação, haveria uma ligação unidireccional que partiria do ser humano para o objecto. A natureza, com efeito, incluísse ela a fauna e a flora, não seria mais do que objecto do domínio e da transformação produzida pelo ser humano. Este estava à parte e acima da natureza, e até muito recentemente esta concepção antropocêntrica levou a que, de facto, a humanidade não fosse entendida como fazendo parte do ecossistema natural. Havia o ecossistema ou os ecossistemas naturais e havia o ser humano, como ente exterior a esse ecossistema.

Também a construção jurídica das sociedades humanas seguiu esta visão utilitarista da natureza, em que esta é concebida como objecto jurídico, mas nunca detentora de interesses legalmente tutelados e muito menos de direitos. É assim que a tutela jurídica que surgiu no século XX para protecção dos animais é justificada, não pelo facto de os animais poderem ter direitos, mas pelo facto de os maus tratos infligidos aos animais poderem ofender os direitos das pessoas, subsumindo por isso os «direitos» dos animais nas responsabilidades e obrigações jurídicas humanas.

Nas últimas décadas, pelo menos no contexto das ciências naturais, esta concepção começou a ser ultrapassada pela compreensão de que, apesar da inteligência do ser humano, da sua autoconsciência, da sua cultura e da sua história, ele é ainda uma espécie animal do grande ecossistema natural que o nosso planeta constitui. Esta visão do ser humano como parte do ecossistema tem na sua base, fundamentalmente, uma explicação biológica, mas também pode reflectir, de certo modo, uma consideração ética fomentada pela crescente compreensão de que os impactos negativos das nossas acções sobre o ecossistema natural, sobre a natureza, acabam por ter repercussões no nosso mundo, nas nossas sociedades.

Com efeito, hoje, e com cada vez mais clareza, percebemos como somos afectados pela deterioração dos recursos naturais e do ambiente do planeta que partilhamos com milhões de outras espécies animais e vegetais. Os danos que infligimos na natureza têm, por sua vez, um impacto negativo nos nossos processos produtivos, na nossa qualidade de vida, nas nossas economias e nas nossas sociedades. Neste quadro, as alterações climáticas, resultantes das emissões de gases de efeito de estufa para a atmosfera, são inegavelmente o melhor exemplo para demonstrar a relação de causa-efeito entre as acções do ser humano sobre a natureza e a resposta da natureza que afecta o ser humano.

Nesta concepção, a ética dita ambiental pode ser ainda entendida como uma ética exclusivamente subordinada ao primado da pessoa humana, uma vez que, ao agirmos nocivamente sobre a natureza, estamos a prejudicar os seres humanos e, nessa medida, continuamos no domínio de comportamentos que afectam pessoas e que exigem valores e princípios éticos que os impeçam, condicionem ou, pelo menos, limitem nos seus impactos negativos.

Seja como for, esta visão, apesar de antropocêntrica (isto é, centrada exclusivamente nos interesses e direitos do ser humano), representa uma evolução positiva. Significou a superação da visão do ser humano como centro do universo, distanciado da natureza e dos seus ecossistemas, em que a protecção da natureza expressava apenas e tão-só a protecção dos animais, das aves, dos peixes ou das florestas, mas não implicava, ainda que indirectamente, a protecção do ser humano . Então os esforços dedicados à conservação da natureza não derivavam de um impulso ético, sendo apenas expressão da filantropia humana, dedicada a proteger os animais e as plantas.

Ou seja, e por outras palavras, na raiz da construção de uma ética ambiental está também a conclusão, actual, de que sem sustentabilidade ambiental não haverá sustentabilidade económica e social.

A ideia de um verdadeiro relacionamento entre o ser humano e a natureza ganha, actualmente, ainda mais força com o desenvolvimento do conceito de «serviços ecossistémicos», entendidos estes como contributos que a natureza presta ao ser humano, como, por exemplo, a produção de biomassa marinha, com valor comercial, consubstanciada nos *stocks* pesqueiros, ou a protecção das cidades costeiras pelos mangais, sapais e pradarias marinhas, que absorvem o impacto das tempestades. Todavia, este conceito e esta ideia estão longe ainda de serem plenamente compreendidos por todas as pessoas. E, apesar de nos referirmos hoje a um «capital natural», o valor económico dos serviços ecossistémicos continua a ser controverso: tanto para os economistas tradicionais – uma maioria – que não reconhecem um valor de mercado ao capital natural para além do valor económico directo da comercialização dos recursos como para os ambientalistas que recusam a monetização da natureza, argumentando que não é correcto (ou seja, não é ético) colocar uma etiqueta com um preço sobre os valores da natureza. À pergunta «Quanto valem as baleias?», respondem dizendo que não têm preço.

Independentemente de tais controvérsias, o que se deve assinalar é que há um fosso claro entre o que os cientistas oriundos das ciências naturais sabem e o que as pessoas em geral sabem. Este fosso tem como consequência a existência de muitas pessoas que continuam a julgar o ser humano como superior à natureza – não obstante se poder hoje demonstrar cientificamente a relação intrínseca que existe entre o ser humano, enquanto habitante e animal do planeta, e a natureza –, dela se destacando e dela sendo senhor e transformador, através, nomeadamente, do uso das tecnologias. Para estes, a tecnologia permite a independência do ser humano em relação à natureza, podendo com a primeira substituir praticamente tudo o que a segunda dá. Esta tendência, no seu extremo, leva a não se reconhecer sequer que o ser humano provoca impactos negativos na natureza; ou, então, embora reconhecendo estes impactos, acredita-se que as tecnologias produzidas pela mente e engenho humanos permitirão solucionar todos esses problemas, que assim deixarão de ser verdadeiros problemas.

Daqui resulta uma panóplia de questões éticas: a primeira relativa à arrogância da supremacia do ser humano sobre a natureza; uma segunda referente à denegação de que a acção humana é responsável pela grave crise ecológica que vivemos, pelas alterações climáticas, pela poluição atmosférica e do mar, pela extinção de tantas espécies animais; outra ainda respeitante à crença absoluta no poder solucionador/regenerador da tecnologia, a qual origina um menor respeito pelo ambiente e pela natureza, os quais, afinal, se tornam assim menos essenciais; outra, finalmente, concernente à responsabilidade ética de os cientistas deverem passar o seu conhecimento aos que não sabem e não compreendem. Na verdade, o fosso, acima apontado, entre cientistas e a população em geral é cada vez mais flagrante, à medida que os anos passam e que a ignorância persiste.

Com efeito, já durante os trabalhos de elaboração e negociação da Convenção de Direito do Mar das Nações Unidas, durante a longínqua década de setenta do século passado, os cientistas membros das delegações dos Estados participantes nas reuniões de trabalho procuraram explicar a fragilidade do ambiente marinho e do sistema oceânico. Desde então, passaram-se quase cinquenta anos, com a situação sempre a piorar no que respeita à poluição, à sobrepesca ou à destruição dos *habitats* marinhos costeiros, para dar apenas alguns exemplos.

Concluindo, é claro que as questões da ética não têm ligação apenas com o relacionamento do ser humano com o ser humano, mas dizem também respeito ao relacionamento do ser humano com a natureza, independentemente de o primeiro poder ou não ser afectado – directa ou indirectamente – pela sua acção sobre a segunda. A natureza, o ambiente ou o planeta são palcos onde a ética pode prevalecer ou estar ausente, na medida em que estão ao alcance da acção do ser humano. Ou, por outras palavras, são palcos onde a prevalência da ética é essencial e onde, sem ela, a relação que se estabelece entre ser humano e natureza conduz a resultados negativos para ambos: garantidamente para a natureza, e à medida que os processos naturais começam a falir, com cada vez mais nexo, para o próprio ser humano também, que acaba por ser vítima das suas acções.

É, por isso, imperativo fazer a pedagogia da ética ambiental e levar as pessoas a compreenderem a essencialidade ética dos comportamentos que adoptam e que afectam a natureza. Estes comportamentos incluem, a um nível de decisão política e económica, a tomada de opções sobre grandes obras públicas ou a construção de infra-estruturas (isto é, barragens para gerar energia hidráulica), a expansão de terrenos agrícolas em áreas florestais ou o desenvolvimento de indústrias pesadas. Mas também incluem as mais simples acções que nos levam, no dia-a-dia, a reciclar detritos ou simplesmente a evitar que estes entrem nos ecossistemas naturais como lixo deitado fora.

2. O mar e a ética ambiental

Uma vez desenhados alguns traços da relevância da ética para o ambiente, importa compreender também a importância da ética na questão do mar, a qual tem vindo, paulatinamente, a elevar-se nos últimos anos a uma questão central do programa nacional português

Na realidade, a problemática da ética ambiental tem, no domínio do mar, talvez ainda mais impacto do que relativamente ao ambiente em geral. É verdade, por um lado, que a ausência de uma ética forte, verdadeira e esclarecida na relação do ser humano com o mar pode ser considerada menos censurável do que em relação a outros bens da natureza, pois o ser humano é um animal terrestre e está longe de conhecer ou mesmo compreender o funcionamento do sistema oceânico. Ignora o que acontece no mar, debaixo de água, e não vê, não ouve nem sente o que lá se passa. Se, como diz o ditado popular, «longe da vista, longe do coração», então também se pode argumentar que quanto mais longe da vista, mais longe da nossa consciência e que sem consciência não há escolha ou arbítrio e, logo, não há livre vontade para agir segundo uma perspectiva ética no caso do mar.

Para esta falta de consciência também concorre a percepção errada de que o mar é indestrutível e de que nele podemos atirar todo o lixo que produzimos em terra e dele podemos retirar todos os peixes de que necessitamos para nos alimentarmos. Esta percepção é, talvez, justificada pela grandeza do mar (que cobre mais de 70% da superfície da Terra), mas é profundamente errada e, lamentavelmente, muito persistente, permanecendo e passando de geração em geração, contra todas as evidências da razão científica, como mencionámos quando referimos o contrastante e vasto conhecimento dos cientistas. Acima de tudo, é uma percepção perigosa, porque à sua luz continuaremos a praticar comportamentos predatórios da natureza marinha, que a têm vindo a afectar e que, acumulados, chegaram a um ponto que põem em causa a capacidade regeneradora do sistema oceânico. Ou seja, a percepção do mar como um ecossistema indestrutível é, talvez, a principal condição inimiga do fortalecimento de uma ética azul, isto é, de uma ética para o mar e para o respeito pelo ambiente marinho.

Por outro lado, atrevemo-nos a dizer que a relevância da ética ambiental na relação do ser humano com o mar é ainda mais importante do que para o ambiente em geral, porque o mar está hoje ainda mais ameaçado do que estão muitos dos ecossistemas terrestres. Depois da tomada de consciência dos malefícios do desaparecimento das florestas, com a desflorestação da floresta amazónica a partir dos anos oitenta, com o impacto dessa desflorestação nas comunidades indígenas desprotegidas e com o conhecimento gradual do impacto do desaparecimento das florestas para o planeta, assistiu-se a grandes movimentos à escala global de protesto e de formação de uma ética de respeito e protecção das florestas. Esta ainda hoje se faz sentir na oposição à destruição de florestas, por exemplo, no Sudoeste Asiático, para cultivo de palmeiras e fabrico de óleo de palma.

Mas no caso do mar ainda não ocorreu um movimento semelhante e não foi ainda feito um apelo à consciencialização ética, que nos permita alterar de modo fundamental comportamentos e, consequentemente, moderar os impactos insustentáveis que o ser humano produz sobre o ecossistema marinho.

Por isso, assistimos hoje, perplexos e impotentes, ao desaparecimento dos recifes de coral, magníficos seres vivos que habitam o planeta há largos milhões de anos, mas que, com o aquecimento global resultante das emissões antropogénicas dos gases de efeito de estufa e a absorção da temperatura atmosférica pelas águas superficiais do oceano, estão a desaparecer a uma velocidade que nem os mais pessimistas poderiam pensar possível. Também estamos hoje em risco de acabar com as pradarias marinhas e com os importantíssimos serviços ecossistémicos que estas produzem em benefício do planeta e, logo, também do ser humano que o habita. Por isso, assistimos à deterioração das zonas costeiras e à diminuição drástica dos mangais, a menos que arrepiemos caminho e comecemos a proteger o que resta. Por isso, também, estamos em vias de acabar com os grandes predadores marinhos e estamos a dizimar muitos *stocks* pesqueiros, que há décadas são explorados para lá da sua capacidade reprodutiva e regenerativa. Por isso, ainda, começamos a verificar, com espanto, que a biomassa que retiramos do mar, através de pescas subsidiadas e, tantas vezes, em tantos lugares, da sobrepesca ou das pescas ilegais, apenas é compensada em volume pelo plástico que não reciclamos e deitamos para o mar.

Ou seja, aproxima-se o tempo em que a humanidade no seu todo poderá acordar para o desaparecimento de alguns dos mais fundamentais ecossistemas marinhos, e nessa altura será tarde demais para arrepiar caminho. A perda será irreversível e o seu peso será sentido pelas gerações futuras. Do ponto de vista moral, dada a violação do respeito básico pela natureza do mar e, mais ainda, dado o desrespeito pelo dever elementar de solidariedade para com as próximas gerações, a nossa não terá muito de que se orgulhar.

É, por isso, precisamente, porque se trata de uma questão moral, que importa salientar o imperativo de construirmos, de difundirmos e de generalizarmos uma verdadeira ética azul no nosso planeta.

Na realidade, o ambiente marinho está em condições bastante piores do que a maior parte das pessoas imagina e sabe. Esse desconhecimento generalizado impede a consciencialização necessária à alteração de comportamentos nocivos. Uma ética ambiental azul é, assim, por demais importante, apesar de permanecer em grande medida ausente no domínio do mar. É por isso que é ainda mais determinante no mar; é por isso que é fundamental investir na educação, na literacia e na pedagogia do respeito e da protecção do oceano. A educação e a literacia do oceano tornam-se, neste quadro, essenciais. Informar, transmitir conhecimento, construir a partir dele uma consciencialização do problema e com base nela partir para a mobilização e para a acção colectiva é fundamental.

Acima de tudo, para além dos danos irreversíveis que incutimos na natureza, sem corais, sem pradarias marinhas, sem mangais e sem predadores marinhos, de pouco nos vai servir o mar. Com esse «pouco» vamos despertar para a ameaça existencialista que a falência do sistema oceânico já nos coloca e que, com muito maior premência, nos irá colocar no futuro.

3. Dimensão da crise ecológica no oceano

À grande falta de conhecimento sobre a estrutura e funcionamento dos ecossistemas marinhos juntam-se dois factores adicionais, ambos com implicações nas dimensões éticas aqui discutidas: i) a grande importância que o oceano tem para as sociedades humanas face aos inúmeros bens e serviços que nos presta; ii) a degradação acentuada a que assistimos, e que tem causas diversas, mas que apresenta uma dimensão sem precedentes. Para percebermos a escala do problema, apresentam-se de seguida alguns números, a título exemplificativo.

Ao nível dos bens e serviços dos ecossistemas, estes são por vezes difíceis de contabilizar, mas existem algumas referências com interesse. Um relatório recente da WWF – World Wildlife Fund (Hoegh-Guldberg *et al.*, 2015) aponta o valor global da economia do oceano, calculado por defeito, em 24 milhões de milhões de dólares, com um «produto marinho bruto», equivalente ao produto interno bruto dos países, avaliado em 2,5 milhões de milhões de dólares anuais, o que situaria o oceano como a sétima economia mundial.

Se nos centrarmos apenas nos bens e serviços dos ecossistemas do oceano (as pescas, os serviços prestados pelos sapais, mangais, recifes de coral e pradarias), esse valor é de 6,9 milhões de milhões de dólares, a que se acrescentam 4,3 milhões de milhões em absorção de carbono por esses ecossistemas; considerando apenas a indústria pesqueira, esta vale 2,9 milhões de milhões de dólares; considerando apenas a grande barreira de recife na Austrália, que neste momento sofre a pior destruição da história, sabemos que representa 5,7 mil milhões de dólares por ano de actividade económica directa e indirecta e que emprega 70 mil pessoas.

No entanto, face às enormes pressões das actividades humanas, este capital natural está a ser degradado a ritmos sem precedentes, com enormes consequências para as nossas sociedades. Um relatório das Nações Unidas denuncia que os mangais estão a ser destruídos a um ritmo três a cinco vezes superior ao da desflorestação, com perdas económicas anuais estimadas em 42 mil milhões de dólares (Van Bochove *et al.*, 2014). Este *habitat* marinho providencia serviços da ordem dos 57 mil dólares por hectare, por ano, à escala global (Deloitte Access Economics, 2013; Hoegh-Guldberg e Hoegh-Guldberg, 2004). Além disso, constitui uma importante fonte de retenção de carbono, que de outra forma ficaria na atmosfera, e fornece bens e serviços, como pescarias e produtos de floresta, água limpa e protecção contra a erosão e contra eventos extremos, a mais de 100 milhões de pessoas, de forma directa.

As alterações climáticas provocaram um rápido aquecimento do oceano, que já absorveu pelo menos um terço do CO_2 emitido pela queima dos combustíveis fósseis (IPCC[1], 2013). Esta entrada maciça de CO_2 no oceano levou à diminuição do valor do pH, num processo que se designa por acidificação. Esta causa impactos diversos nas espécies e ecossistemas marinhos. Por exemplo, a indústria de ostras do Oeste dos Estados Unidos apresenta perdas superiores a 100 milhões de dólares anuais (Ekstrom *et al.*, 2015).

A nível global, 29% das pescarias estão sobre-exploradas, e 61% estão totalmente exploradas (ou seja, não são passíveis de aumentar a sua produção face aos níveis de exploração). Os números são também muito preocupantes se considerar-

---

[1] Intergovernmental Panel on Climate Change/Painel Intergovernamental sobre Mudança Climática.

mos que metade dos recifes de coral já desapareceu por acção humana e que 30% das pradarias marinhas, um dos *habitats* mais produtivos do globo, já não existe. O desaparecimento dos recifes deu-se maioritariamente apenas nos últimos 30 anos (Bruno e Selig, 2007; De'ath *et al.*, 2012; Gardner *et al.*, 2013).

Enfrentamos assim um conjunto de decisões em que a dimensão ética assume um papel importante. O inevitável aumento da exploração do oceano não poderá continuar a significar uma crescente degradação dos ecossistemas marinhos. Assim, nos processos de decisão, terá não só de se equacionar a exigência de não explorar determinados recursos ou de utilizar determinadas práticas, mas também a obrigação moral de recuperarmos o que degradámos. A ciência mostra-nos, de forma clara, que o estado actual dos ecossistemas marinhos se encontra bastante degradado, o que não contribui para se beneficiar em pleno dos seus bens e serviços. Recorrendo a uma imagem, estamos a usar não apenas os juros do capital natural, mas, de forma crescente, a esgotar o próprio capital, dado que as nossas actividades degradam esses ecossistemas. Este processo não é sustentável e agravará inevitavelmente as condições de vida dos milhões de pessoas que dependem do oceano, colocando mesmo em risco a nossa sobrevivência enquanto espécie.

4. Conclusão

Urge reconhecer e fortalecer uma ética ecologista e em especial uma ética azul, porque enquadradora de uma ordem moral de protecção e respeito pelo oceano. Se o reforço das preocupações ambientalistas – que se deve à deterioração dos ecossistemas naturais e à delapidação dos recursos naturais, conjugado com a visibilidade dos impactos das alterações climáticas – tem levado à aceitação gradual de uma ética ambiental e ecologista, uma ordem de valores éticos de defesa do oceano e do mar está ainda longe de ser respeitada, defendida e muito menos posta em prática. Sintomaticamente, menos de 5% dos fundos investidos filantropicamente na protecção do ambiente são canalizados para a conservação do oceano à escala global.

São várias as razões para a existência de um défice de ética azul. Desde logo, se a compreensão da relação do ser humano com a natureza é ainda relativamente recente, a compreensão cabal da relação deste com o mar é ainda mais difícil de descortinar. A visão prevalecente continua a ser a da exploração utilitarista do mar, fragmentada nos seus diversos usos pelo ser humano. Esta visão do mar, que parte das utilizações do ser humano – da pesca, dos transportes marítimos, do turismo, da energia –, pode ser caracterizada como antropocêntrica e não pressupõe uma relação entre dois pólos, mas antes um comando unidireccional de cima para baixo: do ser humano para o mar. Por outro lado, a fragmentação da acção do ser humano sobre o mar em diversos sectores económicos, ou em diversas tutelas políticas (agricultura e pescas, turismo, economia, energia, transportes), impede uma apreciação global dos impactos cumulativos gerados por aqueles diferentes sectores económicos e viola o primeiro princípio de uma ética azul, que será o do respeito pela capacidade de carga do ecossistema marinho. Por isso, tal capacidade – de resiliência – tem sido não só posta à prova, mas ultrapassada com funestos resultados para o equilíbrio ambiental e climático do oceano.

Este problema torna-se ainda mais grave, na medida em que o ser humano é um animal terrestre e por essa razão tende a desconhecer o que sucede com o oceano. Mesmo a nível do conhecimento geográfico do oceano as lacunas são evidentes. Daqui se depreende que a compreensão dos problemas ambientais do mar é ténue, e dela, por sua vez, resulta a menor consciencialização da necessidade de agir de forma diferente. Mais concretamente, continua a faltar um código de princípios e valores éticos que presida à governação do oceano pelos decisores políticos, quc discipline e regule os usos do oceano pelos decisores económicos e, inclusive, que paute o bom comportamento de todos os que vivem nas zonas costeiras, que as utilizam para fins de lazer ou que simplesmente viajam pelo mar.

A par de tal código, torna-se fundamental investir na educação e na literacia do oceano, porque com elas virá finalmente o reconhecimento generalizado das ameaças que pairam sobre a sua saúde e que podem vir a confirmar-se negativamente com o desaparecimento dos corais, com a extinção dos predadores marinhos (que com excepção dos mamíferos continuam desprotegidos) ou com a poluição irreversível do mar por microplásticos.

Nestas circunstâncias, e chegados a este ponto estarão reunidas, as condições para se estabelecer, à escala mundial, uma ética de respeito e protecção do mar que nos permita estabelecer com ele uma relação diferente da exploração insaciável a que, com o apoio do uso desadequado e desmesurado da tecnologia, nos temos entregado.

Referência e leituras recomendadas

Armstrong, S. J., e Botzler, R. G., *Environmental Ethics: Divergence and Convergence*, Nova Iorque, McGraw Hill, 3.ª ed., 2003.

Bosworth, A. *et al.*, *Ethics and Biodiversity*, UNESCO, 2011.

Bruno, J. F., e Selig, E. R., «Regional Decline of Coral Cover in the Indo-Pacific: timing, extent, and subregional comparisons», in *PLoS One*, 2, 8 e 711, 2007.

Carson, R., e Darling, L., *Silent Spring*, Boston, Houghton Mifflin, 1962.

De'ath, G., *et al.*, «The 27-Year Decline of Coral Cover on the Great Barrier Reef and Its Causes», in *Proceedings of the National Academy of Sciences USA*, vol. 109, 44, 2012, pp. 17995-17999.

Deloitte Access Economics, *Economic Contribution of the Great Barrier Reef*, Townsville, Great Barrier Reef Marine Park Authority, 2013.

Ekstrom, J. A., *et al.*, «Vulnerability and Adaptation of US Shellfisheries to Ocean Acidification», in *Nature Climate Change*, 5, 2015, pp. 207-214.

Galvão, P., *Ética com Razões*, Lisboa, Fundação Francisco Manuel dos Santos, 2015.

Gardner, T., *et al.*, «Long-Term Region-Wide Declines in Caribbean Corals», in *Science*, vol. 301, 5635, 2003, p. 958.

Hoegh-Guldberg, H., e Hoegh-Guldberg, O., *Implications of Climate Change for Australia's Great Barrier Reef*. WWF Australia and Queensland Tourism Industry Council, 2004.

Hoegh-Guldberg, O., *et al.*, *Reviving the Ocean Economy: The Case for Action – 2015*, Gland, WWF International, 2015.

IPCC, *Climate Change 2013: The Physical Science Basis. Contribution of Working Group I to the Fifth Assessment Report of the Intergovernmental Panel on Climate Change*, in Stocker, T. F. *et al.* (dir.), Cambridge, Cambridge University Press, 2013.

Knight, R. L., e Riedel, S., *Aldo Leopold and The Ecological Conscience*, Oxford, Oxford University Press, 2002.

Leopold, A., *Pensar como Uma Montanha*, Águas Santas, Sempre-em-Pé, 2007.

Pitta e Cunha, Tiago, *Portugal e o Mar*, Lisboa, Fundação Francisco Manuel dos Santos, 2011.

Rachels, J., *Elementos de Filosofia Moral*, Lisboa, Gradiva, 2004.

Rolston, III, H., *A New Environmental Ethics: The Next Millennium for Life on Earth*, Oxford, Routledge, 2012.

Van Bochove, J., *et al.* (dir.), *The Importance of Mangroves to People: A Call to Action. United Nations Environment Programme*, Cambridge, World Conservation Monitoring Centre, 2014.

Varner, G., *In Nature's Interests? Interests, Animal Rights and Environmental Ethics*, Oxford, Oxford University Press, 1998.

Implicações éticas das políticas de transportes

João Vieira

Federação Europeia dos Transportes e Ambiente

1. Acerca do direito à mobilidade

Um sistema de transportes funcional é um requisito básico das sociedades modernas. É essencial para as pessoas, que dele precisam para aceder aos seus locais de trabalho, escolas e serviços de saúde, para juntar amigos e famílias ou para fins recreativos. É também importante para as economias, permitindo trocas comerciais e facilitando o funcionamento dos mercados locais e globais. Neste sentido, não surpreende que esteja constitucionalmente consagrado «a todos os cidadãos [...] o direito de se deslocarem e fixarem livremente em qualquer parte do território nacional»[1].

Reflexo do papel dos sistemas de mobilidade, constata-se hoje que as pessoas investem cerca de 81 a 86 minutos diários

---

[1] Constituição da República Portuguesa, artigo 44.º, n.º 1. http://www.tribunalconstitucional.pt/tc/crp.html#art44.

em deslocações, ou seja, mais tempo do que em actividades tão essenciais como *comer e beber* ou tão recompensantes como *ajudar os outros* ou *actividades educativas, cívicas ou religiosas*[2]. Um padrão semelhante é observado na análise das despesas das famílias, em que os gastos em transportes e mobilidade apenas são ultrapassados pelas despesas com habitação[3]. Estes dados apontam também para o elevado peso do automóvel como meio preferencial de locomoção[4]. O facto de a mobilidade ser hoje tão importante para as pessoas (e também para as empresas) vem colocar questões ao nível da aplicação prática do direito de deslocação, designadamente acerca da existência de um custo (seja em tempo de deslocação seja em custos financeiros) a partir do qual se pode considerar que o direito à deslocação pode ser comprometido.

Por outro lado, em particular em consequência da crescente motorização dos sistemas de mobilidade e da utilização do automóvel como meio de transporte pessoal, são notórios os impactos sociais negativos do sistema de transporte. Identificam-se, por exemplo, os impactos associados aos acidentes, a ocupação do espaço público, a fragmentação de *habitats* e ecossistemas ou o congestionamento. No âmbito deste trabalho, importa destacar os impactos ambientais dos transportes.

De acordo com o Banco Mundial, a «poluição atmosférica» é a mais mortífera forma de poluição a nível mundial, sendo o quarto factor de risco mais relevante em mortes prematuras. A situação é particularmente grave nos países em desen-

---

[2] United States Department of Transportation. https://www.rita.dot.gov/bts/publications/passenger_travel_2015/chapter2/table2_3.

[3] https://www.bls.gov/news.release/cesan.nr0.htm.

[4] Comissão Europeia, Direcção-Geral de Transportes e Mobilidade. Statistical Pocketbook 2016. Final Consumption of Households for Transport. Bruxelas (https://ec.europa.eu/transport/facts-fundings/statistics/pocketbook-2016_en).

volvimento, sendo que, por exemplo, no Sul e Este Asiático, os custos sociais da poluição atmosférica estimados para 2013 atingem 7,5% do PIB[5]. Ainda que a situação seja relativamente menos grave na União Europeia, a Agência Europeia do Ambiente nota que, apesar dos progressos consideráveis, a poluição do ar nas cidades europeias se mantém em níveis excessivos, sendo responsável por mais de 400 mil mortes prematuras todos os anos. O sector dos transportes (em particular do tráfego rodoviário) é o principal responsável por esta situação: por exemplo, em 2014, a esmagadora maioria (94%) das situações de medições de níveis de concentração de dióxido de azoto (NO_2) na Europa acima dos limites de protecção da saúde humana foi registada em postos de medição junto a vias rodoviárias[6]. A situação é particularmente grave no que aos veículos a gasóleo diz respeito, na medida em que este tipo de combustível foi considerado cancerígeno para os seres humanos pela Organização Mundial de Saúde, em 2012[7], e, atendendo às evidências reveladas em 2015, no âmbito do escândalo *dieselgate*[8], que levanta questões sobre a capacidade da indústria automóvel efectivamente limitar as emissões de poluentes neste tipo de veículo (figura 1).

---

[5] http://www.worldbank.org/en/news/press release/2016/09/08/air pollution-deaths-cost-global-economy-225-billion.

[6] AGÊNCIA EUROPEIA DO AMBIENTE, 2016. TERM 2016: Transport indicators tracking progress towards environmental targets in Europe. Agência Europeia do Ambiente, Copenhaga (http://www.eea.europa.eu/publications/term-report-2016).

[7] https://www.iarc.fr/en/media-centre/pr/2012/pdfs/pr213_E.pdf.

[8] Nome por que ficou conhecido o escândalo que envolveu o grupo Volkswagen em 2015, na sequência da descoberta, pela Agência de Protecção Ambiental dos Estados Unidos, de que alguns veículos da referida marca haviam sido equipados com um programa electrónico que lhes permitia cumprir os limites de emissão de poluentes (em particular óxidos de azoto) apenas quando estavam a ser sujeitos a testes de controlo de emissões.

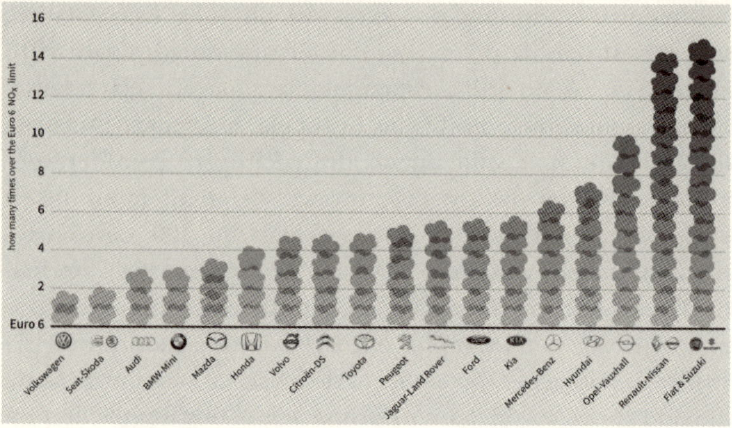

Figura 1: Emissões de óxidos de azoto (percursores da poluição associada ao NO_2) dos veículos ligeiros de passageiros vendidos na União Europeia acima dos limites legais estipulados pela norma Euro 6. Fonte: Transport & Environment, 2016[9].

Outro problema de poluição fortemente associada ao sector dos transportes é o «ruído», um distúrbio ambiental de carácter local e frequentemente ocasional, mas que é apontado pela Organização Mundial de Saúde como tendo efeitos potencialmente nefastos sobre a saúde humana. De acordo com a Agência Europeia do Ambiente, um em cada quatro europeus (isto é, mais de 125 milhões de pessoas) esteve em 2012 exposto a níveis de ruído superiores aos máximos definidos pelas Directivas comunitárias, cujos limites são definidos com base nos limiares de protecção da saúde pública. Como

[9] Transport & Environment, 2016. «Dieselgate: Who? What? How? In house analysis by Transport & Environment». Published by *Transport & Environment*, Bruxelas (https://www.transportenvironment.org/sites/te/files/publications/2016_09_Dieselgate_report_who_what_how_FINAL_0.pdf).

resultado, ocorrem anualmente na Europa mais de 10 mil mortes prematuras associadas a problemas desenvolvidos por excesso de exposição a poluição sonora, causando perturbações de sono e doenças cardiovasculares e cuja principal fonte de emissão é o tráfego rodoviário[10].

Migrando do âmbito local para o global, os transportes são responsáveis por cerca de 25% das emissões de gases com efeito de estufa (GEE) que estão na origem do problema das mudanças climáticas. No caso da União Europeia, os transportes assumiram-se em 2014 como a principal fonte de emissão de GEE, resultante do facto de as emissões deste sector terem aumentado em contraste com a tendência observada nos restantes sectores da economia[11]. De acordo com as previsões apresentadas pelo International Transport Forum (ITF), esta situação não deverá alterar-se no futuro, na medida em que se prevê um crescimento das emissões do sector dos transportes em 60% até 2050, sendo identificada como a fonte de emissões de GEE com o mais acelerado crescimento nos países da Organização para a Cooperação e Desenvolvimento Económico (OCDE)[12].

A estes três casos de impactos ambientais dos transportes – poluição atmosférica, poluição sonora e emissões de gases com efeito de estufa – poderíamos acrescentar outros exemplos de situações em que o sector dos transportes impõe à sociedade custos de natureza ambiental, como, por exemplo, através da fragmentação de *habitats* em resultado da construção e operação da infra-estrutura ou da desflorestação associada aos biocombustíveis. Poderíamos ainda considerar

---

[10] Agência Europeia do Ambiente, 2014. Noise in Europe, 2014. EEA Report n.º 10/2014. Copenhaga.

[11] https://www.transportenvironment.org/press/transport-now-europe%E2%80%99s-biggest-climate-problem-eea-data.

[12] International Transport Forum, 2017. Transport Outlook 2017. International Transport Forum, Paris.

outros impactos sociais, desde logo associados aos acidentes, mas também, no caso de Portugal, os custos económicos da importação de energia.

Neste quadro, o presente capítulo vai procurar debater as implicações éticas das políticas de transportes tendo presente a dicotomia entre a necessidade de sistemas de transportes eficazes para o funcionamento das sociedades modernas e o direito individual das pessoas se deslocarem, a par da necessidade de reduzir os impactos ambientais dos transportes ou o direito, também ele consagrado na Constituição da República Portuguesa, a um *ambiente de vida humano, sadio e ecologicamente equilibrado*[13]. Assim, procurar-se-á debater a forma dos decisores políticos de âmbito local, europeu e global procurarem constantemente um equilíbrio entre aspectos frequentemente contraditórios.

Tendo em conta a experiência do autor, opta-se por recorrer a exemplos concretos que permitem simultaneamente ilustrar a dicotomia apontada e focalizar o debate. Assim, exploram-se exemplos particulares de políticas ambientais dos transportes e as questões de natureza ética que as mesmas podem suscitar, em três âmbitos de actuação distintos: o local, o europeu e o global. Na próxima secção, debate-se a questão das taxas de congestionamento e das zonas de emissões reduzidas, cujo carácter é eminentemente nacional ou mesmo local. Seguidamente, são discutidos os efeitos da regulação da eficiência energética dos veículos, cujas decisões ocorrem ao nível da União Europeia (UE). Finalmente, discutem-se os aspectos éticos da regulação das emissões de GEE de navios e aviões, cujo âmbito de decisão se centra em organizações das Nações Unidas. O capítulo termina com uma discussão conclu-

---

[13] Constituição da República Portuguesa, artigo 66.°, n.° 1 (http://www.tribunalconstitucional.pt/tc/crp.html#art66).

siva desta análise, apontando para as vantagens globais de um sistema de transportes sustentável.

2. Políticas de transporte a uma escala local: o caso das restrições de acesso nas cidades

Ao longo dos últimos anos, tem-se observado uma tendência crescente para limitar o acesso em transporte individual motorizado a determinadas áreas das cidades. Sendo uma política de âmbito local, as soluções apresentam grande variabilidade, quer ao nível da forma de implementação quer dos objectivos que pretendem atingir. Destacam-se os seguintes exemplos:

- *Pedonalização*: a circulação de veículos motorizados numa zona da cidade ou num conjunto de artérias é limitada. A aplicação desta medida é explicitamente associada a objectivos de natureza ambiental. Não obstante, a principal motivação real para este tipo de acção está normalmente associada à revitalização de áreas urbanas, à promoção de zonas comerciais ou ao incentivo das formas suaves de mobilidade. A intervenção na zona central de Bruxelas, em 2015, ou, em Portugal, nos centros históricos ou comerciais de Almada e de Torres Vedras, providenciam alguns exemplos deste tipo de instrumento.
- *Taxas de congestionamento*: o acesso a determinadas zonas das cidades é condicionado ao pagamento de uma taxa (ou portagem). Na maior parte das situações, esta medida tem por objectivo incentivar o uso de transportes sustentáveis, quer através de uma maior utilização dos transportes públicos quer através da discriminação positiva dos carros com melhor desempenho ambiental. Os objectivos deste tipo de intervenção estão directamente associados à redução dos custos sociais dos transportes, principalmente o congestionamento, o ruído e a poluição do ar. O mais

conhecido sistema de restrição de acesso está implementado em Londres, mas outras grandes cidades europeias, como Estocolmo ou Milão, e mundiais, como Singapura, têm em vigor taxas de congestionamento ou ambientais do mesmo tipo.

- *Zonas de emissões reduzidas*: a restrição de acesso faz-se através da limitação de entrada e circulação de determinados veículos, normalmente associados ao desempenho da tecnologia de que dispõem. Esta medida tem por objectivo primordial a redução da poluição do ar. Existem restrições deste tipo em algumas cidades portuguesas, incluindo uma vasta área da cidade de Lisboa; em alguns países, como a Alemanha, existem sistemas nacionais que permitem homogeneizar as medidas de restrição e facilitar a sua implementação.

Todas estas opções acarretam questões de natureza ética sobre as quais importa reflectir. Com efeito, qualquer que seja o tipo de restrição de acesso que se implemente, existe sempre um conflito entre a limitação da circulação livre[14] e a tentativa de proteger determinadas zonas ou grupos populacionais dos impactos sociais negativos dos transportes. Neste sentido, um estudo realizado para a Comissão Europeia identifica os potenciais ganhadores e perdedores com sistemas de restrições de acesso[15]. Entre os principais beneficiários potenciais deste tipo de intervenções encontram-se os residentes das zonas alvo de

---

[14] Nas situações em que existe congestionamento elevado, pode discutir-se até que ponto a medida não restringe a mobilidade de certos grupos de pessoas, mas acaba por melhorar as condições de circulação para a maioria dos utilizadores.

[15] ISIS, PwC, 2010. Study on Urban Access Restrictions. Final Report. TREN/A4/103-2/2009. European Commission, Bruxelas (http://ec.europa.eu/transport/sites/transport/files/themes/urban/studies/doc/2010_12_ars_final_report.pdf).

restrições, os utilizadores dos transportes públicos e os comerciantes da zona afectada; entre os potenciais prejudicados estão, mais frequentemente, os utilizadores do carro como meio de transporte, os operadores logísticos e os residentes das zonas contíguas.

A experiência de implementação destes sistemas tem vindo a revelar resultados mistos. A pedonalização de zonas comerciais das cidades é hoje encarada como uma forma de promover o comércio local e de rejuvenescer alguns centros urbanos. No entanto, parece claro que este tipo de medida dificilmente induz alterações comportamentais que permitam resolver problemas de maior complexidade, como as emissões de GEE, o ruído ou a poluição atmosférica. Os sistemas de taxas de congestionamento são mais eficazes a endereçar estes problemas, mas a sua aceitabilidade depende em larga medida da existência de alternativas ao transporte individual. No que se refere às zonas de emissões reduzidas, estas têm permitido acelerar a renovação das frotas de veículos. No entanto, perante as crescentes dúvidas acerca dos ganhos reais de eficiência ambiental nos veículos novos, surgem novas questões quanto à sua equidade e eficácia. Neste caso, importa notar que este tipo de medida, que restringe o acesso com base no veículo e não na sua utilização, pode ser particularmente injusto, uma vez que os segmentos populacionais com menos recursos têm mais dificuldade de acesso a veículos com tecnologias novas e que um veículo com uma tecnologia antiga que seja pouco utilizado pode emitir menos poluição em termos absolutos do que um veículo com uma tecnologia mais recente que realize muitos quilómetros.

Podemos concluir que as restrições de acesso tendem a ser percepcionadas como mais justas e, portanto, mais aceitáveis, sempre que estamos em presença de um sistema flexível, isto é, que facilita a adaptação à nova realidade e proporciona alternativas. Sistemas restritivos que gerem receitas – sejam as taxas de congestionamento ou outras abordagens como a tarifação do estacionamento – potenciam investimentos em soluções alternativas de mobilidade, uma lógica de multi-instrumentalidade que aumenta a aceitabilidade das intervenções[16]. Adicionalmente, os sistemas que não penalizam excessivamente uma utilização esporádica – mais uma vez, como é o caso das taxas de congestionamento ou da tarifação do estacionamento – tendem a ser percepcionados como mais justos do que sistemas mais rígidos – tais como as zonas de emissões reduzidas ou a limitação de acesso com base na matrícula.

Um elemento igualmente importante para sustentar a aceitabilidade deste tipo de intervenções prende-se com o tratamento de classes de utilizadores que podem ser particularmente afectadas. Por exemplo, é comum que os residentes ou comerciantes fiquem isentos do pagamento de taxas de estacionamento ou do cumprimento de zonas de emissões reduzidas. No entanto, importa notar que estas situações de excepção devem ser geridas com grande precaução, uma vez que podem reduzir a integridade ambiental dos instrumentos, afectar a sua equidade ou gerar a percepção na população de que certos grupos têm «direitos» especiais.

Vale a pena analisar o caso do estacionamento para ilustrar estes riscos. Se parece importante garantir que os residentes de uma certa zona beneficiam de estacionamento gratuito para facilitar a aceitabilidade da instalação de tarifas, é fundamental notar que:

---

[16] VIEIRA, João, *et al.*, «Transport policy and environmental impacts: The importance of multi-instrumentality in policy integration», in *Transport Policy*, vol. 14, Issue 5, September 2007, pp. 421-432.

- proporcionar grandes volumes de isenções pode levar a que a introdução de taxas de estacionamento não seja eficaz nos seus objectivos de ordenar o estacionamento, desincentivar o uso do transporte individual ou gerar receitas;
- «oferecer» lugares de estacionamento pode ser percepcionado como injusto para quem vive na zona e não tem carro, que assim vê o espaço público ser usado para um fim privado (estacionar) sem que seja compensado por esse facto; ou
- criar a ideia de que os residentes têm «direito» a um lugar para estacionar os seus veículos, algo que, para além de potencialmente indesejável ou injusto (como discutido nos pontos anteriores), pode ser efectivamente impossível de assegurar.

3. A política europeia de transportes: o caso da regulação da eficiência energética dos veículos

A presença de regulação é bastante comum na área dos transportes, incluindo, por exemplo, regras de acesso ao mercado, infra-estruturas, combustíveis e a sua qualidade, normas de segurança ou as características técnicas dos veículos. No caso dos Estados-membros da UE, uma parte importante desta regulação enquadra-se na esfera de competências da União, em particular as normas que definem as características técnicas dos veículos que têm acesso ao mercado europeu, as quais começaram a ser introduzidas na década de setenta.

As vantagens de definição de regras ao nível supranacional são evidentes, beneficiando quer os fabricantes, que assim podem harmonizar os processos de desenvolvimento e fabrico dos veículos, quer os próprios Estados-membros, que reduzem os custos de desenvolvimento, implementação e fiscalização. No entanto, e ao contrário do que sucedeu nos Estados

Unidos[17], foi necessário esperar até 2009 para ver adoptado o primeiro Regulamento que estabelece normas de emissões de CO_2 (e consequentemente consumo de energia) para os veículos ligeiros de passageiros. Antes de adoptar esta legislação, a Comissão Europeia havia assinado um acordo voluntário com os representantes da indústria automóvel, o qual veio a reconhecer, em 2007, ter fracassado.

Do ponto de vista económico, a problemática da regulação da eficiência energética dos veículos vem sendo ponderada há muitas décadas. O facto de os consumidores não valorizarem adequadamente os benefícios de veículos mais eficientes no momento da compra constitui uma falha de mercado que pode justificar intervenção do Estado[18]. A relutância das instituições europeias em regular a eficiência energética dos veículos constitui assim um interessante caso de análise na perspectiva do processo de decisão política. No entanto, o enfoque será aqui atribuído às questões de carácter ético que, eventualmente, poderão justificar o adiamento (ou enfraquecimento) deste tipo de medidas.

Neste contexto, importará identificar potenciais «ganhadores» e «perdedores» da regulação do sector dos transportes. Em termos gerais, a indústria automóvel tende a sentir-se prejudicada por este tipo de regulamentação, na medida em que esta provoca o aumento dos custos de produção (e, consequentemente, de venda) dos veículos e, como tal, reduz o seu mercado potencial. A regulamentação pode ainda limitar

---

[17] Os Estados Unidos introduziram em 1978 padrões médios de emissão para os fabricantes (CAFE Standards) cujos objectivos de eficiência energética têm vindo a ser continuamente revistos no sentido de se assumirem mais ambiciosos.

[18] ANDERSON, Soren T., *et al.*, «Automobile Fuel Economy Standards: Impacts, Efficiency, and Alternatives», in *Review of Environmental Economics and Policy*, vol. 5, issue 1, winter 2011, pp. 89-108.

as opções da indústria automóvel, obrigando, por exemplo, à produção de veículos mais pequenos e de valor mais reduzido. Identificam-se também como potenciais perdedores os elementos da cadeia de valor da produção e abastecimento de combustíveis, atendendo à redução de consumo induzida por este tipo de regulamentação e ao seu potencial efeito sistémico no mercado: de acordo com o núcleo de transportes do Conselho Nacional de Investigação dos Estados Unidos, a redução no consumo de combustíveis induzida pelos padrões Corporate Average Fuel Efficiency (CAFE) e a pressão que colocou no mercado, em conjunto com o aumento de produção de petróleo nos países fora da Organization of the Petroleum Exporting Countries (OPEC), criaram as condições que conduziram ao colapso do poder de mercado da OPEC, em 1986[19].

Do lado dos ganhadores destacam-se desde logo os consumidores: de acordo com uma estimativa preparada para a realidade europeia, os consumidores podem vir a poupar, em média, 500 euros por ano anuais com as metas de eficiência energética dos veículos até 2020[20]; nos Estados Unidos, estima-se uma poupança média de 700 dólares anuais. Estes valores permitem compensar o aumento do preço de aquisição dos veículos num período de três anos[21].

---

[19] National Research Council, Transportation Research Board, Division on Engineering and Physical Sciences, Board on Energy and Environmental Systems, Committee on the Effectiveness and Impact of Corporate Average Fuel Economy (CAFE) Standards, 2002. Effectiveness and Impact of Corporate Average Fuel Economy (CAFE) Standards. National Academy Press, Washington D.C.

[20] http://uk.reuters.com/article/uk-eu-cars-law-idUKBRE85511020120606.

[21] Consumer Report, 2013. A Review of Consumer Benefits from Corporate Average Fuel Economy (CAFE) Standards (http://consumersunion.org/wp-content/uploads/2013/06/FuelEconomyStandards.pdf).

Subsiste uma questão pertinente, relativamente a este mapeamento de «perdedores» e «ganhadores», que se refere ao conjunto de pessoas que podem deixar de ter condições para comprar um veículo em função do aumento de preço que resulta da introdução de padrões de emissão. A este respeito destacamos dois aspectos importantes. Um primeiro refere-se ao facto de os consumidores que adquirem os seus veículos usados, isto é, no mercado de veículos em *segunda* ou *terceira mão,* beneficiarem de forma desproporcional dos ganhos de eficiência, uma vez que, devido à depreciação dos custos de aquisição, apenas vão pagar uma fracção do aumento do preço dos veículos[22]. Isto sugere que os benefícios da regulação da eficiência energética se acentuam nas classes sociais mais baixas (entre as que têm acesso a veículos) e que o aumento de preço não se transmite proporcionalmente para este tipo de consumidores. Um segundo aspecto reporta-se ao facto de, numa economia da partilha em crescimento, o acesso a um veículo automóvel tender a ser democratizado, uma vez que não é necessário ter capital inicial (ou acesso ao crédito) para financiar o seu custo de aquisição.

Assim, a partir desta análise, podemos concluir que o adiamento por várias décadas de regulamentação da eficiência energética dos veículos na Europa não se parece basear em questões de carácter ético, uma vez que o mapeamento de «ganhadores» e «perdedores» não aponta para «dilemas» significativos desta natureza. Paralelamente, concluímos também que as vantagens da regulação supranacional serão apenas limitadas por uma maior complexidade dos processos de

---

[22] BEUC, 2016. Summary of the study «Low carbon cars in the 2020s: Consumer impacts and EU policy implications» that was produced by Element Energy. The European Consumer Organization, November 2016 (http://www.beuc.eu/publications/beuc-x-2016-122_low_carbon_cars_in_the_2020s-brochure.pdf).

decisão, a qual, por sua vez, pode contribuir para uma menor transparência dos mesmos, para o aumento do tempo necessário para a tomada de decisão e para a redução do nível de ambição das medidas adoptadas.

4. Desafios globais: combater as alterações climáticas sem penalizar os países em desenvolvimento

Um caso talvez ainda mais extremo das vantagens e limitações da regulação supranacional nos transportes ocorre com o transporte aéreo e o transporte marítimo. Sendo dois modos de transporte com um carácter iminentemente internacional, existe amplo consenso quanto ao facto de a sua regulação dever ser assegurada a um nível global. Nesse sentido, por exemplo, o Protocolo de Quioto (1997) depositou em duas organizações das Nações Unidas – a Organização Marítima Internacional (IMO) e a Organização Internacional da Aviação Civil (ICAO)[23] – a responsabilidade de desenvolverem esforços de mitigação das emissões de GEE nestes sectores[24]. Passadas cerca de duas décadas, a avaliação da acção destas organizações dificilmente podia ser mais negativa: as emissões de GEE da aviação e do transporte marítimo continuaram a crescer de forma descontrolada[25], não estando prevista a reversão desta tendência de crescimento.

---

[23] Os acrónimos resultam das designações em inglês, respectivamente International Maritime Organization (IMO) e International Civil Aviation Organization (ICAO).

[24] Artigo 2.2 do Protocolo de Quioto (http://unfccc.int/resource/docs/convkp/kpeng.pdf).

[25] De acordo com a Comissão Europeia, as emissões da aviação civil na Europa aumentaram 87% entre 1990 e 2006 (http://europa.eu/rapid/press-release_IP-06-1862_en.htm). O International Transport Forum prevê um

A presente situação pode ser justificada por razões de natureza económica, tecnológica ou política. No entanto, o aparente fracasso das instituições das Nações Unidas em lidar com a situação pode reflectir também um problema que tem as suas raízes numa questão ética. Um dos pilares da política climática internacional é o princípio das responsabilidades comuns mas diferenciadas que reconhece o combate às alterações climáticas como uma missão do conjunto dos países, mas imputa aos países desenvolvidos um maior esforço de redução das emissões. Este princípio reflecte uma perspectiva eminentemente ética, uma vez que aponta o peso dos países desenvolvidos na criação do problema (através das suas emissões históricas) e, como tal, atribui a este grupo de países (que também são os mais ricos) a principal responsabilidade de reduzir as emissões. Esta abordagem é largamente incompatível com um dos princípios essenciais das convenções que regulam os transportes marítimos e a aviação internacionais, que é o do tratamento justo independentemente da «nacionalidade» da embarcação ou aeronave e da não distorção da concorrência[26]. Assim sendo, a ICAO e a IMO experimentaram grandes dificuldades em traduzir para as suas ordens regulamentares soluções que reconheçam um princípio assente na atribuição de responsabilidades diferentes consoante o país. Estas confrontam-se com a necessidade de garantir condições de desenvolvimento de sistemas que per-

---

crescimento das emissões da aviação ao nível global de 56% entre 2015 e 2050 (International Transport Forum, ITF Transport Outlook 2017, Paris). Do lado do transporte marítimo, as emissões aumentaram cerca de 70% desde 1990, e a IMO previa em 2014 um crescimento de 50 a 250% até 2050 (http://www.imo.org/en/OurWork/Environment/PollutionPrevention/AirPollution/Documents/Third%20Greenhouse%20Gas%20Study/GHG3%20Executive%20Summary%20and%20Report.pdf).

[26] Por exemplo, num artigo da revista *Greenair Online*, de 18 de Maio de 2009, Chris Lyle elabora sobre esta discussão no caso da aviação civil (http://www.greenaironline.com/news.php?viewStory=450).

mitam reduzir as emissões sem penalizar os países que menos contribuíram para o problema[27] (isto é, tendencialmente os países em desenvolvimento), mas que, ao mesmo tempo, não provoquem distorções de concorrência[28] e não resultem em incentivos perversos[29]. Adicionalmente, os mercados em que quer a aviação quer a navegação experimentam crescimentos mais acelerados situam-se precisamente nestes países com economias em desenvolvimento[30].

Ainda assim, a situação descrita não implica que estejamos condenados a ver as emissões de GEE aumentarem de forma descontrolada nestes sectores, existindo opções políticas que permitem contrariar esta realidade. Com efeito, os instrumentos económicos apresentam potencial para combinar as duas perspectivas desde que se garanta que a componente que tem impacto no preço (taxa, imposto, etc.) seja aplicada de forma igual a todos os operadores, independentemente da nacionalidade, mas as receitas associadas sejam aplicadas de forma diferenciada, com enfoque nos países em desenvolvimento.

---

[27] Por exemplo, um instrumento económico poderá ser excessivamente penalizador para os países mais pobres, que são normalmente os que têm menos acesso e maior necessidade de sistemas de transportes.

[28] Por exemplo, um sistema de taxas em que os aviões ou navios tenham de pagar taxa em função da nacionalidade distorce a concorrência nessas rotas, favorecendo os operadores de determinados países (que são precisamente os que terão menos incentivo a reduzir as emissões).

[29] Por exemplo, um dos problemas apontados ao sistema de comércio de licenças de emissão na aviação civil cujo âmbito é apenas intracomunitário (como o que acontece actualmente na UE) pode incentivar as pessoas a voarem para destinos mais distantes porque ficam «isentas» do pagamento das licenças de emissão; um caso será o do turista da Europa do Norte que acaba por ter um incentivo financeiro para ir para o Norte de África em vez de para a Europa do Sul ou por optar por passar férias na Turquia em detrimento da Grécia.

[30] Airbus, 2016. Global Market Forecast 2016-2035. AIRBUS S.A.S. 31707 Blagnac Cedex, França.

Outra alternativa, que tem sido advogada com intensidade na Europa e que já levou mesmo à adopção de algumas medidas, passa pelo posicionamento de alguns países desenvolvidos – por exemplo, os Estados-membros da UE – como *frontrunners* (líderes), isto é, assumindo de forma unilateral medidas ambiciosas que, pela sua dimensão, acabam por ter um impacto potencialmente global. Tal como foi discutido, a adopção de normas de emissões para navios e aviões poderia consubstanciar uma intervenção deste tipo, uma vez que o acesso ao mercado europeu é suficientemente importante para obrigar os fabricantes a cumprirem as eventuais normas europeias, e este tipo de medida não tende a ser particularmente prejudicial aos consumidores com menores recursos.

5. Uma visão para políticas de transportes convergentes

A revisão apresentada mostra que, em matéria de política de transportes, existem vários aspectos que podem suscitar questões de carácter ético e moral, seja ao nível local seja global. Com base na análise de casos concretos, foi possível perceber que este tipo de matérias pode acrescer a outras dificuldades políticas ou desafios tecnológicos, contribuindo para o adiamento de políticas e medidas de melhoria do desempenho ambiental dos transportes por várias décadas. No entanto, importa notar que os três casos analisados também apontam para uma realidade cada vez mais incontornável: as acções que visam melhorar o desempenho ambiental dos transportes irão, muito provavelmente, contribuir também para sistemas de transportes melhores numa perspectiva social.

Em primeiro lugar, uma parte significativa dos impactos ambientais negativos dos transportes está associada à ineficiência do sistema ou dos veículos. É possível imaginar um sistema de transportes sustentável, assente amplamente no transporte pedonal e em bicicleta, e na utilização dos transportes públicos, isto é, que se afaste de um paradigma centrado no transporte individual. Neste sentido, seria também um sistema mais inclusivo, na medida em que, para aceder a serviços de transporte e mobilidade, as famílias não precisam de ter capacidade económica para adquirir e manter um meio de transporte individual.

Em segundo lugar, importa considerar a distribuição dos custos e benefícios de políticas de redução dos impactos ambientais dos transportes. Os custos incidem sobretudo nas camadas de população com maior mobilidade, particularmente em transporte individual e/ou aéreo e, portanto, tendencialmente com maior capacidade financeira, ao passo que os benefícios afectam de forma desproporcional as pessoas com menores rendimentos. Tal deve-se sobretudo ao facto de os impactos negativos dos transportes afectarem sobretudo as populações que residem perto de infra-estruturas de transporte (por exemplo, um estudo sobre a distribuição geográfica dos custos ambientais da aviação mostra que as pessoas que vivem a menos de cinco quilómetros dos aeroportos comportam uma fracção desproporcional dos custos associados ao ruído[31]), sendo que a proximidade às mesmas tende a afectar negativamente o valor dos imóveis, «empurrando» populações de menores recursos para estes locais. Adicionalmente, tal como identificado a uma escala global pelo economista britânico *Sir* Nicolas Stern, no seu relatório sobre alterações climáticas, as populações com menores recursos económicos têm mais dificuldades em adaptar-se ou mitigar os custos ambientais[32].

---

[31] Wolfe, P. *et al.*, «Near-airport distribution of the environmental costs of aviation» in Transport Policy, vol. 34, July 2014, pp. 102-108 (http://www.sciencedirect.com/science/article/pii/S0967070X14000547).

[32] Nicolas Stern, *Stern Review: The Economics of Climate Change*, Government of the United Kingdom, 2006.

Importa ainda ter em conta as múltiplas vantagens de transportes sustentáveis, tais como a promoção de maior actividade física e o combate ao sedentarismo e obesidade, a melhoria da segurança rodoviária e a redução da importação de produtos petrolíferos, com impactos potencialmente muito significativos na economia nacional de um país não produtor como Portugal.

Naturalmente que a transição para um sistema de transportes mais sustentáveis não deixa de trazer desafios importantes, também numa perspectiva ética e moral. Por exemplo, a digitalização dos transportes – um pilar fundamental na afirmação de sistemas menos assentes na posse de veículo – pode levar a um agravamento da exclusão das pessoas com maior dificuldade no acesso à informação e suscitar questões relativas a dados pessoais e protecção da privacidade. Os veículos autónomos, por outro lado, colocam questões éticas de relevo – por exemplo, como devem os sistemas lidar com situações em que têm de escolher entre aumentar a probabilidade de ferir gravemente um ou vários peões *versus* um ou vários passageiros do veículo –, com a agravante de o histórico associado ao escândalo *dieselgate* deixar dúvidas quanto à eficácia dos Estados actuarem de forma efectiva nestes domínios. Finalmente, é importante gerir a transição para um sistema de transportes de baixo carbono por forma a evitar que se incentivem em demasia soluções que são efectivamente melhores numa perspectiva ambiental, mas que (ainda) são muito mais caras (por exemplo, veículos eléctricos). O grande desafio para os decisores políticos nos próximos anos será gerir esta transição aproveitando as oportunidades das novas tecnologias com vista a mudar o sistema de transportes para melhor, mas sem causar demasiado impacto sobre grupos sociais com maior fragilidade.

Referências e leituras recomendadas

Estatísticas do sector dos transportes e respectivos impactos ambientais

BONNEFON, Jean-François, *et al.*, «The social Dilemma of Autonomous Vehicles», in *Science*, vol. 352, Issue 6293, 2016, pp. 1573-1576.

EUROPEAN ENVIRONMENT AGENCY, *Transitions towards a more sustainable mobility system. EEA Report No 34/2016. European Environment Agency*, Copenhaga.

LANGMYHR, «Tore, Managing Equity: The case of road pricing», in *Transport Policy*, vol. 4, Issue 1, January 1997, p. 2539.

OECD/ITF, *ITF Transport Outlook 2017*, OECD Publishing, Paris (http://dx.doi.org/10.1787/9789282108000-en).

WEE, Bert van, «Focus on Costs and Ethical Considerations: assessing the impacts of regulating vehicle emissions and safety. Draft Discussion Paper prepared for the Roundtable on Assessing regulatory changes in the transport sector» (6-7 October 2016, Estocolmo). International Transport Forum, Paris.

WEE, Bert van, *Transport and Ethics. Ethics and the Evaluation of Transport Policies and Projects*, Edward Elgar Publishing Limited, 2011.

Implicações éticas da justiça ambiental

Francisco Ferreira

Centro de Investigação em Ambiente e Sustentabilidade/CENSE, Faculdade de Ciências e Tecnologia da Universidade Nova de Lisboa

A expressão «justiça ambiental» tem sido usada em sentido amplo para englobar a responsabilidade para com outras espécies e para com as gerações futuras e os direitos do ambiente. De acordo com A. Dedekorkut (2011), o movimento de justiça ambiental é distinto do movimento ambientalista dominante ao defender a eliminação da distribuição desigual dos aspectos positivos e negativos associados à gestão do ambiente e de impactos desproporcionais que tal distribuição por vezes assume. A injustiça ambiental ocorre quando grupos vulneráveis da sociedade são mais expostos a efeitos ambientais negativos e têm um acesso desproporcionalmente menor aos benefícios proporcionados pelo ambiente. Trata-se de um movimento exclusivamente antropocêntrico, não sobre o conceito e visão da ecologia, mas sobre o carácter processual e distributivo da justiça. O principal objectivo é capacitar as comunidades marginalizadas – por raça, etnia e pobreza – para efectivamente protegerem a sua saúde e defenderem e gerirem os seus territórios e recursos. O termo incorpora o denominado «racismo ambiental», isto é, a correspondência entre os grupos ambientalmente desfavorecidos e as minorias étnicas, e o «classismo» ambiental (do termo em inglês *classism*, associado a classe social), ou seja, a discriminação tendo por base questões económicas. Outro conceito relacionado é o da «equidade ambiental», que requer um igual tratamento de qualquer pessoa ou comunidade no que respeita à aplicação da legislação ambiental. A justiça ambiental enfatiza o direito a um ambiente seguro e saudável para todas as pessoas e é menos provocadora do que o racismo ambiental – expressão que, no entanto, foi historicamente relevante na origem do movimento de justiça ambiental. O entendimento sobre justiça ambiental, baseando-se principalmente na questão da equidade ou na distribuição de males e benefícios ambientais, é incompleto, dado que activistas, comunidades e organizações não governamentais exigem muito mais do que apenas uma atenção à distribuição, tornando assim o conceito de justiça ambiental muito mais abrangente e dinâmico (Schlosberg, 2004). Outros movimentos, suportados por determinadas áreas do conhecimento, são também importantes para uma melhor contextualização da justiça ambiental e das suas implicações éticas, nomeadamente a comparação entre a denominada ecologia profunda e o conceito mais lato de justiça ambiental (referida também por alguns autores como justiça ecológica) (Kortetmäki, 2016).

1. Breve história da justiça ambiental

O conceito de justiça ambiental à escala mundial, talvez por razões documentais, mas também sociais e históricas, é considerado como tendo tido origem nos Estados Unidos da América (EUA). Não haja dúvidas de que, anteriormente e em diferentes países, diversos problemas de natureza similar assumiram características e motivaram reacções que se enquadram perfeitamente na aplicação do conceito, não tendo apenas sido qualificados como tal, provavelmente por, erradamente ou não, se haver considerado que seriam aspectos sociais e não ambientais os predominantes ou desencadeadores dos conflitos em causa.

Diversos autores (Skelton e Miller, 2016) consideram assim que os primeiros passos no âmbito do que se pode designar por justiça ambiental foram dados por Martin Luther King em 1968, na mesma semana em que foi assassinado. Luther King deslocou-se a Memphis, nos Estados Unidos, para ajudar os trabalhadores negros que laboravam no saneamento a lutarem pela equidade no salário e por melhores condições de trabalho. Anteriormente, no início dos anos sessenta do século passado, trabalhadores rurais latinos dos campos do vale de São Joaquim, na Califórnia, organizados por César Chávez, lutaram pelos seus direitos no local de trabalho, tendo incluído nas suas reivindicações a necessidade de protecção contra o uso de pesticidas perigosos que faziam parte da sua actividade. Em 1967, estudantes afro-americanos saíram para as ruas de Houston, no estado do Texas (EUA), para se oporem a uma lixeira na sua comunidade que havia causado a morte a duas crianças. Em 1968, residentes de West Harlem, na cidade de Nova Iorque, lutaram, sem sucesso, contra a implantação de uma estação de tratamento de águas residuais na sua comunidade. Durante os anos seguintes, os defensores de comunidades pobres (urbanas e rurais), a par de investigadores de diversas universidades, começaram a identificar padrões em que era evidente uma relação entre populações de salários reduzidos e de cor e a sujeição a impactos ambientais negativos.

No entanto, o movimento de justiça ambiental é habitualmente datado com o primeiro caso judicial que desafiou a localização de uma instalação de resíduos por violação de direitos civis em Houston, Texas, nos EUA, em 1979 (Bean *versus*

Southwestern Waste Management Corp.). Outro evento-chave foi um protesto contra a proposta de construir um aterro de resíduos contendo policlorobifenilos (PCB) numa comunidade predominantemente afro-americana de Warren County, na Carolina do Norte, também nos EUA, em 1982. Pobre, rural e esmagadoramente negro, pode parecer um lugar improvável para o nascimento de um movimento político. Porém, na sequência de uma decisão do governo do estado da Carolina do Norte para aí localizar o referido aterro, a área transformou-se no foco da atenção nacional. Quando os camiões se deslocaram para o aterro então recentemente construído na pequena comunidade de Afton, muitos residentes, frustrados e furiosos por não ter sido devidamente equacionada a possibilidade de contaminação dos aquíferos que os abasteciam de água potável com PCB, bloquearam as viaturas, deitando-se nas estradas que conduziam ao local de deposição (figura 1). Seguiram-se seis semanas de marchas e protestos não-violentos de rua, e mais de quinhentas pessoas foram presas – as primeiras prisões na história dos EUA desencadeadas pelo conflito sobre a localização de um aterro.

As populações acabariam por perder a batalha, mas a sua história – de pessoas comuns levadas a medidas desesperadas para proteger a água que bebem – chamou a atenção da comunicação social nacional e permitiu que outras comunidades do país, que tinham vivido injustiças, se identificassem com a situação.

Para os activistas de direitos civis que observavam os eventos no condado de Warren, as acções do governo do estado da Carolina do Norte no sentido de forçar um aterro tóxico para uma pequena comunidade afro-americana foram uma extensão do racismo que encontraram durante décadas em habitação, educação e emprego. Durante a disputa, o reverendo Benjamin F. Chavis, Jr., da Comissão da Igreja Unida da Cruz para a Justiça Racial, recorreu ao termo «racismo ambiental» e ligou os dois movimentos sociais populares do final do século XX: o movimento ambientalista e o movimento pelos direitos civis (Dedekorkut, 2011).

Figura 1: Bloqueio de estrada para impedir transporte de resíduos com PCB em Afton, Carolina do Norte, nos EUA (Fonte: Ricky Stilley, em Skelton e Miller, 2016).

Os protestos de Afton energizaram uma nova facção dentro do movimento pelos direitos civis, acrescentando o ambiente a outras temáticas na luta pela justiça. Muitos líderes da justiça ambiental – na sua maioria pertencentes a Igrejas negras – viriam a incorporar no movimento ambiental as estratégias usadas nas lutas pelos direitos civis – marchas, petições, manifestações, construção de coligações, capacitação da comunidade através da educação, acções litigiosas em tribunal e acção directa não-violenta –, tendo desempenhado um papel relevante (Skelton e Miller, 2016).

Ninguém quer uma fábrica ou um aterro nas proximidades. O governo e a administração, nos seus diferentes níveis, como responsáveis pela tomada de decisão, sabiam que era mais fácil localizar determinadas instalações, mais problemáticas em termos de risco e/ou de impacto ambiental, em comunidades mais vulneráveis. Nos EUA, tal correspondia a comunidades afro-americanas ou latinas com salários baixos, em contraste com comunidades primariamente brancas de classe média-alta, menos abrangidas por projectos dessa natureza. Afinal, as comunidades pobres não estão ligadas ao poder e às tomadas de decisão, que, à escala municipal, são fortemente condicionados, ou melhor dizendo, manipulados, de modo a proteger os interesses daqueles com maior poder económico, educação e influência. As populações de classes sociais mais baixas não conseguem contratar quem tenha conhecimento jurídico e/ou técnico para impedir determinados projectos que representam uma ameaça ambiental. Além disso, também não dispõem de informação que permita uma avaliação correcta do risco associado, não apenas para o ambiente mas principalmente, e de forma directa ou indirecta, para a sua saúde. Neste contexto, até a barreira linguística pode ser determinante, nomeadamente entre as comunidades latinas nos EUA, em que informações importantes em documentos somente em inglês ficavam fora do alcance dos moradores afectados, que falavam apenas espanhol.

Após os eventos descritos, e muitos outros de menor escala mas também significativos, o interesse despertado pelas questões de justiça ambiental produziu vários estudos que confirmaram a raça como a variável mais relacionada e capaz de prever a localização de instalações de resíduos perigosos numa comunidade. Muitos desses estudos académicos não foram aceites por diversos especialistas e investigadores. Alguns destes enfatizaram a importância da classe económica como factor adicional ou predominante em relação à raça, enquanto outros questionaram se a construção de instalações desta natureza constituía projectos a efectivar ou meras possibilidades ou intenções.

As décadas seguintes continuaram a produzir evidências e argumentos opostos. Incorporando ao longo do tempo um conjunto de críticas, o movimento começou a alargar o seu âmbito. Dezassete princípios de justiça ambiental viriam a ser adoptados pela primeira Cimeira Nacional de Liderança Ambiental do Povo de Cor em Washington, em 1991, e alargaram o foco do movimento para além da raça, incluindo outras preocupações, como a classe social e a inclusão de espécies que não apenas a humana. Ainda assim, as questões centrais para a justiça ambiental continuaram a ser a criação de locais indesejados de uso do solo (LULU – Locally Unwanted Land Uses), como aterros, instalações de resíduos perigosos, depósitos de resíduos nucleares e indústrias poluentes. O movimento de justiça ambiental viria a expandir a sua abrangência para incluir os efeitos da extracção, uso e preservação dos recursos naturais. Outras relações viram a ser estabelecidas com plataformas que lidam com injustiças mais fundamentais provocadas por disparidades económicas e sociais.

Os EUA merecem efectivamente destaque no relevo que do ponto de vista político têm dado às questões de justiça ambiental. A Ordem Executiva 12898 – Acções Federais para Tratar a Justiça Ambiental em Populações Minoritárias e Populações de Baixos Salários – foi publicada pelo presidente Clinton em 1994 (Federal Register, 1994). O objectivo era focar a atenção das acções federais nos efeitos ambientais e na saúde humana em populações minoritárias e de baixos rendimentos, procurando uma protecção ambiental para todas as comunidades. A Ordem Executiva direcciona as agências federais para a identificação e a abordagem dos efeitos desproporcionalmente elevados e adversos para a saúde humana ou ambiental de acções que possam ser consideradas injustas face à diversidade das populações nos EUA. A ordem também orienta cada agência para desenvolver uma estratégia para a implementação de princípios de justiça ambiental. Este documento também visava promover a não discriminação em programas federais e proporcionar às comunidades minoritárias e de recursos reduzidos acesso à informação pública e à participação pública, tendo estabelecido um Grupo de Trabalho Interagências sobre justiça ambiental presidido pelo administrador da Agência de Protecção Ambiental (EPA – Environmental Protection Agency) e composto pelos chefes de onze departamentos ou agências da Casa Branca. Em 2002, foram conduzidas audições pela Comissão para os Direitos humanos dos Estados Unidos cuja transcrição constitui um importante documento sobre a definição, história e evolução do conceito e dos movimentos associados à justiça ambiental e um diagnóstico detalhado e de reflexão sobre as situações identificadas e a sua evolução ao longo do tempo (U.S. Commission on Civil Rights, 2003).

Como anteriormente apontado, se a preocupação inicial era de «racismo ambiental», esta rapidamente se expandiu no quadro de um movimento mais amplo de «justiça ambiental», com base, em particular, nas realizações do movimento dos direitos civis, mas incorporando também elementos do movimento ambientalista; se a justiça ambiental era, antes de mais, uma preocupação activista, ao longo do tempo transformou-se num projecto político e académico (Walker, 2009).

À medida que o movimento associado à justiça ambiental foi crescendo, as preocupações de justiça dos actores que se identificam com a procura de justiça ambiental foram-se diversificando, passando a discutir a capacidade desproporcional das elites para moldar a economia global através de instituições como a Organização Mundial do Comércio, o direito das comunidades indígenas e locais a serem reconhecidas como interesses válidos nas discussões sobre o uso da terra nos países desenvolvidos e em desenvolvimento ou fazendo exigências sobre a qualidade do ambiente em diversas regiões. Talvez por esta razão G. Edwards *et al.* (2016) considerem que o movimento enquadrado pela temática da justiça ambiental nunca procurou desenvolver uma narrativa unificadora sobre justiça. Os autores teorizam o bem-estar como o resultado desejado de qualquer teoria de justiça, considerando que, apesar da relação complexa entre as duas áreas referidas, o bem-estar psicológico assenta nas teorizações dominantes de eudemonismo (doutrina que acredita ser a busca da felicidade a principal causa dos valores morais, considerando positivos os actos que levam o indivíduo à felicidade) e de hedonismo (doutrina caracterizada pela busca excessiva do prazer como propósito mais significante da vida moral). Deixa-se assim a investigadores e activistas a escolha entre a busca de uma justiça que maximize a oportunidade de bem-estar hedónico e a que maximize a oportunidade de bem-estar eudemónico. Procurar maximizar o bem-estar hedónico é consistente com uma noção de justiça que dá primazia ao indivíduo e aos seus objectivos e, portanto, com a orientação individualista da sociedade liberal contemporânea. Por outro lado, procurar maximizar o bem-estar eudemónico é consistente com uma noção de justiça que dá primazia à sociedade e aos seus objectivos colectivos. Neste contexto, considera-se que justiça ambiental pode, por um lado, recorrer às concepções hedónicas de bem-estar mobilizando o apoio a uma acção pró ambiental como o «consumismo verde», diminuindo-se as pressões sobre o consumo sem perda da qualidade de vida e, portanto, viabilizando uma economia mais sustentável, bem como conciliar a ideia de um bem-estar económico e a preocupação com a saúde e bem-estar que encaixam amplamente dentro da tradição hedónica. Na primeira escolha, o bem-estar é visto como a felicidade, que, por sua vez, é explicada como causalmente ligada à capacidade de satisfazer a sua preferência através de meios económicos apropriados para o consumo; nesta segunda, o bem-estar é entendido como experimentando emoções positivas ou estados de espírito em virtude da boa saúde.

De acordo com D. Schlosberg (2013), existe hoje um conjunto significativo de aspectos relacionados com a justiça ambiental decorrente da expansão do uso do termo: horizontalmente, numa gama mais ampla de questões; verticalmente, em exames da natureza global das injustiças ambientais; e, conceptualmente, na relação humana com o mundo não humano. Isto é, ao longo do tempo, a justiça ambiental tem (felizmente) alargado o seu âmbito, quebrando a visão exclusivamente antropocêntrica a favor de uma visão mais integradora da realidade e da interacção das populações com o ambiente.

2. Da justiça ambiental à justiça climática

As alterações climáticas são o problema ambiental, mas também social e económico, que, provavelmente, mais irá marcar o século XXI, atendendo às suas graves consequências crescentes e exigindo uma adaptação das populações ao aumento da temperatura, a eventos meteorológicos extremos, à subida do nível do mar, entre outros impactos resultantes do aumento da concentração de gases com efeito de estufa, principalmente de dióxido de carbono proveniente da queima de combustíveis fósseis. Neste contexto, as questões de justiça ambiental tornam-se absolutamente pertinentes. Considerando que as alterações climáticas são um problema de escala planetária e cumulativo (considera-se um tempo de vida para os gases envolvidos no aquecimento global de aproximadamente cem anos), há um conjunto de responsabilidades históricas que recaem predominantemente sobre os países desenvolvidos/industrializados, com contributos elevados em termos absolutos e/ou por habitante, como é o caso dos EUA. As consequências que já se fazem sentir são particularmente dramáticas em países vulneráveis com emissões por vezes negligenciáveis ao longo da sua história recente e com muito menor capacidade económica para se adaptarem a um clima em mudança, nomeadamente no caso dos países africanos.

Não surpreenderá, pois, que, em 2000, em Haia, ao mesmo tempo que decorria a 6.ª Conferência das Partes da Convenção das Nações Unidas para as Alterações Climáticas, se realizava também a primeira Cimeira sobre Justiça Climática com o objectivo de afirmar as alterações climáticas como tema onde estavam em causa o respeito por um conjunto de direitos devidos às populações, sendo necessário agir rapidamente no combate ao problema e em prol de um desenvolvimento sustentável.

Mais tarde, uma coligação internacional de organizações, reunidas em Joanesburgo aquando da Cimeira da Terra, em 2002 – que incluía, entre outras, a CorpWatch, a Rede do Terceiro Mundo, a Oil Watch e a Rede Indígena Ambiental –, divulgou um conjunto de princípios – os Princípios de Bali sobre Justiça Climática –, abordando as alterações climáticas na perspectiva dos direitos humanos e da justiça ambiental, procurando «dar um rosto humano» às alterações climáticas. Estes princípios haviam sido desenvolvidos durante as negociações preparatórias finais para a Cimeira da Terra que decorreram em Bali, na Indonésia, em Junho de 2002 (Environmental Justice Platform, 2002).

Não obstante as alterações climáticas poderem ser a maior ameaça que a humanidade enfrenta neste século, as negociações no sentido de encontrar soluções têm sido muito condicionadas pelos interesses de grandes empresas nas áreas do petróleo e do carvão, bem como de diversos governos. Considerando que a maior injustiça das alterações climáticas é o facto de os mais atingidos serem os menos responsáveis pelo problema, os Princípios de Bali de Justiça Climática procuraram ampliar o círculo de populações envolvidas, nomeadamente ligando as questões das comunidades locais à compreensão e intervenção no problema ambiental.

A coligação ou Aliança para a Justiça Climática, juntamente com os seus membros da Índia, convidaria a comunidade internacional a participar na Cimeira de Justiça Climática em Nova Deli, de 26 a 28 de Outubro de 2002, paralelamente à reunião da 8.ª Conferência das Partes. A cimeira consistiu numa série de eventos que enfatizaram os impactos reais das alterações climáticas sobre as pessoas, procurando mobilizar esforços para abordar genuinamente o problema.

Em 2007, e sob o lema «Justiça climática, já!», representantes de organizações e movimentos sociais de todo o mundo trouxeram a luta pela justiça social, ecológica e de género às salas de negociação e às ruas de Bali durante mais uma reunião anual da Convenção das Nações Unidas para as Alterações Climáticas (COP13). Os activistas exigiam políticas alternativas e práticas que protegessem os meios de subsistência de populações vulneráveis e o ambiente, tendo promovido e/ou participado em dezenas de eventos paralelos, relatórios, protestos improvisados e conferências de imprensa. O seu objectivo foi expor o que consideravam como falsas soluções para as alterações climáticas, como a compensação de carbono, o comércio de carbono para as florestas, os biocombustíveis, a liberalização do comércio e processos de privatização pressionados por governos, instituições financeiras e corporações multinacionais. Assim, num movimento muito enraizado nas comunidades locais, mas traduzindo-se já numa organização de relevo internacional, ao contrário do que havia acontecido com a génese do movimento de justiça ambiental, as comunidades afectadas, os povos indígenas, mulheres e trabalhadores rurais, como grupos desfavorecidos em geral, reclamaram soluções reais para a crise climática, as quais ainda não haviam captado a atenção dos líderes políticos.

A Rede Internacional de Justiça Climática viria a ser criada aquando da Cimeira de Copenhaga (a 15.ª Conferência das Partes) e incluiria a CorpWatch, a Amigos da Terra Internacional, o Greenpeace Internacional e um conjunto de organizações próximas das comunidades, entre as quais a Rede Indígena Ambiental, a Rede de Informação Indígena, a Aliança Nacional de Movimentos Populares, o Fórum Nacional de Pescadores, a OilWatch International, a Rede do Terceiro Mundo e o Movimento Mundial pelas Florestas Tropicais.

Mais tarde, em Julho de 2011, numa reunião de um pequeno grupo de pessoas de todas as partes do mundo que haviam trabalhado nas questões de justiça climática, a Fundação Mary Robinson – Justiça Climática desenvolveria um projecto de princípios de justiça climática com base na compreensão comum de conceitos e oportunidades fundamentais (Fundação Mary Robinson – Justiça Climática, 2011).

O conceito de justiça climática é enquadrado pela ciência e reconhece a necessidade de uma administração equitativa dos recursos do mundo; liga os direitos humanos e o desenvolvimento a uma abordagem centrada no ser humano, salvaguardando os direitos das pessoas mais vulneráveis e partilhando de forma equitativa e justa os encargos, os benefícios das alterações climáticas e os seus impactos. Os princípios da justiça climática estão enraizados nos quadros do direito internacional e regional dos direitos humanos e deverão por isso reunir o consenso de quem venha a aderir ao movimento à escala global.

Os Princípios de Justiça Climática adoptados incluem:

- Respeitar e Proteger os Direitos Humanos, considerando-se que os direitos internacionais contemplam já imperativos legais que enquadram respostas moralmente apropriadas às alterações climáticas, enraizadas na igualdade e na justiça, e que a garantia de direitos fundamentais enraizados no respeito à dignidade da pessoa, que está no cerne desta abordagem, faz dela uma base indispensável para a acção sobre a justiça climática;

- apoiar o Direito ao Desenvolvimento, considerando-se que o grande abismo entre os recursos de ricos e pobres, evidente na diferença entre os países do Norte e do Sul, é a mais profunda injustiça da nossa era, exacerbada pelas alterações climáticas. Estas, no entanto, realçam a nossa verdadeira interdependência e devem conduzir a um paradigma novo e respeitador de desenvolvimento sustentável, baseado na necessidade urgente de expandir e transferir tecnologias ecológicas e de apoiar estratégias de resiliência a baixos níveis de carbono para os mais pobres;
- benefícios e encargos em partes iguais, considerando-se que os que estão associados às alterações climáticas e à sua resolução devem ser repartidos de forma equitativa, envolvendo a aceitação de responsabilidades comuns mas diferenciadas e relativas às capacidades de redução das emissões de gases com efeito de estufa. Isto é, aqueles que beneficiaram e continuam a beneficiar de emissões sob a forma de desenvolvimento económico contínuo e de aumento da riqueza, sobretudo nos países industrializados, têm a obrigação ética de partilhar os benefícios com aqueles que sofrem actualmente os efeitos prejudiciais destas emissões, principalmente pessoas vulneráveis nos países em desenvolvimento e indivíduos em países de baixos salários que devem ter acesso a oportunidades para se adaptarem aos impactos das mudanças climáticas e adoptar o desenvolvimento de baixo carbono para evitar danos ambientais futuros;
- assegurar que as Decisões sobre a Alterações Climáticas sejam Participativas, Transparentes e Responsáveis, considerando-se indispensável garantir a oportunidade de ampla participação em processos de tomada de decisão, para que estes sejam justos, responsáveis, abertos e sem

corrupção, ouvindo as vozes dos mais vulneráveis às alterações climáticas e promovendo a exigência de transparência e responsabilização nas tomadas de decisões, não podendo a pobreza ser um álibi para o fracasso;

- promover a Igualdade de Género e Equidade, considerando-se a importância da dimensão de género das alterações climáticas e, por sua vez, na justiça climática, na medida em que os impactos das alterações climáticas são diferentes para mulheres e homens, com as mulheres a suportarem provavelmente o maior peso em situações de pobreza, pelo que a sua voz deve ser ouvida e as suas prioridades apoiadas;
- aproveitar o Poder Transformativo da Educação para a Governança Climática, considerando-se que, para alcançar a estabilização do clima, serão necessárias mudanças radicais no estilo de vida e comportamentos e que a educação tem o poder de equipar as gerações futuras com as capacidades e conhecimentos de que necessitarão para prosperar e sobreviver. Uma escola multidisciplinar pode aumentar a consciência das alterações climáticas, produzindo novas percepções, não só no nível científico, mas também no nível sociológico e político. A educação também pode ser alcançada fora do sistema formal, através da actividade pública e, cada vez mais, virtual (ou seja, baseada na Internet). A aprendizagem necessária para ver as alterações climáticas em termos de justiça não pode ser feita apenas nas escolas e na universidade. É uma responsabilidade ao longo da vida e, por conseguinte, um compromisso;
- usar Parcerias Eficazes para Proteger a Justiça Climática, considerando-se que urge uma acção efectiva à escala global, a qual, por sua vez, requer recursos e uma partilha de competências em todo o mundo, sendo as parcerias um aspecto vital de qualquer abordagem coerente das

alterações climáticas. E, em nome da justiça climática, deve-se também envolver parcerias com os mais afectados pelo problema e menos capazes de lidar adequadamente para o ultrapassar.

No contexto global, o anúncio de abandono dos Estados Unidos da América do Acordo de Paris, feito em Junho de 2017, pelo Presidente Trump, é assim um acto de profunda injustiça ambiental, na medida em que serão os países menos desenvolvidos que mais sofrerão, isto é, aqueles que menor capacidade terão para enfrentar as consequências actuais e futuras das alterações climáticas e em que todo o apoio para um desenvolvimento pelo caminho certo da descarbonização é essencial.

3. Considerações éticas

Ao longo da história dos vários movimentos de natureza ambiental, dos mais locais aos de dimensão internacional, a justiça ambiental surge como um reflexo ou uma expressão do seu envolvimento social. De acordo com Douglass Warner e DeCosse (2009), diversos teólogos desenvolveram a expressão «ecojustiça» para reflectir uma aspiração religiosa universal para a correcta relação entre os seres humanos e a Terra, com especial preocupação expressa especificamente para as pessoas vulneráveis e criaturas no nosso planeta em risco pelo consumo abusivo de recursos e por actividades humanas com fortes impactos. As Escrituras Hebraicas imaginam a justiça como uma correcta relação entre todas as coisas criadas: humano, animal ou elemento. De uma perspectiva teológica, a justiça é uma qualidade de relacionamento, não apenas resultado de um processo legislativo ou legal.

A encíclica *Laudato si'*, do Papa Francisco, sobre o Cuidado da Casa Comum, com apelo, aliás, a posições nesta matéria por parte dos bispos portugueses, enquadra a justiça ambiental e as suas implicações éticas num quadro intergeracional: «A noção de bem comum engloba também as gerações futuras. As crises económicas internacionais mostraram, de forma atroz, os efeitos nocivos que traz consigo o desconhecimento de um destino comum, do qual não podem ser excluídos aqueles que virão depois de nós. Já não se pode falar de desenvolvimento sustentável sem uma solidariedade intergeracional. Quando pensamos na situação em que se deixa o planeta às gerações futuras, entramos noutra lógica: a do dom gratuito, que recebemos e comunicamos. Se a terra nos é dada, não podemos pensar apenas a partir dum critério utilitarista de eficiência e produtividade para lucro individual. Não estamos a falar duma atitude opcional, mas duma questão essencial de justiça, pois a terra que recebemos pertence também àqueles que hão-de vir. Os bispos de Portugal exortaram a assumir este dever de justiça: "O ambiente situa-se na lógica da recepção. É um empréstimo que cada geração recebe e deve transmitir à geração seguinte". Uma ecologia integral possui esta perspectiva ampla».

Os movimentos que incorporam directa ou indirectamente o conceito de justiça ambiental argumentam legitimamente que o cumprir de objectivos democráticos só pode ser conseguido através da participação pública nas decisões de carácter ambiental. Isto é, decisões ambientalmente justas só podem ter lugar quando os processos de decisão decorrem de um desejável envolvimento do público, opinião que se interliga com a orientação popular de muitos dos grupos de justiça ambiental. Em última análise, as soluções para qualquer actividade que represente um risco ambiental não se devem traduzir por uma exclusiva repartição equitativa dos dados, mas por uma verdadeira reflexão integrada e num contexto de desenvolvimento sustentável sobre essa mesma actividade, a sua necessidade e os seus impactos não apenas ambientais, mas também económicos e sociais.

A justiça ambiental é uma ética profundamente antropocêntrica, o que significa que os seres humanos são a preocupação moral central. As espécies ameaçadas e a saúde dos ecossistemas não são descartadas como inconsequentes, mas o bem-estar humano e a equidade social são apresentados como preocupações centrais. Assim, a preocupação com a justiça ambiental tem o potencial de atrair um público mais amplo. Muitos grupos de justiça ambiental argumentam que cada indivíduo e comunidade têm o direito a ar, água e solo limpos. De uma forma mais directa, ter um ambiente limpo deverá ser encarado como um direito humano. Mais recentemente, e no contexto dos objectivos das Nações Unidas para o Desenvolvimento Sustentável, aprovados em Setembro de 2015, em Nova Iorque, com programa de objectivos e metas para o ano 2030, torna-se claro que cada ser humano tem direito a um desenvolvimento sustentável (Nações Unidas, 2015). No que respeita a uma área fundamental mais recente da justiça ambiental, que decorre das alterações climáticas e já anteriormente abordada – a justiça climática –, os argumentos éticos para a redução das emissões de gases com efeito de estufa são igualmente suportados pelos princípios da justiça ambiental.

A construção de uma «Casa Comum da Humanidade», um projecto promovido à escala mundial para lidar, do ponto de vista jurídico, com as informações sobre os principais processos que regulam a estabilidade e a resiliência do sistema terrestre, poderá vir a constituir uma base operacional para aplicação dos princípios de justiça ambiental essenciais no relacionamento entre países face ao consumo desregrado de recursos. Ao definir um padrão comum que represente os fluxos positivos e negativos de cada país sobre o estado do sistema terrestre através da criação de uma unidade métrica comum que traduza o uso de recursos, poderão traduzir-se melhor as relações entre Estados e promover-se uma harmonização mais justa nas suas relações (Magalhães e Ferreira, 2016).

4. Casos de estudo

No passado recente, podemos identificar diversas situações de conflito que mostram como as questões de justiça ambiental continuam a ser pertinentes e actuais, tendo sido seleccionados para apresentação dois casos de estudo: a fracturação hidráulica no Reino Unido, que ganhou relevo desde 2011, e o oleoduto Keystone XL entre o Canadá e os EUA, proposto em 2009.

Apesar da exploração de gás e petróleo de forma não convencional, incluindo a fracturação hidráulica, ter tido maior expressão nos EUA, M. Cotton (2017) elaborou uma reflexão em que conclui que, quer no caso americano quer em particular no Reino Unido, a exploração dos recursos de gás de xisto é uma questão de justiça ambiental, verificando-se distribuições desiguais de riscos e impactos sociais e havendo uma desigualdade entre o poder de decisão de autarquias e de governo central, com prejuízo para as populações locais. Isto é, olhando para as políticas de planeamento, regulamentação e desenvolvimento da exploração, identifica-se um maior conservadorismo por parte da administração, que privilegia a indústria em detrimento dos riscos claramente identificados e não negligenciáveis e que afectam predominantemente áreas mais permeáveis do território, com maior vulnerabilidade em termos de poder social e económico.

O oleoduto Keystone XL é um projecto que envolve uma extensão de 2735 quilómetros entre o Sul de Alberta, no Canadá, e o golfo do México, nos EUA, atravessando seis estados dos Estados Unidos e os territórios de numerosas tribos indígenas (nomeadamente os Rosebud Sioux). Estas têm-se considerado discriminadas no processo de decisão e negociação relativo a um projecto que atravessa terras consideradas pertença dos seus antepassados e que estão ameaçadas pelos riscos ambientais da infra-estrutura, nomeadamente pela potencial contaminação de aquíferos na região. O projecto, destinado ao transporte de areias betuminosas para as refinarias da Costa Leste, no Sul dos EUA, e que havia sido cancelado pelo presidente Obama, em 2015, foi entretanto reactivado pelo presidente Trump, em Março de 2017. Trata-se de uma iniciativa que tem gerado enormes protestos por parte de comunidades locais, com realização de acampamentos e manifestações, mas também de organizações à escala mundial, com particular protagonismo para a associação 350.org, através do seu líder, Bill McKibben, que contesta a sua viabilidade como um atentado também à justiça climática.

Uma das ferramentas mais recentes e interessantes no domínio da justiça ambiental é um atlas (EJ Atlas – ejatlas.org) coordenado por investigadores do Instituto de Ciência e Tecnologia Ambiental (ICTA) da Universidade Autónoma de Barcelona. Este corresponde a um sítio da Internet apoiado pelo projecto ENVJUST (ERC Advanced Grant, 2016-2021) e pelo ACKnowl-EJ (Academic-Activist Co-Production of Knowledge for Environmental Justice, 2015-2018), financiado pelo Programa Transformações para Sustentabilidade. O EJ Atlas lista as histórias de comunidades que têm lutado pela justiça ambiental em todo o mundo. O objectivo é tornar essas mobilizações mais visíveis, destacar reivindicações e testemunhos e defender a verdadeira responsabilidade corporativa e estatal pelas injustiças infligidas pelas suas actividades. O atlas procura servir como espaço virtual para aqueles que trabalham em questões de justiça ambiental de modo a obter informações, encontrar outros grupos que estejam a trabalhar em questões relacionadas e aumentar a visibilidade dos conflitos ambientais.

5. Conclusão

A justiça ambiental e, mais recentemente, a justiça climática, são elementos fundamentais de um mundo mais equitativo e respeitador dos direitos humanos. Os movimentos que deram visibilidade a estes conceitos decorrem de um historial profundamente marcado de discriminação de comunidades locais, em particular nos Estados Unidos da América, nos anos sessenta do século passado, com a construção de infra-estruturas com impactos ambientais junto de populações mais desfavorecidas e sem capacidade de argumentação e participação para contrariarem decisões centralizadas ou de poderes instituídos.

Ao longo do tempo, os movimentos alicerçados na justiça ambiental foram evoluindo, ganhando novos protagonistas e temáticas. As alterações climáticas constituem actualmente o problema ambiental mais marcante deste século e, nesse contexto, surgiu a justiça climática, que tem uma expressão mundial no contraste entre os principais países emissores de gases com efeito de estufa causadores do aquecimento global e os impactos sobre os países vulneráveis, sem capacidades e recursos para a adaptação e com uma diminuta responsabilidade histórica de poluição.

As implicações éticas decorrentes da justiça ambiental têm vindo a ser progressivamente traduzidas à escala internacional, com particular relevo nos objectivos de desenvolvimento sustentável das Nações Unidas, até pelos aspectos consignados no recente Acordo de Paris, relativo ao clima.

Se, por um lado, diversas situações actuais continuam a revelar um longo caminho para ultrapassar as injustiças, há felizmente uma preocupação e um envolvimento cada vez maiores de agentes, quer oficiais quer de organizações da própria sociedade civil, no sentido de incorporar as questões da justiça ambiental nos processos políticos e nos valores que consubstanciam a nossa sociedade.

Referências e leituras recomendadas

ACKNOWLEJ (2016). *Environmental Justice Atlas* (disponível em https://ejatlas.org).

Cotton, M., «Fair Fracking? Ethics and environmental justice in United Kingdom shale gas policy and planning», in *Local Environment*, 22:2, 2017, pp. 185-202.

Dedekorkut, A., *Environmental Justice. Ethics and Philosophy in Green Issues and Debates: An A-to-Z Guide*, Thousand Oaks, Sage Publications, Inc., 2011.

Douglass Warner, K., e Decosse, D., *A Short Course in Environmental Ethics*, Santa Clara, Santa Clara University, 2009.

Edwards, G., *et al.*, «Environmental Justice, Capabilities, and The Theorization of Well-Being», in *Progress in Human Geography*, *40*(6), 2016, pp. 754-769.

Environmental Justice Platform), *Principles of Environmental Justice*, 1991 (disponível em http://www.ejnet.org/ej/principles.pdf).

Environmental Justice Platform, *Bali Principles of Climate Justice*, 2002 (disponível em http://www.ejnet.org/ej/bali.pdf).

Federal Register, *Federal Actions To Address Environmental Justice in Minority Populations and Low-Income Populations*, Executive Order 12898 of February 11, 1994, Presidential Documents, vol. 59, n.º 32, EUA, 1994.

Francisco, Papa, *Encíclica Laudato si' do Santo Padre Francisco sobre o Cuidado da Casa Comum*, Vaticano, 2015 (disponível em: http://

w2.vatican.va/content/francesco/pt/encyclicals/documents/papa-francesco_20150524_enciclica-laudato-si.html).

Kortetmäki, T., «Is Broad the New Deep in Environmental Ethics? A comparison of broad ecological justice and deep ecology», in *Ethics & the Environment*, vol. 21 Issue 1, Spring 2016, pp. 89-108.

Magalhães, P., Ferreira, F., Global Free Riders», in Magalhães, P., *et al.* (dir.), *SOS Treaty, The Safe Operating Space Treaty – A New Approach to Managing Our Use of the Earth System*, Newcastle upon Tyne, Cambridge Scholars Publishing, 2016.

Mary Robinson Foundation – Climate Justice, *Principles of Climate Justice*, 2011 (disponível em http://www.mrfcj.org/principles-of-climate-justice).

Nações Unidas, *Sustainable Development Goals*, 2015. Disponível em https://sustainabledevelopment.un.org/?menu=1300.

Schlosberg, D., «Theorising Environmental Justice: the expanding sphere of a discourse», in *Environmental Politics*, 2013, 22:1, pp. 37-55.

—, «Reconceiving Environmental Justice: global movements and political theories», in *Environmental Politics*, 2004, 13 (3), pp. 517-540.

Skelton, R., e Miller, V., *The Environmental Justice Movement, Natural Resources Defense Council*, 2016 (disponível em https://www.nrdc.org/stories/environmental-justice-movement, consultado a 31 de Março de 2017).

U.S. Commission on Civil Rights, *Not in My Backyard: Executive Order 12,898 and Title VI as Tools for Achieving Environmental Justice, U.S. Commission on Civil Rights*, 2003, October 2003, 194 pp. 1, (disponível em http://www.usccr.gov/pubs/envjust/ej0104.pdf).

Walker, G., «Beyond Distribution and Proximity: exploring the multiple spatialities of environmental justice», in *Antipode*, 41, 2009, pp. 614-636.

Implicações éticas das políticas de saúde ambiental

José Manuel Calheiros

Faculdade de Ciências da Saúde da Universidade da Beira Interior

As políticas públicas, o seu âmbito e qualidade, reflectem, inequivocamente, os valores e o estado de organização de uma sociedade; ao mesmo tempo, as políticas públicas abarcam sistematicamente «domínios/saberes» interdisciplinares, sendo o modelo desta interacção e a sua tradução na construção do bem-estar das comunidades outro indicador da referida organizaçao social.

No campo da saúde ambiental ou da interacção «saúde/ ambiente» ou «ambiente/saúde», analisamos os factores que determinam o nível de saúde colectiva tendo em vista o desenvolvimento de políticas de saúde pública que promovam o bem-estar e o desenvolvimento social e protejam os indivíduos dos riscos de origem ambiental. Um ambiente saudável, isto é, a boa qualidade dos ambientes naturais, é essencial, proporcionando benefícios ao nível do bem-estar físico, mental e social. A sua degradação, causada pela poluição do ar e da água, pelo ruído, pelas radiações, por agentes químicos ou biológicos, desorganização dos espaços públicos e/ou insegurança, pode ter consequências negativas na saúde individual e colectiva (European Environmental Agency, 2015).

A Carta Europeia – Ambiente e Saúde (World Health Organization, 1990) caracteriza este domínio como «compreendendo os aspectos da saúde e doença humana determinados por factores no ambiente», mencionando ainda que «este termo engloba a teoria e prática de avaliar e controlar os referidos factores». Simultaneamente, as políticas públicas de saúde ambiental deverão ser consideradas como uma componente das políticas de saúde pública, as quais abordam, predominantemente, a vertente «ambiental» da clássica tríade da causalidade agente – ambiente – hospedeiro.

Neste contexto, a dimensão ética tem que estar sempre presente. Jonathan Boston e colaboradores (2011) assinalam que «ética e política pública estão inextricavelmente ligadas». Os mesmos autores referem que todas as políticas têm, inevitavelmente, implicações éticas e, por tal motivo, «todas as escolhas dos governos são influenciadas, implícita ou explicitamente, por considerações éticas». Não obstante, no domínio em apreço, os actores são múltiplos, pelo que entendemos que confinar as questões éticas ao plano governamental é manifestamente redutor. Todos os agentes e «interessados» (a título pessoal – incluindo o profissional – ou a título colectivo ou institucional) são confrontados nas suas decisões, acções ou omissões com questões éticas em que valores, conflitos de interesses, sustentabilidade, conflitualidade, aceitação, aplicação efectiva, monitorização e fiscalização dessas mesmas políticas são elementos determinantes do destino e sucesso das mesmas.

Neste capítulo, analisaremos estes domínios complexos na vertente ética de formulação e aplicação de políticas públicas em saúde ambiental, procurando ilustrar esta análise com exemplos que vão da esfera global à local, nos quais a interacção saúde/ambiente tem um papel relevante ou mesmo crítico.

Como se depreende, face ao contínuo crescimento do conhecimento disponível no domínio da saúde ambiental, procura-se pôr em prática e avaliar as consequências desse mesmo conhecimento, podendo considerar-se que ética e «estado da arte» têm/são visões semelhantes de uma mesma orientação que visa, como fim principal, promover o bem-estar colectivo.

A recente publicação de Luísa Schmidt, *Ambientes de Mudança* (2016), apresenta uma análise crítica de grande rigor e qualidade dos «erros, mentiras e conquistas» de 25 anos de mudanças em Portugal. A autora coloca a ênfase no ambiente, mas tem sempre presente a salvaguarda do bem-estar da comunidade como parte integrante do mesmo. Alguns dos aspectos que documenta e aprecia serão abordados no contexto da nossa análise das políticas de saúde ambiental e das questões éticas associadas.

1. Ética e saúde pública

Para a Organização Mundial da Saúde (Coleman *et al.*, 2008), verifica-se uma tendência crescente para o alargamento das questões éticas em saúde às questões de saúde pública e, consequentemente, às do foro da saúde ambiental, indo além da tradicional relação médico-doente, para se focar no desenvolvimento e aplicação de medidas de monitorização e melhoria das condições de vida das populações, designadamente nas condições estruturais que promovem ou inibem o desenvolvimento de sociedades saudáveis.

García Leon (2012), na sua página *web Ética y Salud Pública*, assinala que subsiste um menor grau de desenvolvimento da ética no âmbito da saúde pública, quando comparado com o existente no domínio assistencial. Além disso, as questões que abordam são distintas, tanto no objecto de estudo – população *versus* pessoa – como nos aspectos centrais de debate, reforçando a perspectiva de se tratar de campos distintos. O mesmo autor destaca o facto de «a ética em saúde pública ter características próprias quando abordamos o domínio da investigação ou o dos serviços de saúde pública».

Este mesmo autor, comentando a publicação *Casos prácticos de ética y salud pública* (Fundació Víctor Grifols i Lucas, 2013), assinala que a ética em saúde pública incorpora a bioética, a filosofia política, os direitos humanos e a legislação e que grande parte deste debate ético se centra em identificar «quando e em que condições estão justificadas intervenções paternalistas que limitam a autonomia».

O autor reforça o conceito anteriormente expresso de que «as decisões em saúde pública são cada vez mais complexas, com múltiplos interesses e pontos de vista, incluindo os de pessoas que têm a tarefa comum de melhorar a saúde da população». Estas controvérsias nem sempre se podem resolver com o conhecimento científico ou com reforço da legislação, pelo que o referido autor considera ser necessário proceder ao seu debate do ponto de vista ético.

2. Políticas de saúde pública

A Organização Mundial da Saúde (World Health Organization, 2017) define política de saúde como «decisões, planos e acções desenvolvidas para alcançar objectivos de saúde específicos numa dada sociedade». Uma política explícita «define uma visão para o futuro, estabelece metas e pontos de referência para o curto e médio prazo, identifica prioridades e os papéis a desempenhar pelos diversos grupos, construindo consensos e informando o público».

Jairnilson Silva Paim e Carmen Fontes Teixeira (2006) consideram «como política de saúde a resposta social (acção ou omissão) de uma organização (como o Estado) diante das condições de saúde dos indivíduos e das populações e seus determinantes, bem como em relação à produção, distribuição, gestão e regulação de bens e serviços que afectam a saúde humana e o ambiente. Política de saúde abrange questões relativas ao poder em saúde (*politics*), bem como as que se referem ao estabelecimento de directrizes, planos e programas de saúde (*policy*). Assim, a palavra «política», na língua portuguesa, expressa tanto as dimensões do poder quanto as directrizes (Paim e Teixeira, 2006, p. 74). No domínio da saúde pública e da saúde ambiental, estas duas dimensões são, frequentemente, fonte de tensões e desvio dos objectivos essenciais das políticas públicas, prevalecendo a primeira sobre a segunda.

2.1. Valores em conflito e princípios éticos envolvidos

David Larios (2013) analisa e identifica os valores em conflito: protecção da saúde pública (pertinência), informação e transparência (alarme social, protecção de interesses económicos), equidade (protecção de interesses económicos), precaução (pertinência), legalidade (responsabilidade) e hierarquia (autonomia profissional, interesses pessoais dos técnicos). Destaca também os princípios éticos afectados: beneficência, autonomia, não maleficência e justiça – seguindo Tom Beauchamp e James Childress, em *Principles of Biomedical Ethics* (1979).

O autor atribui ao diálogo o papel de ferramenta fundamental para a deliberação, o que, no nosso entendimento, deve estar associado a uma equilibrada e transparente estratégia de comunicação. Exemplos de falência desta componente estão patentes na observação e na análise das audiências públicas incluídas no processo de avaliação de impacto ambiental das unidades de processamento dos diversos tipos de resíduos – processos que se revestiram, desnecessariamente, de grande conflitualidade.

2.2. A situação portuguesa: alguns exemplos

Nesta secção iremos analisar, de um modo sucinto, a evolução e as consequências de algumas políticas de saúde pública (saúde ambiental) essenciais ao bem-estar e desenvolvimento das comunidades.

2.2.1. Políticas públicas da água e saneamento básico. Sustentabilidade

Ninguém poderá questionar o enorme progresso que ocorreu em Portugal neste domínio, sobretudo nas últimas décadas. No início da minha actividade profissional, na década de setenta do século passado, o surto de cólera de dimensão nacional documentado por P. Moreno (2011) fez-me despertar para uma dimensão da saúde pública escassamente abordada na faculdade. Os doentes que recorriam ao serviço de urgência do hospital eram, em regra, imediatamente transferidos para o hospital de doenças infecciosas. Para os profissionais da instituição onde trabalhava, o assunto estava resolvido. Contudo, a comunidade tinha razões de sobra para estar preocupada. Recordo as diversas campanhas de informação oficial realizadas através da comunicação social visando reduzir o risco de exposição. Na enfermaria de medicina interna, tratávamos também, por vezes, doentes com febre tifóide; fui encontrar esta mesma doença nos Açores poucos anos depois. A hepatite A (transmitida, igualmente, por veículo comum – a maior parte das vezes a água) era também frequente.

No final da década de oitenta, um distinto autarca sentenciava: «água para todos e saneamento logo se verá». Os esgotos a céu aberto nas praias e descargas poluentes de todas as cores eram comuns nos nossos cursos de água.

Estes tempos vão longe, e a cobertura do abastecimento de água de qualidade é praticamente universal (Agência Portuguesa do Ambiente, 2016), assim como a sua incontestável qualidade nas zonas balneares, sendo este progresso apenas por vezes interrompido por descargas ilícitas e não sancionadas adequadamente.

Não obstante estes progressos, Luísa Schmidt (2016, pp. 36-49), reportando-se a material publicado em 1995, assinala o «insucesso sanitário» e a então menor taxa de tratamento de esgotos entre os países da União Europeia, apesar dos avultados fundos comunitários recebidos, considerando, à época, os resultados desastrosos. Neste contexto, as exigências comunitárias, assim como o activismo de organizações e comunidades, foram decisivas na reorientação destas políticas referentes a um dos pilares essenciais da saúde. Não obstante, podemos considerar que, de um modo geral, as mesmas foram tardias, frequentemente mal concebidas e realizadas, não aproveitando adequadamente os recursos colocados à nossa disposição.

Hoje em dia, novas questões se colocam, como é o caso, entre outros, da contaminação dos aquíferos resultante de actividades agrícolas e do uso crescente de produtos fitossanitários, como salienta a Agência Portuguesa do Ambiente no seu mais recente Relatório do Estado do Ambiente (2016). Os princípios enunciados, nomeadamente a capacitação dos intervenientes e uma adequada estratégia de comunicação associada a acções de monitorização e vigilância em zonas críticas, permitirão minimizar estas alterações e promover o seu controlo. Este relatório identifica um aspecto positivo que contraria a tendência crescente anteriormente assinalada, isto é, um substancial incremento da área agrícola em modo de produção biológica, assinalando um aumento de 39% no período de 2010 a 2015. Esta mudança de práticas e a sua melhor acessibilidade a todos os grupos da sociedade trará inequívocos benefícios para a saúde humana e para o estado do ambiente.

Apesar dos progressos referidos, subsistem lacunas importantes no que respeita à aplicação da Directiva-Quadro da Água: Rios e Albufeiras, como, por exemplo, permanecerem activas fontes de contaminação provenientes de outras indústrias de interesse económico e social relevante, as quais, apesar da vasta legislação existente, prevaricam «beneficiando» dos baixos níveis de vigilância e controlo oficiais e de um sistema legal permissivo. É através da acção das organizações não governamentais e da mobilização pública que se procuram colmatar estas graves lacunas (Expresso, 2017; Quercus, 2015). Estas iniciativas têm também estado particularmente atentas na vigilância de fontes de contaminação transfronteiriça – uma realidade que nos leva ao domínio da transparência e do cumprimento da legislação comunitária pelos Estados e a novas dimensões éticas.

2.2.2. *Políticas públicas para os resíduos urbanos, «perigosos» e hospitalares*

No domínio dos resíduos urbanos, verificou-se igualmente um enorme progresso com o encerramento das inúmeras lixeiras a céu aberto. Não obstante, a opção por aterros sanitários, frequentemente mal concebidos, indevidamente construídos e assim mantidos, possibilitou a existência de escorrências cujas consequências estão por avaliar. A este aspecto acresce a fragilidade e limitações dos programas de recolha selectiva.

O primeiro Plano Estratégico para os Resíduos Urbanos (PERSU) data de 1997. De acordo com a Agência Portuguesa do Ambiente (2017), o novo plano estratégico para 2014-2020 (PERSU 2020) «dá continuidade à política de gestão de resíduos, tendo em atenção as novas exigências entretanto formuladas a nível nacional e comunitário, assegurando, designadamente, o cumprimento dos objectivos comunitários em matéria de desvio de resíduos urbanos biodegradáveis de aterro e de reciclagem e valorização de resíduos de embalagens, e procurando colmatar as limitações apontadas à execução do PERSU I».

Importa destacar que algumas empresas, além das suas responsabilidades no domínio da gestão dos resíduos, desenvolveram também programas formativos e de cidadania de grande mérito, os quais permitem reformular práticas e promover uma nova norma cultural. Trata-se de uma actividade louvável, que convoca sobretudo os mais novos a terem uma visão responsável pelo ambiente, ao mesmo tempo que ilustra práticas que promovem a valorização económica e social dos resíduos (LIPOR, 2017).

No que diz respeito aos resíduos ditos perigosos – predominantemente industriais –, importa salientar que a revisão da política inicialmente prevista de construção de uma unidade de processamento dedicada e a opção pela co-incineração vieram colocar em evidência conflitos éticos particularmente complexos e controversos.

A primeira opção de considerar cinco possíveis localizações para posterior selecção de uma revelou-se desastrada, amplificadora de conflitualidade e promotora da manipulação por parte dos mais variados intervenientes. A estratégia de comunicação foi totalmente inadequada, quer por parte dos promotores quer por parte do Estado.

Neste processo, foi possível identificar agentes com especial responsabilidade cívica – pessoal e institucional –, que se apresentaram e intervieram em debates públicos sem terem tido o cuidado de, previamente, ler os documentos disponíveis elaborados pelos peritos, havendo ainda proferido supostas «verdades científicas» não documentadas, visando essencialmente a perturbação de todo o processo de decisão.

O Estado português optou ainda por criar uma «comissão de sábios», convocando peritos internacionais que não conseguiram transmitir adequadamente o seu conhecimento no meio de um ruído de fundo gerador de terrores e prenúncio de catástrofes que não se concretizaram.

Como referimos, as audiências públicas incluídas no processo de avaliação de impacto ambiental das unidades de processamento dos diversos tipos de resíduos estiveram na origem de grande conflitualidade. Não obstante, no subsequente processo de licenciamento para as unidades de incineração, foi possível incluir medidas geradoras de confiança, através de programas de monitorização, conduzidos por entidades externas. Estes não só contribuíram para a indispensável transparência dos processos, como facultaram um conhecimento aprofundado da exposição dos portugueses a agentes potencialmente lesivos – informação até então inexistente.

Do ponto de vista ético, estes processos, apreciados nas suas diversas vertentes, poderão, seguramente, proporcionar excelentes estudos de caso acerca da rectidão ou não das acções desenvolvidas.

No que se refere aos resíduos hospitalares, o primeiro plano estratégico é de 1999. Durante muitos anos, foram construídas unidades de queima no perímetro da maioria dos hospitais portugueses, sem se cumprirem requisitos técnicos elementares ou terem sido acompanhadas das indispensáveis avaliações de impacto ambiental e de acções de formação e monitorização. As primeiras avaliações efectuadas, documentadas no inventário europeu de dioxinas (Quaß *et al.*, 2004), revelaram que, mesmo para as unidades mais bem apetrechadas, os valores excediam, de um modo muito acentuado, os teores máximos de dioxinas permitidos legalmente para as novas instalações de resíduos urbanos ou nas unidades de co-incineração. Os procedimentos subsequentes levaram ao encerramento de todas estas unidades, permanecendo aberta, mas devidamente requalificada, apenas a do Parque da Saúde em Lisboa: recebe os resíduos do Grupo III (de risco biológico, contaminados ou suspeitos) e IV (resíduos hospitalares específicos, de incineração obrigatória) (DGS, sem data), o que pressupõe uma triagem prévia nas instituições, algo que anteriormente não se verificava. É, pois, possível constatar um progresso notável na gestão destes resíduos, apesar de ser no próprio Ministério da Saúde que se assinalam elementos de desconhecimento e inércia surpreendentes.

Frequentemente, o público e algumas organizações não governamentais expressaram a sua discordância e apreensão face às emissões daquelas anacrónicas unidades, situação que levou à elaboração e actualização do referido plano e ao cumprimento de directivas comunitárias (Agência Portuguesa do Ambiente, Plano Estratégico dos Resíduos Hospitalares 2011- 2016, PERH 2011-2016).

2.2.3. Energia – A adição de chumbo à gasolina

Em 1923, iniciou-se nos Estados Unidos da América do Norte a comercialização da gasolina com chumbo. Ao longo de décadas, foram-se acumulando evidências que associavam a exposição precoce e a vulnerabilidade especial das crianças a este metal. Não obstante, prestou-se escassa atenção a este grupo de risco especial.

A proibição da sua distribuição só viria a entrar em vigor em Portugal a 1 de Julho de 1999, tendo sido então substituída por gasolina sem chumbo aditivada. Inicialmente, e por pressão da indústria, estava prevista a submissão de um pedido de derrogação habitual nestas situações às entidades europeias. No entanto, aquela proibição inesperada veio antecipar em seis meses o previsto no programa europeu – o que se saúda, embora não tendo deixado de ter consistido numa decisão tardia.

Responsáveis de organismos centrais da saúde pública desvalorizavam publicamente estes riscos, em particular os das crianças, sabendo-se do seu grave impacto no desenvolvimento do sistema nervoso central. Este desconhecimento não pode deixar de surpreender. A única actividade de risco reconhecida era uma profissão em vias de extinção/reconversão – a dos tipógrafos. Contudo, a exposição em certas indústrias – cristalaria, processamento de baterias e outras – permanecia, ao tempo, particularmente preocupante, com efeitos potencialmente graves na saúde dos adultos e crianças por via da contaminação do vestuário dos pais e subsequente actividade mão-boca.

Mais uma vez, a estratégia de comunicação utilizada foi manifestamente deficiente e incorrecta. Empresas petrolíferas publicaram anúncios com imagens de cavalos selvagens associando a abolição deste tipo de combustível a estes animais, quando o que estava essencialmente em causa era a exposição, na infância, ao chumbo (metal que se acumula no meio ambiente), incluindo a exposição pré-natal, a qual implica atraso no desenvolvimento psicomotor. A exposição disseminada entre nós encontra-se bem documentada nos trabalhos de Olga Mayan e colaboradores (1994; 2001).

Entretanto, persistiam os mitos associados à perda de «potência» dos veículos sem a gasolina com chumbo, a par da deficiente informação oficial, assinalada pela Quercus (1999). Com o tempo, estas questões deixaram de integrar a agenda mediática, e a eficácia da medida tornou-se incontestável.

2.2.4. Contaminação do ar (exterior e interior)

Apesar de diversas iniciativas legislativas, reordenamento do tráfego e outras medidas associadas, as questões da contaminação do ar permanecem no topo das preocupações actuais das autoridades de saúde, não só em Portugal, mas também ao nível da esfera global. São do conhecimento geral as situações de grave contaminação de vastos espaços urbanos em países da

Ásia e de episódios críticos em cidades da Europa, os quais têm determinado medidas urgentes de restrição do tráfego e/ou da actividade da indústria.

São também bem conhecidos os efeitos sobre a saúde humana de vários dos poluentes comuns nestas situações – matéria particulada, compostos de enxofre e azotados e ozono. As provas são crescentes e sólidas. A exposição continuada a níveis elevados de partículas finas (PM2.5) constitui um risco significativo de demência e doenças cardiovasculares (Underwood, 2017; Miller, 2007). Caleb Finch, da University of Southern California, citado por Underwood (2017), considera que «para a poluição do ar teremos uma situação idêntica à que se verifica para o tabaco – não há limiar seguro», tal como expresso pela Organização Mundial da Saúde (World Health Organization, 2000, p. 203).

As consequências da contaminação do ar interior, tanto pelo uso de combustíveis fósseis como pelo consumo de tabaco em espaços confinados, são idênticas às descritas. Lamentavelmente, assistimos entre nós a um retrocesso na aplicação e vigilância das medidas legislativas de 2008, ao mesmo tempo que a indústria do tabaco coloca novos produtos à disposição dos consumidores (tabaco aquecido) com o apoio ou omissão das diversas entidades responsáveis pela formulação de políticas públicas, ignorando princípios básicos de protecção da saúde pública.

Neste campo, as organizações não governamentais existentes não estão suficientemente desenvolvidas e dispõem de recursos limitados, o que determina uma estratégia de concertação e iniciativas em conjunto com organizações similares do espaço europeu e entidades científicas europeias seriamente empenhadas na promoção da saúde pública (Ravara *et al.*, 2014).

2.2.5. *Mudança climática*

A mudança climática tem como consequência directa sobre a saúde humana o aumento da mortalidade e da doença, associado a acontecimentos extremos. Entre nós, diversas ondas de calor têm afectado as populações mais vulneráveis A onda de calor de 2003 foi particularmente intensa e persistente, tendo atingido grande parte da Europa. Estima-se que o número de mortes em excesso na região europeia tenha sido superior a 70 mil (Robine *et al.*, 2008) e, em Portugal, superior a 2000 (DGS, 2014). Os efeitos sobre a saúde que condicionam estas fatalidades são sobretudo mediados por alterações cardio-respiratórias, desempenhando os diversos contaminantes do ar, e em particular o ozono, um papel determinante.

Na sequência do referido episódio de 2003 e do trabalho desenvolvido e documentado por Paulo Nogueira (2011), a Direcção-Geral de Saúde adoptou uma estratégia de acção baseada no Projecto ÍCARO (Importância do Calor: Repercussão nos Óbitos). Este projecto, «tendo começado por ser um modelo simples para a ocorrência de ondas de calor e a respectiva relação com a mortalidade observada no distrito de Lisboa, acabou por inspirar um sistema de vigilância das ondas de calor com a ambição de minorar os conhecidos impactos avultados na mortalidade (Nogueira, 2011)».

2.2.6. *Agentes infecciosos*

O surto de dengue na Região Autónoma da Madeira e os recentes surgimentos de doença dos legionários ilustram a importância de não abrandar a vigilância sobre estes agentes.

Desde 2008, desenvolve-se o projecto REVIVE (Rede de Vigilância de Vectores), o qual resulta da colaboração entre instituições do Ministério da Saúde. Este programa visa capacitar o país «para poder melhorar o conhecimento sobre as espécies de vectores presentes, sua distribuição e abundância, esclarecer o seu papel como vector de agentes de doença, assim como detectar atempadamente a introduções de espécies invasoras com importância em saúde pública» (Revive, 2011-2015). Este documento assinala que, «durante o ano de 2015, com a excepção da Madeira, onde uma espécie de mosquito invasor (*Aedes aegypti*) está presente pelo menos desde 2005, não foram identificadas em Portugal espécies de mosquitos exóticas/invasoras; a pesquisa de agentes patogénicos (flavivírus e plasmódio) foi sempre negativa» (Revive, 2011-2015, p. 57).

A segunda componente do programa REVIVE (Ixodídeos – «carraças»), que abrangeu 180 concelhos de Portugal Continental, «identificou uma espécie importada em viajante, o que sublinha a importância deste programa de vigilância epidemiológica dos vectores. Nas amostras em que foi pesquisada a presença de *Rickettsia* e *Borrelia* foi observada uma prevalência de 14,2% e 1,9%, respectivamente» (Revive, 2011-2015, p. 57).

Trata-se de um programa de grande relevância e visão estratégica, que conseguiu construir a indispensável cooperação interinstitucional e internacional, suportada por uma sólida componente científica. Neste trabalho de equipa, importa ainda destacar a articulação com as diversas autoridades da administração do território, da saúde e da vigilância de fronteiras, assim como a atempada aplicação das normas internacionais, o que constitui um exemplo de uma coerente e pró-activa política pública.

Quanto à doença dos legionários, causada pela bactéria *Legionella pneumophila,* a qual pode ser responsável por casos esporádicos e por surtos com significado para a saúde pública, consideramos que este agente deve também ser incluído no domínio da saúde ambiental, uma vez que a ocorrência destes surtos se pode verificar quer em espaços interiores de estabelecimentos públicos (hotéis ou similares, hospitais, casas de espectáculos) quer em espaços públicos abertos (proximidade de instalações fabris, fontes ornamentais). A doença pode ser fatal, em particular em indivíduos de risco, com as «defesas» diminuídas, incluindo os portadores de doenças crónicas e os fumadores.

Estas ocorrências de casos de doença agrupados no tempo e no espaço (surtos), dos quais o mais significativo foi o de Vila Franca de Xira, em 2014, são encaradas com grande apreensão pela comunidade e pelos diversos agentes envolvidos (autarcas, autoridades, agentes económicos, etc.). Se, por um lado, não deve propiciar-se uma situação de alarmismo, por outro, convém que a informação atempada e de qualidade aos diversos agentes seja uma prioridade, evitando críticas sistemáticas e a criação de desconfiança e temor. O surto indicado, um dos maiores de que há registo internacionalmente, registava, até 15 de Dezembro, 375 casos de doença e causara 12 mortes (Direcção-Geral de Saúde, 2014). Desde então outros surtos de dimensão mais reduzida foram identificados no Porto e na Maia.

Por outro lado, deve ser desenvolvido um programa efectivo de manutenção de equipamentos identificados como potenciais fontes de desenvolvimento e dispersão do agente microbiano, além da inculpação dos dirigentes e responsáveis pelas consequências do não cumprimento das normas de manutenção recomendadas.

Reforça-se a importância do diálogo consciente neste processo e do acompanhamento integrado por parte das diversas entidades – saúde, ambiente e outras.

3. Conclusão

O recente relatório da European Environmental Agency (2015) – The European Environment. State and Outlook

2015 – contém uma análise e perspectivas de grande relevância no que respeita à salvaguarda das pessoas em relação ao risco sanitário resultante de condições ambientais.

Este documento ilustra como as preocupações com a saúde humana constituem um motor para as políticas de ambiente, as quais, contudo, têm conhecido abordagens separadas, nomeadamente quanto à qualidade do ar e da água, ao ruído, às substâncias químicas, etc. O mesmo relatório assinala que, desde a aprovação do EU Environment and Health Action Plan, em 2010, deixou de existir uma política específica na União Europeia reservada às políticas de ambiente e saúde. O mesmo relatório refere que «as políticas ambientais existentes poderão contribuir para reduzir problemas de saúde específicos. Contudo, a necessidade de se utilizarem abordagens sistémicas para a redução dos riscos para a saúde é reconhecida». A recente revisão da Directiva de Avaliação do Impacto Ambiental é exemplo da importância atribuída ao reforço desta componente.

Este documento assinala seis áreas relevantes para a referida salvaguarda e procura prever as tendências para os próximos cinco a 10 anos e 20 ou mais. As áreas destacadas são:

1. Poluição da água e riscos de origem ambiental para a saúde associados.
2. Poluição do ar e riscos de origem ambiental para a saúde associados.
3. Poluição sonora (especialmente em zonas urbanas).
4. Sistemas urbanos e infra-estruturas «cinzentas».
5. Mudança climática e riscos de origem ambiental para a saúde associados.
6. Substâncias químicas e riscos de origem ambiental para a saúde associados.

As previsões apontam para uma situação estável nos seis domínios assinalados, com excepção da mudança climática para as duas perspectivas temporais consideradas (5 a 10 anos e 20 e mais) e para as substâncias químicas no curto prazo. A única situação para a qual se prevê uma melhoria, embora apenas a curto prazo, é a que se refere à poluição da água.

Como se depreende, Portugal está e estará enquadrado neste contexto e à mercê da evolução da conjuntura económica e política, assim como da visão e das capacidades dos seus líderes. Contudo, não sendo o país homogéneo e prevalecendo substanciais desigualdades e iniquidades no acesso a bens essenciais em geral e, em especial, no domínio do ambiente e da saúde, a prioridade ética principal será a redução dessas desigualdades e a promoção do bem-estar dos mais vulneráveis, nomeadamente das crianças.

Hoje sabemos que a hipertensão arterial é uma doença da pobreza; estamos também conscientes de que a exposição a circunstâncias ambientais desfavoráveis tem gradientes socioeconómicos claros. Se num passado recente, e mesmo no presente, grande parte das perturbações da saúde eram/são consideradas questões «médicas», o conhecimento disponível revela que as mesmas são mediadas por factores ambientais susceptíveis de correcção. Importa, pois, desenvolver mecanismos que promovam o bem-estar e o desenvolvimento harmonioso da sociedade.

Para tal, e como anteriormente assinalado, a Organização Mundial da Saúde defende o desenvolvimento de políticas explícitas que definam «uma visão para o futuro, estabeleçam metas e pontos de referência para o curto e médio prazo, identifiquem prioridades e os papéis a desempenhar pelos diversos grupos, construindo consensos e informando o público» (World Health Organization, 2017a). A mesma agência reforça a prioridade de promover a saúde das crianças, reduzindo a exposição aos diversos tipos de poluentes, entre os quais a contaminação do ar, que causa aproximadamente 600 mil mortes por ano em crianças com menos de cinco anos e aumenta o risco de infecções respiratórias, asma, situações neonatais adversas e anomalias congénitas. Evidências crescentes sugerem que a poluição do ar afecta o desenvolvimento cognitivo das crianças e que a exposição precoce pode induzir o desenvolvimento de doenças crónicas na idade adulta (World Health Organization, 2017b).

A principal implicação ética e responsabilidade das políticas de saúde ambiental será preservar e promover um futuro mais saudável para as gerações que nos seguem.

Referências e leituras recomendadas

Agência Portuguesa do Ambiente, *Relatório do Estado do Ambiente*, 2016.

—, *Plano Estratégico dos Resíduos Hospitalares 2011-2016 (PERH 2011-2016)*, 2011 (https://www.apambiente.pt/index.php?ref=16&subref=84&sub2ref=108&sub3ref=207).

—, *Plano Estratégico para os Resíduos Urbanos 2014-2020 (PERSU 2020), 2014* (https://apambiente.pt/index.php).

Boston J., *et al.* (dir.), *Ethics and Public Policy: Contemporary Issues*, Wellington, Victoria University Press, 2011.

Coleman, Carl H., *et al.*, «The Contribution of Ethics to Public Health», in *Bulletin of the World Health Organization*, 86(8) Aug 2008, pp. 578-A.

Direcção-Geral de Saúde, *Resíduos Hospitalares* (Documento de Orientação), s/d.

—, *Mortalidade em Portugal no Verão de 2003: influência das ondas de calor*, DGS, 2004.

Comunicado Conjunto, *Surto de Doença dos Legionários em Vila Franca de Xira – Descrição sumária do surto*, Lisboa, Direcção-Geral de Saúde, Instituto Nacional de Saúde Dr. Ricardo Jorge, Administração

Regional de Saúde de Lisboa e Vale do Tejo, Inspecção-Geral da Agricultura do Mar, do Ambiente e do Ordenamento do Território, Agência Portuguesa do Ambiente, 5 de Dezembro de 2014.

European Environmental Agency, *The European Environment. State and Outlook, 2015*, 2015.

«Empresas apanhadas a poluir o Tejo. Ministério levanta autos contra Centroliva e fossa industrial gerida pela Câmara de Vila Velha de Ródão», in *Expresso*, 18 de Fevereiro de 2017. http://expresso.sapo.pt/sociedade/2017-02-18-Empresas-apanhadas-a-poluir-o-Tejo.

Fundació Víctor Grifols i Lucas, «Casos práticos de ética y salud pública. *Cadernos de la Fundació Víctor Grifols i Lucas*», #29, 2013.

García, León Javier, *Ética y Salud Pública*, 2012 (https://javiergarcia-leon.net/2012/09/22/etica-y-salud-publica/).

Larios D., «Conflictos éticos en la adopción de medidas cautelares de salud pública», in *Casos práticos de ética y salud pública*, Fundació Víctor Grifols i Lucas, 2013.

Lipor, *Educação Ambiental* (http://www.lipor.pt/pt/educacao-ambien tal/).

Mayan O., *et al.*, «A exposição a chumbo do recém-nascido», in *Revista Portuguesa de Saúde Pública*, 12, 1994, pp. 25-31.

—, «Childhood Lead Exposure in Oporto, Portugal», in *International Journal of Occupational and Environmental Health* 7(3), July 2001, pp. 209-216.

Miller, K. A., «Long-Term Exposure to Air Pollution and Incidence of Cardiovascular Events in Women», in *The New England Journal of Medicine* 356, 2007, pp. 447-58.

Moreno, P., «Cólera em Portugal na década de 70 no século xx», 6 de Julho de 2011 (http://medicosesaudeemportugal-historia.blogspot.pt/2011/07/colera-em-portugal-na-decada-de-70-no.html).

NOGUEIRA, Paulo, «O Projecto ÍCARO: 15 anos de investigação e vigilância», *News@fmul, News n.º 21*; Maio/Junho 2011 (http://news.fm.ul.pt/Content.aspx?tabid=73&mid=491&cid=1531).

PAIM, J., TEIXEIRA, C., «Política, planejamento e gestão em saúde: balanço do estado da arte», in *Revista de Saúde Pública* 40, 2006: pp. 73-78.

QUASS, U., *et al.*, «The European Dioxin Air Emission Inventory Project – Final Results», in *Chemosphere 54,* 2004, pp. 1319-1327.

QUERCUS, «Quercus saúda o adeus a uma das grandes fontes de contaminação: O chumbo na gasolina», 1999 (http://www.quercus.pt/comunicados/1999/julho/2250-quercus-sauda-o-adeus-a-uma-das-grandes-fontes-de-contaminacao-o-chumbo-na-gasolina).

—, «Manifestação contra a poluição no Tejo e seus afluentes», 2015 (http://www.quercus.pt/comunicados/2015/setembro/4439-manifestacao-contra-a-poluicao-no-tejo-e-seus-afluentes).

RAVARA, S., *et al.*, «Tobacco Control Progress in Portugal: The need for advocacy and civil society leadership / Para o progresso do controlo de tabagismo em Portugal: a necessidade de activismo e liderança da sociedade civil», in *Revista Portuguesa de Pneumologia,* 20(6), 2014, pp. 289-292.

ROBINE, J. M., *et al.*, «Death toll exceeded 70,000 in Europe during the summer of 2003», in *Comptes Rendus Biologies,* 331 (2), 2008, pp. 171-178.

SCHMIDT, Luísa, *Portugal: ambientes de mudança – erros, mentiras e conquistas,* Lisboa, Temas e Debates/Círculo de Leitores, 2016.

UNDERWOOD, E., «The Polluted Brain – Evidence builds that dirty air causes Alzheimer's, dementia», in *Science AAAS,* Jan 2017 (http://www.sciencemag.org/news/2017/01/brain-pollution-evidence-builds-dirty-air-causes-alzheimer-s-dementia).

World Health Organization, *European Charter, Environment and Health*, 1990.

—, *Air Quality Guidelines for Europe*, 2.ª ed., WHO Regional Publications, European series n.º 91, 2000.

—, *Health Topics, Health Policy*, 2017a (http://www.who.int/topics/health_policy/en/).

—, *Don't pollute My Future! The Impact of The Environment on Children's Health*, Genève, World Health Organization, 2017b.

Implicações éticas dos comportamentos do cidadão consumidor

Sofia Guedes Vaz

Centro de Investigação em Ambiente e Sustentabilidade/CENSE,
Faculdade de Ciências e Tecnologia da Universidade Nova de Lisboa

O consumo caracteriza e define as sociedades ocidentais no último século: somos a sociedade de consumo. Nesta configuração, o sistema económico assenta na produção e no consumo e no pressuposto de que estes têm de crescer continuamente. Este crescimento económico tem possibilitado o acesso a melhores condições de vida, incluindo uma melhor nutrição, uma vida mais segura e mais saudável, uma maior longevidade, um maior acesso à educação e à cultura, uma menor mortalidade infantil, a possibilidade de utilizarmos equipamentos que nos poupam trabalho, melhores condições de recreio e lazer, entre muitos outros benefícios.

No entanto, este sistema também promove injustiças, iniquidades, desequilíbrios vários e a maior parte dos problemas ambientais que afectam o nosso planeta advém do sistema de produção e consumo e do estilo de vida que os países desenvolvidos têm e a que os países em desenvolvimento aspiram.

Os consumidores contribuem de forma líquida para problemas ambientais como as alterações climáticas, a poluição do ar e da água, o uso do solo, a produção de resíduos, a depleção de recursos naturais, as ameaças à biodiversidade e ecossistemas naturais, entre outros. A insustentabilidade ecológica dos actuais padrões globais de produção e consumo está largamente documentada e é reconhecida em inúmeros estudos, relatórios e indicadores. A produção e o consumo estão intimamente ligados. Em princípio, produz-se para se consumir e, nesse sentido, a produção é comandada pelo consumo. No entanto, a oferta começou a exceder a procura, e o sistema económico alicerçou-se num incentivo ao consumo de tal forma que muitas vezes se consome apenas porque está produzido. O apelo ao consumo constante como forma de desenvolvimento económico assenta em várias estratégias como a criação constante de necessidades outrora inexistentes ou a obsolescência programada, que asseguram que os produtos não durem muito.

A questão da injustiça e da insustentabilidade deste sistema é pensada sob várias perspectivas e analisada por diversas disciplinas. Pensá-la como uma questão ética pode trazer ângulos interessantes de análise e alguma criatividade na descoberta de padrões de consumo mais sustentáveis e mais éticos. É essa reflexão que constitui o cerne deste texto.

1. Uma sociedade de consumo

A sociedade de consumo é uma fase na história da humanidade. Nesta sua dimensão mais acentuada, tem apenas cerca de 60 anos. No entanto, como já nascemos dentro dela, parece-nos que é o único tipo de sociedade existente e domina o imaginário que temos de uma forma organizada de vida. A sociedade feudal ou a industrial também pareciam eternas.

Desta fase de hiper-super-consumo, crescimento económico e obsessão com a felicidade, decerto vamos passar a outra, e outros valores também se tornarão importantes.

Encontramo-nos em renegociação constante dos valores que contribuem para a formação da nossa identidade e da nossa cultura, que não é fixa, mas moldável aos tempos, circunstâncias e contextos. A nossa cultura é como um filtro através do qual percepcionamos a realidade e é constituída não só por valores, mas também por hábitos, tradições, símbolos, normas e instituições. Existem paradigmas dominantes que estão subjacentes a estes elementos e que se vão modificando ao longo do tempo. Os sistemas sociais, políticos e económicos organizam-se em torno destes paradigmas dominantes. Nas últimas décadas, desenvolveu-se um paradigma que gira essencialmente à volta da produção e do consumo de bens e serviços. Este sistema de produção e consumo alimenta o crescimento económico, considerado fundamental para apoiar o sistema social e, consequentemente, acarinhado pelo sistema político.

As sociedades modernas ocidentais, com base neste modelo, atingiram níveis de conforto, saúde, alimentação, habitação, democracia, relacionamentos entre os seus membros e tecnologia, que são invejáveis sob diversos pontos de vista. É muito difícil aceitar qualquer tipo de mudança que envolva uma percepção de retrocesso, imediatamente associado a austeridade, sacrifício e menor qualidade de vida. No entanto, é inevitável que haja uma mudança. A situação actual, quer de injustiça espacial e temporal quer de impactos ambientais, não é sustentável ou saudável. Esta mudança poderá ser ponderada ou pode ir acontecendo sem que tomemos as rédeas aos acontecimentos.

Como se vive e o que se faz é demasiadas vezes determinado por tradições e costumes. Como diz Zygmunt Bauman (2009), adoptamos sem grandes questionamentos as perspectivas dos nossos antecessores, ou de professores, pais, amigos, da comunidade e até dos líderes políticos. Vivemos com base em crenças sobre as quais pouco pensamos e fazemos as nossas escolhas e decidimos as nossas acções sem grande preocupação de informação, consistência, imaginação ou mesmo imparcialidade. É em torno do consumo que organizamos toda a nossa vida e as nossas práticas diárias, sem grande escrutinização.

As sociedades ocidentais são caracterizadas pelo conceito de liberdade individual. No entanto, de modo geral, sentimos um certo conforto em seguirmos todos na mesma direcção. Acreditamos que, se todos vão nessa direcção, então é muito provável que ela seja a mais certa. Quando o fazemos, isentamo-nos dessa reflexão fundamental que não nos deveria deixar avançar de forma desinformada, irracional e, por vezes, irresponsável numa determinada direcção. Como diz Zygmunt Bauman (2009), temos a sensação de que vamos na direcção onde nos levam os nossos desejos e as nossas intenções como indivíduos. No entanto, se reflectirmos um pouco, talvez achemos estranho que, apesar de tudo, haja tal concordância silenciosa entre os diversos indivíduos que justifique um caminho que parece uniforme, demasiado uniforme para a quantidade de indivíduos que compõem uma sociedade. Temos comportamentos demasiado iguais e quase não damos por isso. A maneira como deixámos que o consumo comandasse a nossa vida será talvez um bom exemplo dessa preguiça intelectual. De certa forma, desperdiçamos um pouco da possibilidade da nossa liberdade individual.

Vivemos – uma grande parte da sociedade do mundo ocidental – num tempo de ouro da nossa história. Este é outro factor que potencia a nossa irreflexão na forma como nos comportamos perante o consumo. Além disso, como diz Gilles Lipovetsky (2006), a facilidade com que nos podemos re-criar incessantemente é ao mesmo tempo assustadora e maravilhosa, e o consumo potencia o prazer do culto que desenvolvemos pela rapidez, aceleração, novidade e mudança. Pertencemos a uma multidão de mundos, não sendo já estanques na nossa identidade, e valorizamos imensamente essa flexibilidade que se nos oferece através do consumo.

O regime político dominante no Ocidente é caracterizado pela democracia e pelo liberalismo. A este regime corresponde uma concepção neutra da natureza humana, que aceita uma pluralidade de concepções do bem, conferindo um elevado grau de autonomia aos indivíduos. Esta situação potencia o sistema actual de consumo e é também por ele potenciada, num processo em que, como diz Bauman (2009), a coerção foi substituída por estímulos, a imposição de padrões de comportamento por sedução, o policiamento de comportamentos por publicidade e relações públicas, e os regulamentos normativos pelo aparecimento de novos desejos e novas necessidades. O consumerismo descredibiliza a necessidade de autoridade, coerção, imposição, policiamento ou regulamentos. A sociedade de consumo é bastante desregularizada, privada, e funciona aparentemente bem.

Os consumidores descobriram que a relação de poder entre prazer e princípios de realidade estava, afinal, revertida. Como diz Bauman (2009), o princípio do prazer que domina diariamente as nossas vidas obriga o princípio da realidade a retrair-se, a limitar-se e a aceder a compromissos. Os poderes da sociedade consumerista descobriram e tornaram como sua vantagem a irrecusabilidade do prazer. O sofrimento deixou de fazer sentido. Descobrimos que há pouco a ganhar em servir os «factos sociais» e em vez disso acarinhamos o infinitamente expansível princípio do prazer, pois este promete uma também infinita expansão de ganhos comerciais. As diversas explicações sociais que existem para a compreensão da sociedade de consumo apontam para este esquecimento deliberado do que realmente faz sentido nas nossas vidas.

Outra questão pertinente nesta análise é o facto das nossas sociedades ocidentais serem, de certa forma, obcecadas com a felicidade e da sua procura, baseada em premissas predominantemente materialistas, se assumir como fundamental nas nossas vidas. O acto de consumir enche de tal forma as nossas vidas que dificilmente nos apercebemos do seu carácter ambíguo, pois, para além do prazer, também cria um certo vazio. Gilles Lipovetsky, no seu livro *Felicidade Paradoxal. Ensaio sobre a sociedade do hiperconsumo* (2006), expõe o mecanismo através do qual este processo se desenvolve. Diz o autor que a felicidade quase se tornou um sistema de intimidação e uma imposição assustadora de que somos vítimas. Neste regime da felicidade despótica, os indivíduos não se consideram apenas infelizes, consideram-se culpados por não serem felizes. Lipovetsky (2006) identifica esta dupla pressão a que o consumidor está sujeito: por um lado, como estando sentado no banco dos réus e como alguém que tem de ser educado e informado para salvar o planeta, mudando os seus gestos de todos os dias e consumindo bens duradouros; por outro, bombardeado por todos os lados para ser feliz através do consumo desenfreado.

Lipovetsky (2006) identifica a felicidade como valor central, o grande ideal que a civilização consumista está sempre e incansavelmente a celebrar. Há esta ilusão de que a felicidade está nas nossas mãos, e ignoramos que só podemos aceder a uma felicidade frágil e efémera. Estamos numa constante fuga para a frente e, enquanto prossegue a panaceia aparente da dominação técnico-científica, perpetua-se a impotência para governar a felicidade, que teima em escapar ao controlo dos homens. A felicidade tem de ser constantemente reinventada, e esse é também o grande desafio que se coloca a um futuro mais sustentável e mais justo.

Segundo a análise de Bauman (2009), estamos numa fase de transição e num processo de grande ruptura com o passado. Não é a primeira vez que isto acontece, e a última deu-se com o nascimento do capitalismo moderno, que se centrou na separação da ética que regia «a casa» da que regia «o negócio». Na casa/comunidade, reinava uma teia de mútuos direitos e obrigações da família, paróquia, aldeia, comunidade. O negócio passou a fronteira e foi para uma terra de ninguém, virtual, livre de preocupações morais e limites legais e preparando-se para se subordinar apenas ao seu próprio código de comportamento. Essa moral extraterritorial sem precedentes levou a um avanço espectacular do potencial industrial e do crescimento da riqueza; levou também a uma grande miséria e pobreza. Depois, o Estado entrou nessa «terra de ninguém», colonizando-a e anexando-a, preenchendo o seu vazio ético e minimizando as suas consequências na vida dos cidadãos.

Ainda segundo Bauman, a globalização é o processo de ruptura a que estamos a assistir agora. «Os negócios» conquistaram de novo uma dimensão extraterritorial, um espaço só seu, fintando os vários poderes fracos e fortes com quem se iam cruzando. Tudo o que é economicamente irrelevante passa também a ser quase ilegítimo, permitindo-se que seja ultrapassado e ignorado. Começamos a observar os efeitos sociais semelhantes ao processo anterior, mas agora a uma escala muito maior e global e acrescidos de impactos ambientais de dimensão preocupante.

Na ruptura anterior, Marx criticou as utopias de mais justiça, igualdade e sociedade justa, formuladas no sentido de parar o capitalismo e regressar a um tempo pré-moderno. Não havia caminho para trás, dizia, e nesse ponto tinha razão, diz Bauman (2009). Qualquer hipótese de mais justiça não podia ignorar as transformações irreversíveis a que a condição humana chegara; tinha de começar por aí. Estamos agora numa situação semelhante, e novamente a questão não é como parar o rio da história, mas como lutar contra a degradação do ambiente e a miséria humana, canalizando a sua corrente para uma procura centrada na própria definição do problema. A maneira como se resolvem problemas depende muito da maneira como estes são definidos.

Pensar no problema de forma alargada e não condicionada pelas possíveis soluções que já engendrámos coloca-se assim como um grande desafio. A proposta deste texto será a de contribuir para a definição do problema, estruturando-o também como um problema ético, nomeadamente de injustiça intra e intergeracional, o que nos deixa na iminência de pensar a ética do consumo e a ética do consumidor. Quais são as *implicações éticas dos comportamentos do cidadão consumidor?*

2. Para uma ética do consumidor

Como poderá a ética ajudar nas decisões rotineiras mas estruturais das vidas presentes de como, o quê, quando e porquê consumir? A ética ajuda-nos a reflectir, argumentar e fundamentar as nossas decisões, escolhas e acções. A ética é um guia que garante que as sociedades floresçam com respeito e justiça. Mas a ética não tem apenas um papel na estruturação da sociedade, contribui também a nível individual para a construção da identidade, para quem somos e para quem queremos ser. As discussões do tema do consumo podem ser enriquecidas com esta perspectiva ética.

É importante começar por referir que o consumo não é moral ou imoral, é apenas uma esfera na qual se podem expressar condutas éticas. Os dilemas morais podem ser negociados no âmbito do consumo, transformando-o assim numa questão ética, mas, por si só, o consumo não apresenta moralidade intrínseca. Pode ver-se o problema através do consumo em si mesmo, utilizando-o como objecto de avaliação moral, e, dessa forma, desenvolver uma ética do consumo. Também se pode considerar o consumidor como o objecto de avaliação moral, e aí temos a ética do consumidor. Avaliação moral do sistema é diferente da do indivíduo, mas são formas complementares de olhar para a questão do consumo. Quando se trata de ética do consumo, os caminhos levam invariavelmente a uma crítica do sistema económico e do capitalismo. Actuar sobre o sistema exige uma visão macro, e as respostas parciais podem ser inglórias. De qualquer maneira, as respostas que apontam para sistemas alternativos, como simplicidade voluntária, *slow food* (a «comida lenta», por oposição à «rápida» e industrializada *fast food*, corresponde ao modo de produção de alimentos a partir dos recursos naturais da Terra, sendo advogada como mais saudável), processos de transição, movimentos de decrescimento económico, entre outros, são enriquecedoras do diálogo e fontes de inspiração para muitos indivíduos.

Mas também é importante pensar no indivíduo e no que este quer, pode ou deve consumir. Quais são os princípios e os valores que podem ajudar o consumidor nas suas decisões? Importante será também a deriva para outro tipo de análise, no qual se possa utilizar o consumo para expressar e desenvolver o nosso «eu» ético.

Somos essencialmente consumidores, e para guiar esse acto de consumir é expectável que se tenha desenvolvido uma corrente da ética aplicada denominada ética do consumidor. O objectivo da ética do consumidor é ajudar os consumidores nas suas escolhas de consumo. A hipótese do não consumo é inexistente, porque, mesmo que se possam alterar muitas componentes do funcionamento das nossas sociedades e possamos consumir muito menos, tal verificar-se-ia apenas a longo prazo, e mesmo assim haveria sempre necessidade de consumir. Justifica-se que o esforço se centre em que o façamos da melhor maneira possível.

Muito do nosso consumo é autómato no sentido em que não escolhemos racionalmente. Somos levados e influenciados, por diversos factores fora do nosso controlo, a consumir de determinadas formas. As razões são várias, nomeadamente a forma como as nossas práticas estão organizadas, as lojas que temos ao nosso alcance, o dinheiro disponível, o ordenamento de território, a existência de infra-estruturas (tais como transportes públicos), etc.

No entanto, há uma fatia grande do consumo que pode ser alvo de uma escolha consciente. Podemos consumir intencionalmente produtos ou serviços que consideremos éticos porque respeitam os direitos humanos, os direitos dos animais ou a natureza. Este é um consumo positivo de produtos e serviços e apresenta-se de diversas formas: comércio justo, sem crueldade para com animais, orgânico, produtos reciclados ou recicláveis, reutilizados ou reutilizáveis, produtos produzidos localmente, etc. Também podemos exercer um consumo negativo, ou seja, não consumir determinados produtos, ou fazer boicotes a determinadas marcas, produtos ou serviços.

Nesta óptica de um consumo positivo ou negativo, a ética do consumidor assenta numa reflexão individual sobre a responsabilidade que cada um de nós tem pelos impactos no mundo decorrentes das nossas escolhas pessoais. Implica por isso um esforço acrescido, que se traduz num investimento em pensarmos e aprendermos como o nosso estilo de vida e as nossas escolhas afectam os outros, o planeta, a natureza, as gerações futuras. Com base nessa aprendizagem, estaremos mais aptos a decidir o que é uma escolha ética e o que não é, quando consumimos. Consumir pode ser uma maneira de expressarmos as nossas escolhas morais.

Nesse sentido, uma ética do consumidor dá poder ao consumidor, confere-lhe uma certa soberania. É o consumidor que toma as rédeas, que detém o poder, que consegue escolher racionalmente quem é e para onde quer ir, o que quer consumir. A atitude dos consumidores relativamente a assuntos éticos pode fazer parte da sua própria realização moral, e, de certa forma, os consumidores éticos ou verdes obtêm um pouco da sua identidade através do que compram. No entanto, convém ter cuidado com a semântica, pois, como vimos, apesar de algum consumo poder ser intencional, na maior parte das vezes não o é directamente e, além disso, também não é intencionalmente não ético. Ou seja, um consumidor que não faça explicitamente escolhas éticas não pode ser acusado de ser um consumidor não ético ou um consumidor irresponsável, pois não tem intenção directa de o ser e, muitas vezes, apenas não faz escolhas com considerações éticas porque não as pode fazer, por razões várias.

Como temos vindo a ver, o consumo muitas vezes extravasa as escolhas individuais e, nesse contexto, a ética aplicada ao consumo deverá focar-se não só nessas escolhas pessoais, mas também nas práticas da sociedade e na forma como as infra-estruturas e a sua organização funcionam. As iniciativas que se tomem para potenciar uma ética do consumidor deverão considerar os indivíduos não apenas como entidades únicas, mas também como membros de uma comunidade, com identidades colectivas, com rotinas. As pessoas têm de poder pensar em conjunto as suas práticas rotineiras de consumo, as suas dependências das infra-estruturas existentes, as contingências a que estão sujeitas. Este esforço tem de ser concomitante, por parte de indivíduos, de comunidades e do poder político. O diálogo, a transparência, a confiança e a participação serão fundamentais para uma potencial transposição de algumas questões da ética para o domínio da acção política e de campanhas públicas que potenciem um consumo ético.

As nossas sociedades actuais estão perdidas numa imensidão de bens e serviços que nos ofuscam e potencialmente inibem um pensar mais ético. O consumo ético é um projecto de consciencialização constante, mas também é um projecto político. As nossas opções de consumo impõem a nossa visão do mundo, traduzindo assim a nossa posição política. Se conseguirmos gerir o eu consumidor, gerimos também o consumo. Consumir pode transformar-se num acto político em que podemos expressar a nossa opinião sobre variados assuntos, como direitos humanos, regimes opressivos, relações de trabalho, ambiente, energia nuclear, testes em animais, etc.

Mas este processo não se pode desenvolver num vazio social e institucional, e o poder político e o sistema produtivo têm de acompanhar estes esforços individuais. O sistema económico está organizado de tal forma que a transição para outro tipo de sistema vai ser muito difícil. Isso significa que o poder político se situa num dilema complicado. Se, por um lado, as questões ambientais e de justiça se apresentam como bons argumentos para um trabalho numa direcção, por outro, o emprego, a estabilidade social e o sistema económico ainda estão muito ligados a um crescimento económico muito dependente deste sistema actual de produção e consumo. As implicações da mudança a vários níveis – político, económico, social – não são óbvias e, à partida, temos uma certa inércia, uma falta de coragem, um certo medo da mudança.

No entanto, neste texto, o objectivo é focarmo-nos sobre o que os indivíduos podem fazer, e não em todas as limitações que os aprisionam. Os desafios que se colocam a toda a sociedade e o dever que temos em participar na maneira como as coisas evoluem obrigam-nos a considerar um investimento em cidadania e, neste caso particular, em cidadania ambiental. Estamos, exigentemente, a transformar o simples acto (privado) de consumir num acto ético, público e político, enfim, num acto de cidadania. A cidadania tem, nos séculos passados, estado directamente ligada ao combate por direitos: sociais, civis e políticos. A conquista destes direitos transformou positivamente a nossa sociedade, melhorando a nossa qualidade de vida a todos os níveis. No entanto, aos direitos também estão associados deveres, e não se deve ter uma atitude egoísta relativamente aos direitos dos outros, aos das gerações futuras, da natureza, dos indivíduos distantes e com qualidades de vida infinitamente piores do que as nossas.

A ética do consumidor está assim directamente ligada a uma cidadania activa, a uma participação activa na «coisa» pública, a uma cidadania que não apenas é vista como uma forma de defender os interesses pessoais, mas que também assume responsabilidades pelo bem-estar da comunidade, da comunidade alargada. A promoção da cidadania e das condições para o seu exercício tem de ser da responsabilidade tanto dos indivíduos como das instituições, e, nesse sentido, é um duplo desafio que se coloca.

Há uma parte do consumo em que as escolhas são limitadas por circunstâncias e contextos vários, como vimos; mas existe também outra parte do consumo que constitui um acto de escolha racional, e, assim sendo, importa tentar informar melhor o processo de decisão de um consumidor. Um consumidor racional exige informação, e esta permite-lhe exigir determinados produtos e desafiar produtores e, inclusive, o sistema político. Actualmente existe uma grande assimetria de informação, e os consumidores que fazem escolhas éticas estão em clara desvantagem. A informação e a publicidade incidem normalmente sobre serviços, produtos e características que não consideram questões de nível ambiental ou ético.

É crucial que haja mais notícias e discussão sobre o assunto, mais informação e mais disponibilidade de produtos alternativos. No entanto, ser um consumidor completamente informado é um objectivo impossível e inatingível, e por vezes até estamos cansados de tanta informação. Há que pensar em meios complementares de potenciar o consumo ético além da informação; a criação, por exemplo, de «espaços éticos» ou espaços colectivos para o consumo ético é uma possibilidade a considerar.

Existe outro problema na concretização de um agir ético, que corresponde à passagem da interiorização dos valores para a mudança efectiva do comportamento. Não somos totalmente racionais, e é difícil modelar o nosso processo de decisão. Existe uma certa hierarquia que começa nos valores, passa pelas intenções e depois pelas atitudes, e só finalmente pelos comportamentos. Existe uma *value-action gap*, ou seja, um desfasamento entre os valores que temos e os comportamentos que posteriormente assumimos. É importante termos os valores, um passo fundamental em todo o processo, mas a passagem à acção, a uma acção de acordo com esses valores, é um desafio ainda maior que se põe a qualquer comportamento ético.

Mais uma vez, uma série de factores intervém neste processo, e muito do sistema político e de justiça existe para guiar a nossa acção, uma vez que os valores, embora sejam absolutamente necessários, não são suficientes devido à ausência de uma dimensão sancionatória. O que dizemos e o que fazemos nem sempre coincide. Neste sentido, há que potenciar os comportamentos éticos para ajudar os consumidores a diminuírem esse espaço entre o querer e o fazer. Barreiras a determinados comportamentos são mais importantes do que se pensa e, por isso, a disponibilidade, a escolha e a informação sobre o contexto ético devem ser a condição mínima proporcionada aos consumidores.

As decisões éticas dos consumidores são complexas e mais difíceis de problematizar do que pareceria à partida, sendo fundamental um esforço quer da parte dos consumidores, quer dos produtores, quer dos governos. Este trio de actores tem de estar minimamente sintonizado para que se dêem algumas alterações significativas. Apostar apenas nos consumidores não é alternativa; só nos produtores, como a política ambiental fez durante décadas, também não; e ter um governo desfasado das realidades dos produtores e consumidores também não faz sentido. Eis por que o problema é complexo e as soluções não são óbvias; é por isso que temos um longo caminho a percorrer.

Insistir numa versão exclusivamente individualizada do consumo responsabilizando e fazendo o consumidor individual sentir-se culpado não parece muito eficiente. Isso não impede que se explorem as diferentes narrativas do consumo ético na construção do eu moral. Devem encorajar-se também comportamentos assentes em valores pró-sociais e pró-ambientais, capacitando os consumidores para uma atitude politicamente activa, e, por fim, potenciar a ideia de participação em processos de acção colectiva, valorizando a introspecção e a utilização do comportamento de consumo como um dos veículos que também contribuem para realização moral pessoal.

Mas o estudo do consumo ético tem uma natureza sociopolítica inultrapassável, e começa a haver uma crescente, ainda que não universal, convicção de que o consumo nas sociedades afluentes tem de ser gerido de forma mais regrada, estudado em mais pormenor e até limitado. Esta última hipótese apresenta-se como o grande desafio.

3. E no futuro?

Nas sociedades abastadas, a maioria dos indivíduos já não está dependente das necessidades básicas, o que permite a satisfação de outras necessidades da condição humana, nomeadamente empreender, inovar, arriscar, descobrir, inventar, criar. Poderemos então encontrar-nos numa situação privilegiada de mais uma mudança positiva.

Temos de nos reinventar, a nós e às nossas instituições, se quisermos uma nova ética que dê resposta aos problemas que a sociedade de consumo nos coloca. Não podemos voltar para trás, como dizia Marx; temos de descobrir o melhor caminho e um diferente do actual. A capacidade de mudança da condição humana irá, quando assim for exigido, assumir a forma necessária para ultrapassar obstáculos que agora nos parecem intransponíveis. A base da humanidade e da manutenção de sociedades viáveis sempre se alicerçou na ética. É esta que nos prepara para superarmos os problemas que se levantam às sociedades e à vida em conjunto.

A interconexão e interdependência são agora globais. O que fazemos influencia o resto do mundo, mas a consciência desta interconexão nem sempre está presente. O espaço público já não se confunde com um espaço físico e só pode ser convocado a um nível global, exigindo por isso novas instituições que não sejam nacionais ou internacionais, mas verdadeiramente globais, no sentido amplo do termo. Exige também uma responsabilidade global, pois os problemas são, também eles, globais. Como aponta Bauman (2009), as soluções terão de vir de uma renegociação e reforma da teia de interacções e interdependências globais. De certa forma, sentimos, adivinhamos, suspeitamos o que precisa de ser feito, mas não conseguimos saber de que forma o será. Mas não vai ser uma forma familiar; será diferente de tudo aquilo a que estamos habituados. Será um desafio interessante.

Uma fase de transição tem vindo a sentir-se, e a estrutura da produção e consumo já se modificou um pouco na última década. Por exemplo, a área dos serviços tem crescido de forma exponencial. Segundo Lipovetsky (2006), esta mudança é sintomática de uma série de novos valores que têm vindo a afirmar-se como relevantes para o nosso conceito de felicidade, como a saúde, o lazer, a diversão, a cultura, a comunicação e mesmo a protecção da natureza. A lógica do consumo tem vindo a conquistar estes valores, e, portanto, o próprio consumo e alguns dos seus impactos económicos, sociais e ambientais também têm sofrido alterações.

Gilles Lipovetsky (2006) considera que o domínio ético tem ganho importância, tem sido redignificado, reactivado, ilustrado com debates sobre biotecnologia, aborto, eutanásia, homossexualidade, assédio sexual, etc. Os valores não desapareceram, mas estamos numa fase de aprendizagem em que se assiste a uma expansão de padrões morais em conflito, a uma desmultiplicação dos sistemas de valor, a uma diversidade das concepções do bem. É preciso interpretar todas estas mudanças como um aprofundamento da autonomia da esfera moral, como o indício de uma sociedade liberal pluralista, em que os valores e a sua tradução moral se emanciparam da Igreja e da tradição. Como afirma Lipovetsky, o sistema de referência hedonista pode ser dominante, mas não é o único. Criar, construir, empreender, fazer melhor, ultrapassarmo-nos, todos estes valores continuam a ser importantes, e é neles que devemos investir.

Nesse sentido, o discurso deve continuar positivo, temos de nos repensar e reinventar. A sociedade já o tem feito ao longo da sua história, e, se continuamos numa rota desconhecida, como até aqui, teremos de ir descobrindo ao longo do caminho as opções que mais fazem sentido. Mas vamos sem outro mapa, sem outra bússola que não o sentido de que precisamos de nos entender e de nos aceitar com as nossas diferenças, de que precisamos de um agir mais ético, de que precisamos da filosofia, que nos faz pensar e repensar, e de que precisamos de continuar a acreditar. A flexibilidade e adaptabilidade da condição humana asseguram-nos acerca da nossa capacidade de resistência a potenciais catástrofes (sociais, políticas, económicas, ambientais). No entanto, parece mais inteligente sermos nós a reflectir sobre essas possíveis catástrofes, antevê-las, preveni-las e agir contra elas. A mudança é inevitável, mas, se for pensada, será mais fácil. A ética não nos ajuda apenas a decidir o que fazer, funciona também como um agente de mudança da própria realidade, se lhe dermos esse espaço. É esse o repto deste texto.

Referências e leituras recomendadas

Bauman, Z., *Does Ethics Have a Chance in a World of Consumers?*, Harvard, Harvard University Press, 2009.

HAMILTON, C., «Consumerism, Self-Creation and Prospects for a New Ecological Consciousness», in *Journal of Cleaner Production* 18, 2010, pp. 571-575.

LIPOVETSKY, G, *A Felicidade Paradoxal: ensaio sobre a sociedade do hiperconsumo*, Lisboa, Edições 70, 2006.

NEWHOLM, T., SHAW, D., «Studying the Ethical Consumer: a review of research», in *Journal of Consumer Behavior*, n.º 6, 2007, pp. 253-270.

Implicações éticas da cidadania ambiental

Luísa Schmidt

Instituto de Ciências Sociais da Universidade de Lisboa

À escala planetária, estima-se que a população humana esteja já a exceder à utilização admissível dos recursos do planeta ultrapassando em cerca de uma vez e meia a capacidade de carga (*carrying capacity* ou capacidade de sustentação) da Terra. Se para a solução deste abuso bastasse a consciência do dado numérico, tudo seria muito simples. Porém, o problema real está na imensa complexidade das condições que produzem este facto numérico e que se prendem com as diferenças de responsabilidade face ao apontado abuso, com a urgência do tempo para os dissipar e com as eventuais capacidades da ciência e da tecnologia para intervirem neste problema ou até trazer-lhe solução.

Com as economias designadas *emergentes* e respectiva adopção de novos padrões alimentares e de consumo, a par da explosão demográfica em termos mundiais, a pressão sobre os recursos naturais tem sido exponencial.

Na verdade, o modelo ocidental de consumo impôs-se e alcançou um estatuto hegemónico, dispondo de uma poderosa máquina de *marketing* ao seu serviço, sendo hoje evidente que as economias e sociedades que viveram em estado de privação até há bem pouco tempo não aceitam a imposição de entraves no acesso ao consumo. Como consequência, a utilização de recursos naturais tem sido intensiva, com um efeito agravado pelos impactos também crescentes de externalidades ambientais negativas (ou seja, de efeitos colaterais à actividade principal), a começar pelos diversos tipos de poluição. Consequentemente, e como refere David King (2010), não só a população mundial tem aumentado de forma exponencial, mas o consumo aumentou ainda mais rapidamente e de modo explosivo!

Ambientalmente, o mundo tem vindo a sofrer uma degradação a todos os níveis: da terra, do ar, dos oceanos. A gravidade desta dinâmica para a vida económica e social é particularmente aguda na depleção dos *stocks* pesqueiros, na crise global da biodiversidade (com cada vez mais espécies ameaçadas de extinção) e nos impactos sobre os recursos mais básicos, como a água e o solo. A escassez hídrica já se faz sentir dramaticamente em várias partes do mundo, existindo inequívocos alertas científicos sobre o agravamento do problema da água à escala global. A água tornou-se um recurso vital em stresse devido ao aumento da população mundial e dos valores de utilização da água e à dificuldade crescente da sua renovação, decorrente do perfil de usos – sem aproveitamento – e consumos – de volume cada vez maior – que dela se fazem (Veiga da Cunha, 2013).

Ao mesmo tempo, e com impacto nos recursos hídricos, o processo de desflorestação mundial prossegue a um ritmo alarmante, atingindo 13 milhões de hectares por ano – uma área equivalente ao Bangladesh! Apesar da crescente plantação e restauro de áreas florestais, a perda líquida global é ainda de 7,3 milhões por ano, sobretudo nas regiões da África Subsariana, da América Latina e das Caraíbas, o que contribui não só para o aumento de concentração do dióxido de carbono

(CO_2) na atmosfera, mas também para a redução das reservas de água doce potável: 700 milhões de pessoas no mundo continuam a depender de fontes de água «impróprias» para beber, cozinhar e tomar banho. Em resultado da desflorestação e da escassez hídrica, aumenta igualmente a desertificação e respectiva degradação do solo e a proliferação de secas, que afectam já mais de 1500 milhões de pessoas (quase um quarto da população mundial) em mais de 110 países (Santos, 2013; Steffen, 2015; Programa das Nações Unidas para o Desenvolvimento/PNUD, 2016; Banco Mundial, 2016).

Entretanto, grupos económicos supranacionais e alguns países ricos têm vindo a comprar vastas extensões de território aos países pobres, visando assegurar para si recursos essenciais: espaço, água e solo arável. Segundo a agência da Organização das Nações Unidas (ONU) para a Alimentação e a Agricultura (FAO), em 2012 já haviam sido transaccionados cerca de 84 milhões de hectares de terras nos países em desenvolvimento, existindo uma enorme falta de controlo sobre estes negócios. Um relatório da organização Land Matrix de 2016 contabilizou cerca de 900 transacções de terras por ano desde 2013, adquiridas sobretudo por multinacionais e fundos de investimento (86%) para grandes produções agrícolas que implicam quase sempre a deslocalização de populações locais. O número de pessoas no mundo que foram obrigadas a imigrar devido aos impactos das alterações climáticas – cheias, secas, avanço do mar, entre outros – salda-se hoje em 25 milhões, estimando-se que em 2050 sejam 250 milhões (PNUD 2016).

Há anos que a ONU, enquanto autoridade que detém a chave do sistema internacional, vem lançando alertas sobre todos estes problemas, tanto nos seus relatórios como no âmbito dos Objectivos do Milénio (2000-2014) e, mais recentemente, nos seus 17 Objectivos do Desenvolvimento Sustentável (ODS 2016-2030), orientando políticas nacionais e medidas de cooperação internacional, a implementar por todos os países do mundo durante os próximos 15 anos. Nestes 17 objectivos, a que se associam 169 metas, articulam-se problemas ambientais, sociais e de governança global, com a finalidade comum de contrariar o horizonte de deterioração das sociedades humanas e do planeta.

É neste sentido, efectivamente, que as Nações Unidas, e muitas outras organizações internacionais também, vêm trabalhando, focando-se cada vez mais na promoção de vias exequíveis para o futuro, tendo por base valores de sustentabilidade. Trata-se de efectuar uma transição dos actuais modelos económicos para outros mais inteligentes, que garantam políticas de regeneração e desenvolvimento não só do ponto de vista económico, como ainda ambiental, social e ético, passando obrigatoriamente pela redução da pobreza, por uma nova gestão sustentável dos recursos naturais e por uma transição energética conducente a formas de energia limpa.

Todos estes desideratos implicam mudanças profundas nos hábitos quotidianos das populações e exigem a redefinição dos próprios conceitos de *progresso* e *prosperidade* em termos modernos, distanciados da bulimia e da obesidade das sociedades de hiperconsumo ditas avançadas. Há um nível a partir do qual a espiral de consumo perde eficiência na produção de bem-estar para os seus consumidores, mas continua a produzir mal-estar e degradação nas sociedades cujos recursos naturais explora. Esta é também uma questão-chave formulada pelo Papa Francisco na encíclica *Laudato si'*: «Os povos em vias de desenvolvimento [...] continuam a alimentar o progresso dos países mais ricos à custa do seu presente e do seu futuro [...].» E prossegue: «Os poderes económicos continuam a justificar o sistema mundial actual onde predomina uma especulação e uma busca de receitas financeiras que tendem a ignorar todo o contexto e os efeitos sobre a dignidade humana e sobre o ambiente. Assim se manifesta como estão intimamente ligadas a degradação ambiental e a degradação humana e ética» (Francisco, 2015).

Por outro lado, o facto da crise ambiental e das alterações climáticas terem causas humanas historicamente associáveis a um processo de desenvolvimento abre também a possibilidade de intervir sobre esses mesmos modelos de desenvolvimento, hoje reconhecidos como insustentáveis. A correcção que se exige dos modelos insustentáveis de exploração dos recursos naturais do sistema terrestre é, por si só, uma tarefa ciclópica. Porém, induzir uma mudança nos hábitos das sociedades e das pessoas multiplica exponencialmente a complexidade da situação com que nos defrontamos.

Como mobilizar então as pessoas e as sociedades para a mudança, tendo em conta as realidades muito contrastantes que tal envolve e sabendo que a «vontade humana» é de natureza altamente complexa? Ou seja, se a resolução das crises ambientais depende da decisão e da acção humanas, como conduzir a uma mudança convicta e assumida num contexto político e económico globalmente adverso, intervindo de forma eficaz, concertada e democrática e, sobretudo, a tempo?

Alguns autores, como Dennis Meadows (2004), prognosticam que serão «as crises sucessivas cada vez mais agudas e drásticas» que nos obrigarão a mudar; outros acreditam e desejam que a humanidade enverede por uma mudança mais pró-activa e encontre as cadeias de articulação que estimulem uma nova cultura cívica, social e ambiental para a reconstrução da «nossa casa comum», como defende o Papa Francisco em *Laudato si'* (Francisco, 2015).

1. Três narrativas em confronto

1.1. A narrativa dos limites

As narrativas de mudança que têm vindo a equacionar estas questões tendem a organizar-se sobretudo em torno de três correntes. Uma primeira, que podemos designar como «narrativa dos limites», tem os seus antecedentes no Clube de Roma (grupo internacional de reflexão e estudo fundado em 1968)[1] e sublinha os limites ambientais efectivos a que já chegámos nos vários níveis do sistema terrestre: destruição dos solos, degradação das águas, perda de biodiversidade, desflorestação, desertificação, quebra abrupta de *stocks* pesqueiros, aumento de emissões de gases com efeito de estufa (GEE), etc.

Afinal, um sistema económico que assenta historicamente na exploração ilimitada de recursos finitos e na perpetuação das mais desumanas desigualdades sociais é o rosto do que se designa por «insustentabilidade». E não podemos sequer apontar qualquer novidade a este respeito. Desde há muitas dezenas de anos, remontando a Josué de Castro, na FAO (Castro, 1946), e ao célebre Relatório sobre os Limites do Crescimento (Meadows *et al.*, 1972), que cientistas de vários quadrantes disciplinares alertaram para a insustentabilidade ambiental e social do sistema que estava a ser construído desde o segundo pós-guerra. Contudo, a vertigem eufórica dos ganhos determinou sempre a recusa destes avisos, relegados para uma categoria de agoiros de desmancha-prazeres.

Em termos gerais, o discurso da necessidade de imposição de limites à exploração dos recursos naturais já não é contro-

---

[1] O Clube de Roma é um grupo de intelectuais (cientistas, economistas, altos funcionários governamentais e anteriores chefes de Estado) que se reúne para debater temas relacionados com o ambiente e o desenvolvimento sustentável. Fundado em 1968, tornou-se conhecido em 1972 com a publicação do relatório Meadows «Os Limites do Crescimento» (traduzido em 30 idiomas), o qual alertou para a incapacidade do planeta Terra suportar o crescimento populacional pela pressão gerada sobre os recursos naturais e energéticos e pelo aumento da poluição. Este relatório esteve na base das discussões da I Conferência das Nações Unidas sobre Ambiente Humano, mais conhecida por Conferência de Estocolmo (1972). Actualmente, o Clube de Roma é uma organização não governamental (ONG) e conta com delegações em 35 países dos cinco continentes.

verso, uma vez que se dispõe agora de dados objectivos, bem estabelecidos e evidenciados, de forma sistematizada e credível, que o suportam, através de metodologias sofisticadas que a ciência e os seus sistemas de monitorização permitiram avaliar. Sabe-se hoje melhor e com mais segurança que o crescimento tem limites físicos, seja por via do esgotamento dos recursos naturais seja por via da emissão dos gases com efeito de estufa e consequente incapacidade da sua absorção pelo planeta – o que determinou definitivamente a consciência de um ciclo que obriga a mudanças resolutas. Trata-se de um pessimismo inteligente e cientificamente conhecedor (Meadows, 2004; Gore, 2006; Stern, 2007; Klein, 2014).

O contraponto a esta narrativa, na linha da modernização ecológica (Mol, 2012), tem alegado, por seu turno, as ilimitadas capacidades da inventiva humana para solucionar os limites planetários – apontando nomeadamente para fontes de energia novas e limpas e outras actividades inovadoras, como resposta do mercado à necessária transição para modelos tecnologicamente viáveis com capacidades de produção eficientes e com cada vez menor pressão sobre os recursos.

1.2. A narrativa prometaica

É nesta linha que se situa a segunda narrativa, que podemos designar por «narrativa prometaica» e que, de certo modo, prevalece ao nível do discurso político global enquanto justificativa para a manutenção do actual modelo de crescimento, defendendo o designado *business as usual* (BAU) (equivalente a um «prossigamos como sempre»). Esta narrativa baseia-se na esperança de que a ciência e a tecnologia resolvam os problemas com que a humanidade hoje se confronta, mesmo que seja preciso recorrer a soluções complexas de geo-engenharia para resolver concretamente as emissões de GEE (Curvelo,

2014). Na senda deste *tecnological fix* (a tecnologia resolve), poderemos, pois, prosseguir o modelo actual de produção e de consumo, num optimismo irrealista, numa espécie de embriaguez tecnológica que pressupõe que a inventiva humana não tem limites e conseguirá produzir soluções a tempo de salvar os recursos em depleção e de minimizar as suas consequências.

A apreciação desta narrativa tem apontado não só constrangimentos éticos ao progresso da tecnologia, mas também outros problemas mais dificilmente contornáveis. Por um lado, temos os entraves à própria aceitabilidade social de novas tecnologias, não se sabendo se estas serão bem acolhidas e utilizadas pelas sociedades – sendo aqui o factor humano um elo absolutamente indeterminado. A necessidade de mudanças drásticas ao nível da assunção de tecnologias pode até suscitar reacções contrárias por parte das sociedades, indutoras de comportamentos ainda mais predatórios. Acresce que a tecnologia pressupõe decisões políticas, o que a torna demasiado contingente e, por isso, falível. Por outro lado, coloca-se a questão do tempo disponível: trata-se de saber se a ciência e a tecnologia conseguirão inventar atempadamente as soluções necessárias e urgentes para poupar recursos e dar resposta às alterações globais. Neste âmbito, convém tomar em consideração os alertas que os próprios cientistas hoje lançam, assumindo como adquirido que os ecossistemas, uma vez explorados e degradados, muito dificilmente serão recuperáveis à escala temporal humana e que, se continuarmos a destruí-los ao actual ritmo alucinante, acabaremos como a serpente a comer a cauda.

1.3. A narrativa da sustentabilidade

A terceira narrativa é a que podemos designar por «narrativa da sustentabilidade», na medida em que, atendendo às diferentes dimensões do desenvolvimento sustentável, procura novos paradigmas de prosperidade e desenvolvimento, diminuindo o consumo de recursos, travando (ou até revertendo) a degradação ambiental, reduzindo as desigualdades sociais e propondo novas formas de governança que conduzam à construção de um novo modelo que nos permita permanecer no planeta segundo uma ética da responsabilidade para com as gerações actuais e futuras (Soromenho-Marques, 2005; Stern, 2007).

Trata-se da narrativa que mais se adequa à imperativa mudança porque articula a conservação da vida humana com a conservação da natureza, porque requer valores éticos nos modelos económicos e porque implica um novo paradigma energético (Stern, 2011; Stiglitz, 2012; Klein, 2014). Ou seja, é um discurso da razoabilidade e da prudência. Porém, para que deixe apenas de ser proferido e passe a ser praticado, precisa de ser complementado pelas duas narrativas anteriores: por um lado, necessita do pessimismo da narrativa dos limites, porque a situação actual de pressão agravada sobre os recursos tem de ser levada a sério, contrariando a inércia para que nos empurra constantemente o regresso ao *business as usual*; por outro, necessita do optimismo da narrativa prometaica, porque tem de contar com o engenho e a inovação aos vários níveis, tecnológico, científico, institucional, político, humano... É nesta *narrativa da sustentabilidade* que nos iremos centrar no ponto seguinte.

2. Caminhos para uma ética da responsabilidade

Confrontados com esta necessidade de uma mudança sustentável, alguns países desenvolvidos – particularmente na União Europeia (UE) – viram-se cada vez mais para a implementação de um modelo de economia inteligente que contrarie o horizonte de degradação das sociedades humanas. É neste sentido que se têm mobilizado diversos tipos de organizações internacionais, com destaque para a Comissão Europeia, a Organização para a Cooperação e Desenvolvimento Económico (OCDE), o Banco Mundial e sobretudo a ONU, enquanto autoridade que detém a chave do sistema internacional.

Um antecedente importante deste movimento foi o estudo do economista britânico Nicholas Stern (2007) sobre a interferência das alterações climáticas na economia global. O discurso ambientalista – mesmo o de um político experimentado como Al Gore (2006) – parecia inexoravelmente antagónico ao discurso económico, pelo que foi surpreendente ver a denúncia da crise ambiental ser assumida, de forma integral e oficial, numa teoria económica, sobretudo num momento em que, desde a queda do Muro de Berlim, o modelo do mercado livre e do capitalismo moderno já havia vencido os colectivismos estatais. Acresce que o trabalho realizado por Stern foi preparado numa época em que esse paradigma económico não fora totalmente galgado pelo fundamentalismo ultraliberal, e a sua força moral também ainda não fora atingida pela crise financeira e económica internacional que se desencadeou em 2008. O relatório que Stern difunde para o grande público é redigido num tom de sóbria segurança e não deixa dúvidas quanto à atitude preconizada: encarar com racionalidade e decência científica a realidade dos factos, analisá-los e identificar as vias de resposta e solução para eles. Afinal, a economia, que poderia parecer a grande causadora de todos os males ambientais, evidenciava deter ainda assim meios para integrar e racionalizar os problemas ambientais e proporcionar-lhes soluções.

Stern afirma, com clareza, que «não há maneira de iludir o facto de que definir políticas públicas para as alterações climáticas inevitavelmente exige que se tome uma posição em relação a questões éticas» (Stern, 2007, pp. 123–124) e que «os valores éticos são incorporados na modelização económica de uma maneira muito limitada» (Stern, 2007, p. 124).

O fulcro económico da crise global a que Stern se refere e que diagnostica, prescrevendo também uma receita de aplicação difícil mas inevitável, dadas as óbvias consequências de não a seguir, é designado por «custos da inacção», os quais, em linguagem comum, poderíamos simplesmente classificar como o *preço da irresponsabilidade*, o que inclui a enorme desigualdade entre quem deve pagar essa acção e as consequências de não o fazer. Sair da crise global tem um custo imenso, mas abordável e planeável. Este custo encontra uma distribuição devida de justiça e faz parte da eficácia das próprias medidas económicas propostas; tem também uma alternativa sugerida, mas que nem pode ser considerada, dado o seu desfecho catastrófico, a de não fazer nada.

O trabalho de Stern não é apenas um relatório médico sobre a patologia ambiental das insustentabilidades da economia global. Surpreendentemente, Stern dedica uma parte da sua análise ao problema do desenvolvimento, da equidade entre povos, da pobreza e da responsabilidade ética das decisões económicas globais para com a humanidade:

> Precisamos urgentemente [...] de um compromisso por parte do mundo quanto à sua disponibilidade para apoiar, com os avultados recursos necessários, o desenvolvimento económico e a luta contra a pobreza [...]. Deveria ser agora claro que compreendemos o suficiente da ciência para ver a ordem de grandeza dos riscos e a escala da acção necessária para os minimizar [...]. Os custos das acções necessárias são aceitáveis e controláveis em relação à redução de riscos que proporcionam (Stern, 2007, pp. 294-295).

Nesta obra, profunda e rigorosa, o economista convencional, assumiu, sem embaraços, a natureza moral dos propósitos que orientam a decisão racional e deduziu as necessidades e as prioridades do desenvolvimento, da erradicação da pobreza e do envolvimento da sociedade em termos equitativos na solução dos problemas globais e, acima de tudo, das alterações climáticas. No fundo, trata-se de uma exortação para que o mundo se salve a si mesmo através de um processo metódico e equilibrado entre sociedades.

Para Stern, a correcção das graves deficiências económicas subjacentes à crise climática global tem um óbvio pressuposto ético. A equidade ou justiça ambiental constituem um factor da eficácia do plano de mudança, até porque nenhuma solução para um problema global poderia resultar sem envolver globalmente as sociedades do mundo. E propõe, muito explicitamente, a solução obrigatória de desenvolver os países pobres, não como despesa, mas como «investimento para a nossa sobrevivência colectiva», transferindo tecnologias limpas, travando e revertendo a desflorestação e pagando a adaptação. Segundo Stern, se se fizer a despesa do desenvolvimento global, poupar-se-á a futura despesa exponencial dos impactos das alterações climáticas. E o preço seria, agora, apenas de 0,3% do produto interno bruto (PIB) anual dos países ricos (Stern, 2007, p. 124).

Contudo, pouco tempo depois da publicação do livro de Stern, a crise financeira global veio não só colocar sob um stresse inédito as prescrições receitadas pelo autor, como deslocar a questão ambiental e também a questão climática novamente para fora do centro das preocupações, tanto dos governos como das populações. Ao mesmo tempo, promoveu-se o negacionismo das alterações climáticas, num processo que parecia já então impensável, acelerando o agravamento de todas as causas da crise ambiental e climática junto de uma população traumatizada pela crise financeira e pelas austeridades económicas (Klein, 2014). Os governos, crispados por estas graves urgências e pelas dificuldades que lhes criavam à legitimidade política, retraíram-se também perante os problemas ambientais e climáticos. E nada exemplifica melhor o desânimo causado pelo agudizar dos problemas face a um ambiente obtuso do que os frustrantes resultados da Conferência das Partes sobre o Clima (COP), de Copenhaga, em 2009.

Seja como for, e contrariando este ciclo, várias instituições e entidades internacionais independentes – OCDE, ONU, UNEP (Programa das Nações Unidas para o Meio Ambiente/ PNUMA), WBGU (Climate Change as a Security Risk), SDC, CE, etc. – foram tomando posição, produzindo-se entre 2009 e 2014 mais de 30 documentos com novas propostas de caminhos diferentes para responder às crises, avançando com soluções concretas, e para o restauro de políticas ambientais, sociais e éticas de forma inovadora (Ferrão, 2014). São documentos pragmáticos e programáticos que definem os pressupostos económicos que a recuperação ambiental, social e económica do mundo terá inevitavelmente de assentar. Em suma, mostram como restaurar a «saúde» do sistema económico, criando emprego e empresas e combatendo simultaneamente as crises da crise: a dependência dos combustíveis fósseis, a devastação dos recursos finitos e a perda global da biodiversidade, a catástrofe alimentar e a pobreza tenaz – problemas que, por sua vez, intervêm no ciclo climático, introduzindo enormes riscos no respeita às alterações climáticas e suas consequências.

Destaquemos, entre outros documentos, o pioneiro Global Green New Deal (UNEP, 2009), que já tem tido desenvolvimentos e aplicações em vários países. Este trabalho, resultante do contributo de alguns dos principais economistas mundiais, desenha um quadro muito nítido daquilo a que genericamente chamamos «crise» e desenha um pacote de incentivos e medidas muito concretas e diversificadas para se sair dela. O Global Green New Deal (GGND) é um documento programático de política mundial: um plano realista e exacto com medidas urgentes e inevitáveis, pelas quais as políticas dos vários Estados, mais cedo ou mais tarde, vão ter de ajustar os seus programas de forma a adaptarem-se às circunstâncias e a responderem cabalmente às suas responsabilidades. Este documento, sem paixões e com desassombro, não só explicita a leitura das crises desta crise, como também identifica as frentes prioritárias de actuação e os valores sociais e éticos indispensáveis para a sustentabilidade de qualquer futuro.

Inspirado no New Deal de Roosevelt, aquando da Grande Depressão dos anos trinta do século passado, o GGND define três grandes objectivos: reanimar a economia mundial, salvando e criando empregos, com especial atenção para os grupos vulneráveis; promover um crescimento sustentável e inclusivo, principalmente eliminando a pobreza extrema; e reduzir a dependência do carbono e a degradação ou destruição dos ecossistemas. Por outras palavras, assume-se a necessidade de desenvolvimento, mas sem admitir a multiplicação dos pobres e sem continuar a alimentar os dois mais significativos riscos enfrentados hoje pela humanidade: a instabilidade climática e a degradação ecológica.

Numa visão que alguns já consideram reformista – por se restringir quase só a propostas de estímulo ao enverdecimento da economia, face ao surgimento de novos modelos de transição associados a propostas para uma transformação socioeconómica mais profunda –, o GGND advoga que se invista em empregos verdes e/ou climáticos, como se defende mais recentemente no «crescimento verde». Este tem sido considerado a «corda de salvação» de uma economia mundial do século XXI, com o objectivo de criar uma economia sustentável e uma nova geração de empregos em sectores como as energias renováveis, a eficiência energética dos edifícios, os transportes eficientes, a agricultura e pescas sustentáveis, a gestão da água e de vastas áreas de território, enre outros. Para todos estes sectores foram definidas metas não só claras, como tecnicamente exequíveis com os recursos disponíveis e com inúmeros exemplos já postos em prática. Ao mesmo tempo, recomendam-se mudanças políticas em algumas áreas-chave, como os subsídios perversos à agricultura intensiva, à pesca abusiva e aos combustíveis fósseis; a promoção de um sistema de incentivos que encorajem comportamentos social, ambiental e eticamente responsáveis, tanto dos indivíduos como das empresas; e a prossecução de uma reforma fiscal «verde» que crie empregos, reduza emissões e remunere os serviços dos ecossistemas.

Em suma, trata-se de um Programa Mundial que pretende «enverdecer» a economia, através de políticas públicas que promovam uma melhor utilização dos recursos naturais, incentivem o recurso a fontes energéticas limpas, impulsionem a boa gestão ambiental das florestas, águas, resíduos, áreas protegidas, etc., e difundam, assim, investimentos verdes em todo o mundo. Em suma, aspira-se a mais equidade social e à redução da pobreza, o que nos remete de novo para o Papa Francisco: «Não há duas crises separadas, uma ambiental e outra social, mas uma única e complexa sócio-ambiental» (Francisco, 2015).

Noutra visão, mais ligada à economia do bem-estar e ao paradigma de uma mudança mais global, destaca-se também o documento produzido no âmbito da Comissão Nacional para o Desenvolvimento Sustentável (Sustainable Development Comission do Reino Unido – SDC-UK), designado Prosperity Without Growth (Jackson, 2009), que vem inspirando políticas de recuperação económica, ambiental e social em algumas regiões da Europa. Trata-se de um documento límpido e honesto que traduz, em termos muito acessíveis, o modo como a experiência traumática da crise de 2008 resultou no pensamento económico. Sem obstinações cegas de quem tem uma solução milagrosa, pondera-se com notável sensatez a condição económica da sociedade ocidental e demonstra-se com lucidez a viabilidade prática da saída da(s) crise(s).

Não é um relatório-miragem ou uma utopia alternativa; é uma proposta também programática que se refere ao que toca individualmente a vida de cada um e de todos nós: prosperidade, bem-estar, segurança, entre outros aspectos. Entre algumas passagens particularmente importantes destaca-se, por exemplo, uma redefinição da ideia de *prosperidade* em termos modernos, que parte do princípio de que viver na vertigem de consumir cada vez mais mercadorias, mais baratas e menos duradouras, não aumenta o estado de satisfação das pessoas com a vida. Como se adverte, «Nos países ricos, hoje em dia, o consumo consiste em pessoas a gastar dinheiro que não têm, para comprar bens de que não necessitam, para impressionar pessoas de quem não gostam» (Chamilton e Denis, 2006: p. 19). A proposta de Jackson não consiste, evidentemente, em suspender o consumo, o que acarretaria uma ruína tão má ou pior do que aquela em que estamos a cair; preconiza gerar novos horizontes de consumo – não só ao nível dos bens, mas também da forma como estes são consumidos –, incentiva uma nova cultura de consumo mais sofisticada, menos viciada na imensidade de produtos inúteis e na espiral de consumismo que nos conduziu ao irremissível endividamento, uma cultura de consumo ambiental e socialmente responsável que implique mais incorporação de conhecimento e de inovação, desdobrando novos sectores económicos com um crescimento de perfil diferente, ou seja, com lógicas energéticas e ambientais muito mais desenvolvidas e socialmente mais justas.

Assim, do ponto de vista económico, e na linha do que também foi aprovado na Conferência Mundial Rio+20 (The Future We Want, 2012), vários documentos vêm apontando uma ética prática das políticas ambientais no sentido de: repensar o conceito de PIB, passando a contabilizar a destruição dos recursos e a incluir medidas de bem-estar das populações; considerar a diversidade biológica como fonte básica para o desenvolvimento; assumir a transição dos investimentos públicos para o restauro do capital natural e do património cultural; apostar nas sociedades pós-carbono com objectivos de longo prazo baseados em energias renováveis e transportes eficientes;

reconfigurar a produção agrícola através de modelos de maior proximidade entre produção e consumo.

Do ponto de vista social, propõe-se: enveredar por uma economia colaborativa e/ou de partilha capaz de moldar novos estilos de vida; combater as desigualdades sociais através de políticas e mecanismos de redistribuição da riqueza estabelecendo, por exemplo, níveis mínimos e máximos de rendimentos; generalizar o acesso à educação de qualidade; investir em processos de efectiva capacitação das pessoas e das instituições; e também regular o consumo, ajustando necessariamente a publicidade, melhorando a protecção de consumidores e promovendo o *comércio justo* – para além das mudanças já referidas no modelo de hiperconsumo.

Do ponto de vista político, propõe-se um suporte efectivo aos países do Sul, promovendo a transferência de tecnologias apropriadas e culturalmente apreensíveis na linha do *small is beautiful* (Schumacher, 1973), bem como mudanças institucionais de acordo com a reestruturação da economia. O Tratado de Paris, acordado na COP21, em Dezembro de 2015, avançou claramente neste sentido, mesmo que estejamos hoje perante a lamentável decisão do actual presidente dos Estados Unidos da América, Donald Trump, de romper os compromissos de Paris.

Em suma, fazendo o balanço dos documentos referenciados e das mais de 30 propostas programáticas de economia verde, de economia do bem-estar, de economia social e, mais recentemente, de economia circular (alternativo ao linear, estratégico para a sustentabilidade ambiental, apostando na redução, reutilização, recuperação e reciclagem de materiais e energia), identificam-se como denominadores comuns várias dimensões da sustentabilidade:

- a dimensão económica, anunciando uma nova «revolução industrial verde», baseada em ciência e tecnologia, para restaurar o planeta e em que as empresas assumam a sua responsabilidade social e ambiental e, afinal, ética, nomeadamente aderindo aos normativos de ecogestão já existentes, mas não só;

- a dimensão ambiental, assegurando a viabilidade da vida humana no planeta através de novos paradigmas ecológico-económicos, reforçando estratégias de resiliência locais e priorizando sectores-chave sustentáveis;
- a dimensão social, visando o combate às desigualdades sociais e às mudanças no hiperconsumismo, passando da lógica das privações, que é desmobilizadora, a uma lógica dos ganhos compensatórios, os quais são diversificados e de produção mais localizada;
- a dimensão de governança multinível, valorizando o papel dos diversos actores sociais e cívicos, e respectivas dinâmicas de informação e participação às escalas local, nacional e global, criando o que poderíamos designar por *envolvimento sustentável*;
- a dimensão científica, cabendo à ciência uma função central nos estudos sobre ambiente e aos cientistas o papel de representantes da natureza por serem eles que estão em condições de a inscrever objectivamente na decisão política, como, aliás, já acontece com o Painel Intergovernamental sobre Alterações Climáticas (IPCC).

3. Consciência, cultura e vontade política

Temos, pois, pela frente um programa que clama por uma maior pró-actividade colectiva e que passa por uma nova cultura cívico-ambiental.

A constantemente referida insustentabilidade ambiental do actual sistema económico-financeiro vigente à escala global não equivale a um proclamado fim da economia e a uma aniquilação do futuro. Dispomos hoje, efectivamente, de recursos de conhecimento e de soluções tecnológicas que permitem reconfigurar diferentemente o sistema económico, ambiental e socialmente sustentável e, por isso, economicamente viável, desde que responsável ao nível ético.

Al Gore, na sua mais recente obra, *O Futuro. Seis forças que irão mudar o mundo* (2013), numa visão prospectiva, alia um optimismo baseado nos esperançosos avanços da tecnociência à enorme responsabilidade de os utilizar inteligentemente, lançando um alerta no remate do livro: a «civilização humana chegou a uma bifurcação na estrada que percorremos há muito». Assim sendo, ou enveredamos pela destruição ambiental e pela «degradação de valores unicamente humanos e será o possível fim da civilização como a conhecemos, ou então tomamos o caminho do futuro» (Gore, 2013, p. 456).

O fundamental é activar os factores necessários a uma ética de acção prática: a consciência pública, a cultura cívico-ambiental; e a liderança e decisão políticas.

3.1. Consciência pública

A primeira – consciência pública – só se consegue através de processos educativos que quebrem o ciclo vicioso da *incapacitação* (Sen, 2006), convocando a educação e capacitação a nível formal e informal, sublinhando o papel das escolas como *laboratórios de sustentabilidade* abertos e interventivos na(s) comunidade(s) onde estão inseridos (Schmidt, Guerra e O'Riordan, 2011), em função dos países e suas culturas e assumindo as crianças e jovens como «agentes transformadores» cruciais para a sustentabilidade. E, aqui, refira-se novamente o Papa Francisco, que dedica um capítulo específico à educação ambiental na encíclica *Laudato si'*:

A educação ambiental tem vindo a ampliar os seus objectivos. Se no começo, estava muito centrada na informação científica e na consciencialização e prevenção dos riscos ambientais, agora tende a incluir uma crítica dos *mitos* da modernidade baseados na razão instrumental (individualismo, progresso ilimitado, concorrência, consumismo, mercado sem regras) e tende também a recuperar os distintos níveis de equilíbrio ecológico (Francisco, 2015).

3.2. Cultura cívico-ambiental

O segundo aspecto – activar uma nova cultura cívico-ambiental – requer que, para além da ciência e das escolas, se mobilize a sociedade civil com mais e melhor informação, escuta e comunicação. Desde logo, implica o desencadear dos processos comunicacionais de massas e o convocar uma nova responsabilidade social dos meios de comunicação social convencionais, alimentando regularmente os seus ciclos de atenção; mas implica também atender à cada vez maior autonomia dos intervenientes através dos novos *media* e do papel crucial das comunidades virtuais nacionais e internacionais. Paralelamente, é fundamental a difusão de informação e conhecimento científico sobre ambiente, de modo desobstruído e pró-activo, com novas formas de divulgação que permitam colocá-lo ao alcance de muito mais pessoas e de forma compreensível. Uma ética de acção prática passa também por inéditos mecanismos de participação pública, recorrendo a novas metodologias e a novos espaços de civismo mais inclusivos, começando pela escala local, de modo a reforçar a proximidade e a criar confiança. Estados frágeis requerem sociedades civis fortes. E, quanto mais ampla a implicação de todos de forma equilibrada, maior o sucesso prático das políticas ambientais e a construção de uma cultura cívica consolidada.

3.3. Liderança e decisão políticas

Por fim, o terceiro aspecto – mobilizar a liderança e decisão políticas e activar a pressão sobre elas – requer novas formas de governança com processos de abertura e aprendizagem, envolvendo diferentes actores e ensaiando modelos multi-escalas. Trata-se de uma pré-condição da sustentabilidade, a que chamaríamos *envolvimento sustentável*. Para tal, entre outros aspectos, recomenda-se a partilha de conhecimentos via sistemas de monitorização, de informação e de transparência sobre o modo como os recursos (e os pacotes de incentivos) estão a ser gastos ou utilizados, definindo ferramentas de avaliação segundo critérios estatísticos comparáveis, tal como se pretende no Acordo de Paris para os gases com efeitos de estufa (GEE) e com as metas dos Objectivos de Desenvolvimento Sustentável. Medir a contribuição do ambiente e dos serviços ambientais e de ecossistemas para o crescimento económico é também uma componente essencial. Igualmente essencial é desenhar políticas públicas preventivas sem descontinuidades, adoptando um *ethos* preventivo nos processos decisórios e garantindo equidade social na aplicação das leis e normas ambientais e, ainda – o mais difícil –, encontrar novas lideranças – nacionais e internacionais – responsáveis e mobilizadoras, protagonizando o Papa Francisco uma nova esperança.

Como todos os documentos referidos bem demonstram, não será nunca com meras medidas financeiras ou operações de tesouraria e regando actividades sem futuro com subsídios perversos que se resolverá a crise ou, melhor, as crises. O que se pretende justamente evitar é que os actuais estímulos para restaurar a economia incorram nos mesmos erros que nos levaram às crises.

Vivemos num mundo complexamente interdependente, em que, pela primeira vez na história da humanidade, o ser humano está a interferir nos mecanismos de regulação do planeta – a *nossa casa comum* –, que temos sobreutilizado de tal forma que já não suportará a nossa e as gerações futuras, se não nos empenharmos todos numa verdadeira mudança dos modos de pensar, agir, produzir e consumir – sempre sem prescindir dos valores nucleares em que assenta a nossa consciência moral e, com ela, a nossa própria identidade de seres humanos.

Não haverá, contudo, solução para a crise ambiental sem se assumir a condição da injustiça social em que ela foi gerada e que torna as suas consequências ainda mais desiguais no mundo. Em suma, qualquer solução terá de ser simultaneamente ambiental e social e de envolver o todo da humanidade. Finalmente, teríamos uma globalização virtuosa! É a humanidade do ser humano – e não só o conjunto das populações humanas – que, em última instância, está em causa.

Referências e leituras recomendadas

BANCO MUNDIAL, *World Development Indicators,* World Bank Group, 2016.

CASTRO, Josué, *Geografia da Fome,* Porto, Brasília Editora, [1946] 1972.

CURVELO, Paula, *Geoengineering: The Ethical and Social Issues,* Tese de doutoramento de Filosofia, Lisboa, Universidade de Lisboa e Universidade Nova de Lisboa, 2014.

FERRÃO, João (dir.), *Que Economia Queremos?* Lisboa, Fundação Francisco Manuel dos Santos, 2014.

FRANCISCO, PAPA, *Laudato Sì' – Sobre o Cuidado da Casa Comum. Segunda Carta Encíclica do Papa Francisco,* Lisboa, Paulus Editora, 2015.

GORE JR., Al, *An Inconvenient Truth. The Planetary Emergency and What We Can Do about It,* Emmaus, Rodale Press, 2006.

—, *O Futuro – seis forças que irão mudar o mundo,* Coimbra, Almedina, 2013.

GUERRA, João, e SCHMIDT, Luísa, «Making Wishful Thinking a Reality – from SDGs to COP21», in *Ambiente & Sociedade*, 19(4): pp. 197-214, São Paulo, 2016.

HAMILTON, C., DENNIS, R., 2006. *Affluenza: When Too Much is Never Enough*, Sydney, Allen & Unwin, 2006.

JACKSON, Tim, *Prosperity without Growth: Economics for a Finite Planet*, Nova Iorque, Earthscan, 2009.

KING, David, «As alterações climáticas como força decisiva de mudança global», in SOROMENHO-MARQUES (dir.), *O Ambiente na Encruzilhada – Por um futuro sustentável*, Lisboa, Esfera do Caos, 2010.

KLEIN, Naomi, *This Changes Everything – Capitalism vs the Climate*, Canadá, Simon and Shcuster, 2014.

MEADOWS, Dennis, *Limits to Growth – The 30-Year Update*, White River Junction, Chelsea Green Publishing, 2004.

MEADOWS, Dennis, *et al.*, *The Limits to Growth*, Nova Iorque, Universe Books, 1972.

MOL, Arthur, «Ecological modernization and the global economy», in *Global Environmental Politics*, vol. 2, n.º 2, pp. 92-115, 2002. (doi: 10.1162/15263800260047844).

NOLTE, Kerstin, *at al.*, *International Land Deals for Agriculture. Fresh Insights from the Land Matrix: Analytical Report II*, Berna/Montpellier/Hamburgo/Pretória, Centre for Development and Environment, University of Bern/Centre de Coopération Internationale en Recherche Agronomique pour le Développement/German Institute of Global and Area Studies/University of Pretoria; Bern Open Publishing, 2016.

PNUD, *Relatório do Desenvolvimento Humano 2016. Desenvolvimento Humano para Todos*, 2016.

SANTOS, Filipe Duarte, *Alterações Globais: os desafios e os riscos presentes e futuros*, Lisboa, Fundação Francisco Manuel dos Santos, 2012.

SCHMIDT, Luísa, *et al.*, «Trends and Dilemmas Facing Environmental Education in Portugal: from environmental problem assessment to citizenship involvement», in *Journal of Environmental Policy and Planning*, 13(2), pp. 159-177, 2011.

SCHUMACHER, Ernst Friedrich, *Small is Beautiful: Economics as If People Mattered*, Nova Iorque, Harper and Row, 1973.

SEN, Amartya, «Human Rights and Capabilities», in *Journal of Human Development and Capabilities*, vol. 7, pp. 151-166, Routhledge, 2006.

SOROMENHO-MARQUES, Viriato, *Metamorfoses. Entre o colapso e o desenvolvimento sustentável*, Mem-Martins, Publicações Europa-América, 2005.

STEFFEN, Will, «Planetary Boundaries: Guiding human development on a changing planet», in *Science*, 347 (6223), 2015 (DOI: 10.1126/science.1259855).

STERN, Nicholas, *The Economics of Climate Change. The Stern Review*, Cambridge, Cambridge University Press, 2007.

STERN, Nicholas, «Raising Consumption, Maintaining Growth and Reducing Emissions», in *World Economics, Economic & Financial Publishing*, vol. 12(4), pp. 13-34, Londres, 2011.

STIGLITZ, Joseph, *The Price of Inequality: How Today's Divided Society Endangers Our Future*, Kindle Edition, 2012.

UNEP, *Global Green New Deal – Policy Brief*, United Nations Environment Programme, 2009.

VEIGA DA CUNHA, Luís (dir.), *Water and the Future of Humanity. Revisiting Water Security*, Gulbenkian Think Tank on Water and the Future of Humanity, Calouste Gulbenkian Foundation & Springer, 2013.